« La police et les Jésuites ont la vertu
de ne jamais abandonner
ni leurs ennemis, ni leurs amis. »

BALZAC.

« Hommes noirs, d'où sortez-vous ?
Nous sortons de dessous terre
Moitié renards, moitié loups,
Notre règle est un mystère
Nous sommes fils de Loyola. »

BÉRANGER,
chanson polémique de 1819.

Préface

Pourquoi cet ouvrage à quatre mains

Le Pape François m'intrigue depuis le jour de son élection. Jésuite rebelle et intellectuel, il prêche la normalité alors que sa démarche personnelle est si audacieuse. Il me fallait donc aller bien au-delà du Tibre pour tenter de cerner sa personnalité peu marquée par les us et coutumes du Vatican. Un Souverain Pontife argentin hors normes, dont l'expression du visage change en quelques instants. Ce qui signifiait bien sûr enquêter à Rome comme je le fais depuis longtemps mais aussi me rendre dans son pays natal, afin de découvrir son univers et de rencontrer ceux qui avaient, des années durant, partagé ses défis.

Vu de la Ville éternelle, répéter comme tout le monde que Jorge Mario Bergoglio n'habitait pas l'archevêché et prenait l'autobus ou le métro quand il allait dans les « villas miseria[1] » me semblait insuffisant pour dresser un portrait du premier Pape venu du bout du monde. Évêque de

1. Ce sont les bidonvilles en Argentine.

Rome qui n'allait sans doute pas seulement passer mais rester dans l'Histoire. Or, comprendre ses codes et analyser sa part jésuite supposaient évidemment de s'appuyer sur un membre éclairé de la Compagnie de Jésus. J'en étais sûre car lorsque j'avais demandé au nouveau Pape s'il « se sentait encore jésuite », sa réponse avait été sans ambiguïté : « C'est une question théologique, parce que les Jésuites font vœu d'obéir au Pape. Mais si le Pape est jésuite, il doit peut-être faire vœu d'obéir au Général des Jésuites… Je ne sais pas comment on résout cela… Je me sens jésuite dans ma spiritualité, dans la spiritualité des *Exercices spirituels*, dans la spiritualité que j'ai dans le cœur. […] Je n'ai pas changé de spiritualité : François, Franciscain, non. Je me sens jésuite et je pense en jésuite. Pas de manière hypocrite. »

Son imprégnation spirituelle et cette référence constante à sa Congrégation d'origine demandait le regard de l'un des siens. Ce qui m'incita à me replonger dans le monde jésuite. Une atmosphère particulière que je connaissais depuis ma jeunesse grâce à un frère élève à Saint-Louis de Gonzague à Paris, un mari pensionnaire à La Providence à Amiens, une belle-sœur enseignante chez eux et moi-même ayant fait ma confirmation et ma communion dans la chapelle de Franklin, car celle de l'école des sœurs était trop petite. De fait j'étais cernée ! Plus tard, mon métier m'a conduite à admirer deux Cardinaux jésuites italiens : Carlo Maria Martini et Roberto Tucci, avec lequel je me suis liée d'amitié. Mon ambition a alors été de trouver un religieux alliant l'âme du journaliste à celle de l'écrivain pour mener ce travail à quatre mains. En entendant à la radio la voix d'Henri Madelin, ancien Provincial de la Compagnie de Jésus[1] à l'époque de Jorge Mario Bergoglio, j'ai compris immédiatement que ce serait lui. Lorsque je suis allée le voir dans la Maison jésuite de la rue de Sèvres, ses yeux bleus rieurs et sa vivacité d'esprit m'ont, d'instinct, confirmée dans ma démarche. Par chance cette sympathie était réciproque ! Nous nous sommes alors lancés dans cette grande aventure en croisant nos chemins, nos doutes, nos informations et nos interrogations. Avec notre style, nos contrastes, nos « métiers » si différents, nous avons voulu faire mentir ce vieil adage qu'on murmure depuis des lustres au Vatican : *Eadem sunt omnia semper* – « Tout est toujours pareil ».

Cette fois-ci, à l'ombre de Saint-Pierre, tout change... C'est ce que ce livre raconte.

Caroline Pigozzi.

1. En France.

1

« *Habemus Papam* »
Dans le secret du conclave

Samedi 16 mars, trois jours seulement après son élection, le Pape François se présente pour la première fois devant les médias. Une irrépressible excitation et une perceptible impatience règnent dans la salle Paul VI, avec d'un côté la presse internationale, de l'autre le personnel du Saint-Siège chargé de la communication. Lorsqu'il arrive sur la scène, Jorge Mario Bergoglio, rayonnant et chaleureux, est immédiatement très applaudi. Un geste rare de la part des journalistes, émus par sa spontanéité. Ce nouveau Pape dégage une énergie communicative. L'atmosphère est joyeuse, plus fébrile que solennelle. Un souffle de *pampero*[1] nous vient du sud. Le 265e successeur de Pierre s'assied sur son imposant fauteuil ; son sourire tranche avec le sérieux des Gardes suisses postés, imperturbables, de chaque côté de lui. Après nous avoir salués, et lu les premiers feuillets préparés par

1. Un vent du Sud qui souffle à Buenos Aires.

la Secrétairerie d'État, le Pape François improvise. Il parle doucement en italien, avec des intonations espagnoles, sur le ton de la confidence comme s'il s'adressait à chacun en particulier. « Je vais vous dire pourquoi j'ai choisi François. Quand je suis arrivé à soixante-dix-sept voix, mon ami le Cardinal Hummes m'a embrassé et m'a dit : "N'oublie pas les pauvres !" Alors j'ai pensé à François d'Assise. D'autres Cardinaux m'avaient suggéré de m'appeler Clément XV pour nous venger de Clément XIV, qui a jadis supprimé la Compagnie de Jésus... Non... Je plaisante, bien sûr ! » Le style a tout de suite changé avec cette bouffée d'humour. Le Pape François a déjà gagné son premier pari : séduire les cinq mille journalistes venus en ce matin-là pour l'audience traditionnelle du début de pontificat. Une corporation qui, de plus, aime bien ce prénom puisque François[1] est le patron des journalistes. Heureuse coïncidence ! Il faut savoir que, lorsqu'il était l'Archevêque de Buenos Aires, se méfiant des polémiques, Jorge Mario Bergoglio n'accordait que rarement des interviews... Mais

1. Saint François de Sales (1567-1622) – et non saint François d'Assise, le saint du Pape – est le patron des journalistes et des communicants. Afin de lutter contre l'émergence du calvinisme depuis la réforme protestante, le saint homme sillonnait la région du Chablais pour l'évangéliser. Il écrivait beaucoup et, pour combattre les calvinistes sans violence, rédigeait chaque jour des lettres qui étaient imprimées puis placardées sur les portes des églises ou glissées sous celles des maisons. Ainsi naquit une véritable presse d'opinion gratuite et de grande influence sur le plan spirituel. Il est par ailleurs l'un des auteurs catholiques les plus publiés dans le monde.

la force de son verbe a vite balayé notre réserve ! Un Pape si inspiré que, à l'issue de son intervention, après avoir béni quelques proches, dont un employé non voyant du Saint-Siège venu avec son chien-guide d'aveugle, pour respecter la conscience de chacun, il a juste donné une bénédiction silencieuse d'une légère inclinaison de la tête. Le Pape François, dont l'audimat mondial a grimpé au fil des heures, est devenu ce mercredi 13 mars 2013, soit à peine trente et un jours après la renonciation de Benoît XVI, la star préférée des médias.

Mais comment les Cardinaux ont-ils élu, sous la voûte de la chapelle Sixtine, en deux journées seulement, l'Évêque de Rome ? En brisant le secret, l'un des cent quinze votants du conclave me l'a révélé. Le premier des deux « faiseurs de roi » a été le Franciscain Claudio Hummes, Archevêque émérite de São Paulo, qui a longtemps travaillé main dans la main avec Bergoglio. On comprend mieux pourquoi le Pape François tint à lui rendre devant les médias internationaux un émouvant hommage. Grâce à sa longue expérience de la Curie acquise en tant que Préfet de la Congrégation pour le clergé de 2006 à 2010, le Cardinal Hummes connaît les Archevêques du monde entier. C'est cet influent prélat brésilien qui a fait basculer les voix en faveur de Bergoglio, élu avec quelque 90 voix sur 114.

Revenons au pré-conclave, lorsque l'image d'un Pape choisi hors de la Curie, qui ne serait ni italien ni même européen, s'était profilée au fil des jours, et que chacun avait déjà une ou deux personnalités en tête. On avançait même l'idée d'un successeur asiatique et jeune, le Philippin Luis

Antonio Tagle, 55 ans, ce qui entraîna cette apostrophe en français d'une Éminence agacée, laquelle jeta un léger froid au sein de la pieuse assistance : « Tagle ? Ta gueule ! » Lors des pauses-café qui rythmaient ces congrégations générales, l'Archevêque de Buenos Aires répétait, avec un léger sourire, « Nous revoilà à huit années de distance ». Il faisait comprendre qu'« un candidat fortement pressenti ne pouvait pas se dérober », ajoutant que « l'Église devait marcher au milieu des gens, dans les pas des plus pauvres »... Et de conclure « Personne ne veut être Pape, mais si c'est la volonté de Dieu... » Son intervention fut la plus marquante. Dès le premier jour du conclave, l'après-midi du mardi, l'Archevêque de Milan, le Lombard Angelo Scola, et l'Archevêque de São Paulo d'origine allemande, Odilo Scherer, firent le plein de leurs voix mais durent aussi réaliser que Bergoglio, l'outsider et seul Cardinal jésuite votant, recueillait beaucoup de bulletins[1], en laissant quand même des voix à deux autres *papabili* : le Québécois Marc Ouellet et l'Archevêque de Boston, Capucin nord-américain à la longue barbe blanche, Sean Patrick O'Malley. Tout se bloqua ensuite pour Angelo Scola, malgré son prestige international et son amitié pour le mouvement *Comunione e Liberazione*. Bon nombre de Cardinaux, en effet, notamment parmi les Italiens[2],

1. Le Cardinal indonésien, Julius Riyadi Darmaatmadja, 79 ans, lui aussi membre de la Compagnie de Jésus, Archevêque émérite de Jakarta, très malade, n'avait pu se rendre à Rome.
2. Ils sont vingt-huit, soit un cinquième du Sacré Collège.

étaient divisés sur sa candidature. Ils lui reprochaient entre autres d'avoir fait ouvertement campagne à travers les médias de la péninsule et se méfiaient de sa proximité supposée avec Silvio Berlusconi. Quant à l'autre favori Odilo Scherer, d'aucuns rappelèrent qu'il n'avait jamais été élu à la tête de la Conférence épiscopale brésilienne. De plus Benoît XVI l'avait nommé et même reconduit le 16 janvier 2013 pour un mandat de cinq ans au conseil de surveillance de la banque du Vatican, l'IOR, objet de vives critiques à Rome. Au sein de cette assemblée d'hommes d'expérience, personne n'a oublié le vieux dicton romain : « *Il Papa nella giornata si fa e si disfa* » (« En un jour on fait un Pape et on le défait »). C'est là que la fidélité et le talent manœuvrier du Brésilien Hummes furent déterminants. Cet apôtre des pauvres est lié à bon nombre de Cardinaux de l'Amérique latine où se trouvent 39 % des catholiques de la planète. Ainsi, avec la complicité d'Óscar Andrés Rodriguez Maradiaga, l'habile Cardinal du Honduras qui révéla lui aussi des talents insoupçonnés de faiseur de roi, ils entraînèrent diverses factions en faveur de leur ami argentin.

Les racines paternelles piémontaises de Bergoglio furent également utiles. D'autant que l'Archevêque de Buenos Aires partage cet héritage avec plusieurs Cardinaux italiens, dont Giovanni Lajolo, le Président émérite du gouvernement de la Cité du Vatican, et le Secrétaire d'État Tarcisio Bertone.

C'est alors que de fins stratèges rappelèrent perfidement que le Brésil comptait cent vingt-six millions de catholiques et allait accueillir en juillet 2013 les JMJ, en 2014 la Coupe du monde de football et en 2016 les jeux Olympiques... Une manne débordante d'événements ! Côté Europe du Nord, l'Archevêque de Cracovie, Stanislaw Dziwisz, ramena une dizaine de voix des Cardinaux créés par Karol Wojtyla, avec deux requêtes : que Jean-Paul II soit canonisé et que les Journées mondiales de la jeunesse de 2016 soient organisées chez lui, en Pologne[1]. Au cinquième tour de scrutin, ces arrangements avec le Ciel et la Terre firent de Jorge Mario Bergoglio le 266e Pape, et premier Pontife jésuite et latino-américain de l'Histoire.

Tout, dans cette élection – que les Cardinaux présents disent « invisiblement conduite par l'Esprit Saint » –, relève d'une certaine logique spirituelle, pour autant qu'il puisse y en avoir une dans cet univers complexe ! L'Amérique latine est en effet riche de 425 millions de catholiques[2] ; par ailleurs, comme le Préposé général de la Compagnie de Jésus, le père Adolfo Nicolás, l'avait rappelé quelques jours auparavant, 40 % des Cardinaux sont issus des trois universités jésuites romaines. De quoi orienter l'Histoire, et même la modifier, puisque, pour la première fois, le Pape va exercer sa mission sous le regard attentif de son prédécesseur, et des 17 287 membres[3] de la Compagnie de Jésus.

1. Il a été annoncé lors des JMJ au Brésil en juillet 2013 que les prochaines se tiendraient à Cracovie du 25 juillet au 1er août 2016.
2. Soit 77 % de sa population.
3. Selon les derniers chiffres publiés à Rome par la Maison généralice de la Compagnie de Jésus, dont 12 298 prêtres, 1 400 frères, 2 878 étudiants et 711 novices.

Le mercredi soir de son élection, dès les premiers instants, il a marqué sa différence : au lieu de s'asseoir dans la chapelle Sixtine sur le majestueux siège pontifical, le Pape François, bousculant le protocole, s'est installé au milieu des Cardinaux.

« Élection pluvieuse, élection heureuse », ont instinctivement décrété les Italiens. Mais qui est ce Pape qui galvanise les foules au point de leur faire inventer des dictons, et dont la simplicité est à la mesure des mystères de la vie ? L'« inconnu de Buenos Aires », sauf pour les Cardinaux, les Jésuites sud-américains et les catholiques argentins.

Il incarne un nouveau style, en rupture avec l'image du passé, que près de cent mille croyants vont découvrir à quelques mètres d'eux, en haut de la loggia de la place Saint-Pierre, à 20 h 24 précises, en même temps que des centaines de millions de téléspectateurs rivés à leur écran. Sobrement vêtu puisqu'il a refusé de mettre la mitre papale et la mozette écarlate bordée d'hermine que portaient traditionnellement ses prédécesseurs, dans un geste historique, le Pape s'est incliné devant les fidèles. « Frères et sœurs, bonsoir. Pendant le conclave, comme vous le savez, on choisit l'Évêque de Rome. On dirait que mes frères Cardinaux sont allés le prendre presque au bout du monde, mais nous voilà ! Je vous remercie de votre accueil. [...] Avant tout, je voudrais faire une prière pour notre Évêque émérite Benoît XVI. Je veux vous demander une faveur avant de vous donner ma bénédiction. Je vous demande votre prière, qui est la bénédiction du peuple pour son Évêque. Demain, je vais prier la Vierge pour qu'elle protège la ville de Rome. À demain, à bientôt ! Bonne nuit, bon repos. » En quelques phrases spontanées, un autre ton est donné. En moins d'une heure, le Pape François a déjà marqué le Saint-Siège de son sceau.

Arrivé à Rome en classe économique par un vol d'Al-italia[1], vêtu du costume noir de clergyman, sans secrétaire particulier, padre Bergoglio, comme on l'appelait encore quelques jours auparavant, s'est immédiatement imposé. Il a célébré sa première messe dominicale non pas dans la basilique Saint-Pierre, mais à Sant'Anna, petite église du Vatican, à gauche de la célèbre place. Tel un curé de paroisse, il est allé saluer un à un les fidèles d'un chaleureux bonjour et embrasser les enfants. Ce qui obligea les membres de sa sécurité à quasiment se transformer en nounous ! Inquiétude et stress, alors, de Domenico Giani, le chef de la Gendarmerie, auquel le Pape François avait déjà, précédemment, manifesté son refus de se déplacer dans les grosses limousines noires blindées, immatriculées SCV1, frappées des armoiries du Vatican. Il utilise désormais de simples voitures de service, ordonnant qu'on place moins de membres de la sécurité à ses côtés afin de pouvoir mieux approcher la masse des pèlerins. Pour lui, la proximité et un certain dénuement sont souverains ; prendre malicieusement le contre-pied de son entourage et bousculer les codes le ravit. La pourpre vaticane lui a vite pesé, même dans les détails quotidiens. Il n'a pas voulu, entre autres, chausser les mules rouge des papes, officiellement par

1. Le vol AZ261 de 14 h 15.

humilité, mais sans doute aussi parce qu'il a besoin de porter des souliers qui épousent mieux sa voûte plantaire que des mocassins... Quant à la croix, au lieu de celle en or classique et flamboyante, il a tenu à garder la sienne, en argent, achetée chez Ancora[1], à Rome. Il la porte depuis son ordination épiscopale.

Si ces singularités ont ému les fidèles, certains Cardinaux irrités y ont vu un indéniable savoir-faire jésuite dont, selon eux, la première note a donné le ton de la chanson. C'est l'opinion de Roberto Tucci, l'autre Cardinal jésuite qui vit au *borgo Santo Spirito* (traduisez faubourg Saint-Esprit), la Curie générale des Jésuites, à quelques jets de pierre du Vatican. Quant à sa simplicité le Cardinal nous avertit, « Bergoglio est un homme de culture mais pragmatique et libre, empreint d'une profonde spiritualité. Oscillant entre humilité et fermeté, il ne veut pas se couper des croyants. "Pour la plus grande gloire de Dieu" selon notre devise », insiste Tucci. Si tout Jésuite qui devient Évêque ou Cardinal ne dépend plus de la hiérarchie de son ordre, il reste Jésuite à vie dans son attitude, ses principes, avec une certaine fierté teintée d'humilité. »

Cet ordre a toujours oscillé entre distance et influence face aux pouvoirs. Omniprésente en Italie et d'abord à Rome, siège du Préposé général des Jésuites, la Compagnie de Jésus y détient quelques-uns des établissements prestigieux de l'Église catholique : l'Université grégorienne, avec ses six facultés, un véritable modèle d'enseignement que beaucoup d'Évêques étrangers viennent

1. Via della Conciliazione.

visiter, les collèges San Roberto Bellarmino, Massimo, Pio Latino, Bresiliano et Germanico-Ungerese, l'Institut biblique et l'Institut oriental. Sans compter dans le pays la vingtaine de paroisses et d'églises, la revue bimensuelle de référence *La Civiltà Cattolica*, Radio Vatican au service de la parole des papes... Au fil des siècles et au prix de nombreuses discordes, cette élite bien organisée, qui n'aurait jamais pu imaginer qu'un des siens monterait un jour sur le trône de Pierre, est devenue une force sur laquelle le Vatican peut s'appuyer. En plus de prononcer à leur supérieur les trois vœux traditionnels de pauvreté, d'obéissance et de chasteté, ses membres prêtent au Pape un vœu spécial d'allégeance. C'est ainsi, par exemple, que, en 1982, padre Tucci, qui dirigeait Radio Vatican, à la demande de Jean-Paul II, s'est retrouvé du jour au lendemain et pour vingt ans le responsable de voyages pontificaux. Cette singularité passionne et intrigue chaque jour autant les diplomates en poste à Rome que les vaticanistes, les journaux italiens et les médias internationaux !

Le Pape François sera-t-il plus jésuite que Souverain Pontife ? Comment le deviner, tant la nature de ce technicien doublé d'un théologien semble riche et complexe ? Les Cardinaux ont apprécié chez Papa Bergoglio qu'il soit monté avec eux dans le bus qui les ramenait après son élection de la chapelle Sixtine à la résidence Santa Marta, l'hôtel des Cardinaux et du clergé situé dans l'enceinte du Vatican. Avec eux il a aussi partagé son premier repas de Pape. Mais n'était-il pas superflu qu'il aille le 14 mars en ville pour régler personnellement sa note d'hôtel de soixante euros, petit déjeuner compris ? Car, réservée aux prêtres et religieux, la Domus Internationalis Paulus VI, située Via della Scrofa, entre une galerie de tableaux et une parfumerie, appartient au Saint-Siège. Selon sa logique, ce Pape inflexible quant à la doctrine de la foi a choisi, parmi ses premiers actes symboliques, de célébrer la messe du Jeudi Saint dans un centre de détention pour mineurs et de laver les pieds de douze jeunes détenus de toutes confessions, dont deux femmes. Un geste d'humilité qu'il pratiquait déjà en Argentine. Autre signe de simplicité, il a revêtu, lors de sa première messe dominicale, des ornements liturgiques dépouillés, trop courts d'ailleurs, laissant dépasser ses pantalons. Il n'a nul besoin de mitre ou de chasuble somptueuse rebrodée de fils précieux pour glorifier le Seigneur et transmettre la foi. Et le nouveau Pape a décidé de ne pas nommer de nouveaux gentilshommes[1]. On devine Jorge Mario Bergoglio influencé par le testament spirituel d'un autre Cardinal jésuite, ancien Archevêque de Milan, Carlo Maria Martini, décédé en août 2012. Souvent qualifié sévèrement d'« antipape », ce dernier ne craignait pas lui aussi de lancer à la fin de sa vie des avertissements sévères : « Nos rites et nos habits sont trop pompeux », « L'Église a deux cents ans de retard »...

1. Les gentilshommes de Sa Sainteté ont été créés par Paul VI en 1968. Ces gentilshommes laïcs choisis à la discrétion du Saint-Siège en vertu de leurs mérites auprès de l'Église catholique exercent ces fonctions honorifiques bénévolement et dépendent de la préfecture de la Maison pontificale.

Créé Cardinal en février 2001 par Jean-Paul II après qu'il l'eut choisi comme Archevêque de Buenos Aires, Jorge Mario Bergoglio avait alors, dans son pays, refusé quelques satisfactions par trop narcissiques : habiter l'imposant archevêché au cœur de la capitale argentine, être conduit par un chauffeur, fréquenter la bonne société et arpenter les allées du pouvoir… Il s'en est donc inspiré à Rome. C'est pourquoi, comme Pape, il a immédiatement bousculé les usages, mesurant combien un certain archaïsme et de flatteurs et trop zélés serviteurs risquaient de l'étouffer et de l'éloigner du quotidien. Quand le préfet de la Maison pontificale lui précisa qu'il allait disposer d'un personnel pléthorique attaché à sa personne, cela le mit de fort mauvaise humeur, surtout en apprenant qu'un médecin serait en permanence à ses côtés. Tout ceci lui semblait désuet et si loin de sa nature. Voilà pourquoi, en arrivant le 14 mars devant l'ascenseur de Santa Marta, où quelques Cardinaux lui laissaient bien sûr la priorité, surpris par cette marque de respect excessive et ce brusque silence, le Pape François leur lança spontanément : « Venez avec moi, il y a de la place ! » Mais personne n'osa bouger…

Il ne s'habitue pas à ce cérémonial. Le côté compassé de cet imposant protocole le met mal à l'aise et lui donne l'étrange impression d'être un parvenu enfermé dans un palais princier. Lui, qui exalte la charité, professe la miséricorde et sait qu'un Pape est d'abord aimé parce qu'il est le Pape, veut une Église christo-centrée. En phase avec l'Évangile, à son image, « pauvre pour les pauvres », tel qu'il l'exprime depuis son élection.

Raison pour laquelle pour donner l'exemple encore, il a refusé les appartements magnifiques du troisième étage du Palais apostolique qu'ont occupé, avant lui, tous les Évêques de Rome depuis 1870... Il réside *Domus Sanctæ Marthæ*, situé à la gauche de Saint-Pierre, car comme il l'a expliqué : « J'ai besoin de vivre au milieu des gens. Quelle tristesse d'être seul ! Si j'étais un peu isolé, cela ne serait pas bon pour moi. D'ailleurs, je me sens parfois isolé au Vatican. J'ai eu tant de fois envie d'aller dans les rues de Rome... Mais les gendarmes pontificaux qui me protègent sont si bons pour moi, si bons... Alors, j'ai compris que ce n'était pas possible... »

Dans la ville aux neuf cents églises et autant de pizzérias, le Souverain Pontife règne à présent sur la Secrétairerie d'État : neuf Congrégations, douze Conseils pontificaux, deux tribunaux, la préfecture des Affaires économiques, le patrimoine du Saint-Siège, le gouvernatorat de la Cité du Vatican... et trois cent trente-cinq paroisses romaines, mais d'abord sur le collège cardinalice. Une épreuve pour un réformateur qui veut resserrer le gouvernement de l'Église.

L'un de ses défis est de faciliter le dialogue entre les différentes religions. Ce sont des décisions probablement moins compliquées à prendre lorsqu'on vient « presque du bout du monde »... En Argentine, en effet, Jorge Mario Bergoglio pratiquait depuis longtemps le dialogue interreligieux avec les juifs et les musulmans. Il s'est habitué à s'agenouiller en présence de Dieu le Père, à s'allonger sur le sol avec des fervents d'Allah et à rendre grâce à Yahweh, le Dieu d'Abraham, créateur du Ciel et de la Terre.

N'ayant jamais exercé de hautes responsabilités à la Curie, il s'impliquait de diverses façons et finalement assez peu dans les nombreuses instances dont il était membre : les Congrégations pour le culte divin et la discipline des sacrements, pour le clergé, les Instituts de vie consacrée, pour la famille et la Commission pontificale pour l'Amérique latine. Quand il venait à Rome, ce solitaire amoureux du silence ne cultivait pas ses relations dans le milieu curial. Il préférait voir quelques amis argentins et italiens parmi lesquels l'archiprêtre de Santa Maria Maggiore, Santos Abril y Castelló, et le Cardinal Meija, auquel il alla rendre visite peu de temps après son élection.

Ce pape, plutôt sévère, ne prise guère les manifestations officielles, et se tient à l'écart du « gratin romain ». Dès son premier discours *Urbi et Orbi* de Pâques, il a voulu s'adresser chaleureusement à deux cent cinquante mille personnes, serrées avec ferveur de la place Saint-Pierre jusqu'au Tibre. Depuis ce célèbre balcon qui a vu s'exprimer tant de Pasteurs de l'Église universelle, il a fustigé les meneurs des conflits mondiaux et lancé un appel solennel pour la paix.

Nostalgie viscérale en pensant à sa terre natale... ? Lui, l'enfant prodige argentin, l'adversaire du néolibéralisme, de la corruption, et également l'énergique opposant à la présidente Cristina Kirchner, avait, en 2005, au hasard d'une confidence, laissé échapper ces paroles angoissées : « Je vous en prie, ne m'enfermez pas dans la Curie. Je pourrais en mourir... » Que de paradoxes en cet homme !

Le Pape François, à cause de son âge, semble vouloir aller vite. Il a pourtant l'ambition d'être un Pape de transformation et non de transition. Un Souverain Pontife dont les Argentins, les Italiens et bien d'autres encore clament à présent, avec fierté : « *Papa Bergoglio, nostro orgoglio*[1] *!* »

1. « Pape Bergoglio, notre orgueil ! »

2

À Buenos Aires, un Archevêque au service du peuple

« *¡Hola, buen dia !* Je cherche le curé de Nuestra Senora Madre de Los Emigrantes. » « C'est moi », me répond en souriant derrière ses lunettes padre Cervantes, pantalon sombre et veste de grosse laine. « Désolée, je vous imaginais habillé en prêtre... – Vous savez, ici, il faut tout faire. Alors, pour balayer devant ma paroisse, le jean est plus adapté ! » Il m'emmène dans son bureau, au premier étage. Nous passons devant le tableau kitsch d'une Vierge entourée d'angelots.

En Argentine, c'est l'hiver. Je suis venue y passer huit jours. Afin d'essayer de comprendre comment ce Pape argentin est perçu par ses concitoyens, j'ai l'intention de rencontrer ses proches et amis : religieux de tous bords, Jésuites bien sûr, enseignants, hommes politiques, diplomates... Il fait froid. Le décor est désuet mais accueillant, à l'image de ce prêtre qui me dit immédiatement de l'appeler José Juan et non Monsieur le curé. Les murs sont décrépis. À sa gauche, se trouve une Marie défraîchie en plâtre coloré. Padre Cervantes travaille sur une table de formica. Des petites annonces sont inscrites sur des cartons d'emballage avec, au-dessus, la photo du nouveau Pape. Avant que je l'interroge, le père m'offre du maté. Cette infusion de feuilles amères inventée par les Indiens guaranis et popularisée par les Jésuites est traditionnelle en Argentine ; on la boit en tirant sur une canule. Nous la partageons avec la même paille. Depuis 2010, padre Cervantes s'occupe de la pastorale des migrants, des oubliés, dans ce vaste bidonville à la périphérie de Buenos Aires ; mais il a connu le Cardinal Bergoglio bien avant. « Nous sommes devenus amis lorsque je travaillais au Bureau des immigrés. Le combat contre l'exclusion que nous menions chacun de notre côté avec de fortes convictions, nous a rapprochés depuis plusieurs années. » Lui et padre José Maria di Paola – surnommé affectueusement padre Pepe –, padre Juan Isasmendi, padre Lorenzo et quelques autres âmes généreuses, tous dans une bonne trentaine et généralement issus d'un milieu bourgeois, ont partagé tant de combats avec padre Bergoglio qu'ils sont devenus ses grands amis, sa « famille » en somme. Il leur téléphone souvent le dimanche quand il aspire à se replonger dans l'univers qui l'a façonné, à 10 500 kilomètres de Rome. Ces prêtres « urgentistes » pratiquant l'apostolat social, qui seraient qualifiés de tiers-mondistes en Europe, incarnent l'Église des « périphéries » dont parle souvent le Pape François. Ils œuvrent dans les « villas miseria » (prononcez « vija miseria ») avec d'autres priorités qu'en Europe : logements, santé, école, travail. Jour après jour, sans prosélytisme ni discours moralisateurs, ils essaient sur le terrain de socialiser des alcooliques, des drogués, des lépreux, des marginaux, de jeunes femmes tombées dans la prostitution… « Ces missionnaires des villes, toujours en jeans et blousons, leur tendent la main avec élégance et style. Soucieux de ne pas humilier ces populations locales surtout péruviennes, paraguayennes, boliviennes ou uruguayennes. Ce sont les plus pauvres », m'explique Adriana Triacà. Petite femme rousse débordante d'énergie. Orthodontiste et grande amie de Jorge Mario Bergoglio, elle a monté des unités de soins dentaires pour les déshérités. Dans ces « villas miseria », où s'entassent des milliers d'habitants pauvres. Ces enclaves de désolation, absentes de la plupart des plans de Buenos Aires, sont les lieux où ces prêtres mettent avec humilité leur foi au service de la solidarité, fabriquant par exemple des autels de fortune avec des caisses de bière. Pendant plusieurs jours, j'ai accompagné ces donneurs de tendresse. Ils m'ont bouleversée car ils sont immergés dans un univers de violence et confrontés à des difficultés en spirale dans lesquelles l'Église apparaît souvent être le seul recours ; comme me le dit padre Pepe : « À l'image du Christ nous allons vers ceux que la religion condamnait il y a peu. » Inventifs, ces prêtres, qui veulent faire de l'Église un lieu d'accueil, essaient avec le foot de regrouper les garçons. Ils donnent des leçons de chant aux filles, plus douces, et les incitent notamment à s'occuper des chiens qui s'invitent souvent dans leurs églises… À travers les animaux se crée un lien entre elles.

Plus argentin qu'italien ? Plus social que politique ? Jorge Mario Bergoglio serait-il un Jésuite avec un faux nez de Franciscain ? Difficile d'analyser les ressorts cachés d'un Souverain Pontife venu de si loin ! D'une capitale du Nouveau Monde où, le jour de la messe d'installation à Rome, dès 5 h 30 du matin, à cause du décalage horaire, des milliers de Porteños[1] s'étaient rassemblés sur la Plaza de Mayo, debout devant la cathédrale, pour suivre le premier office retransmis en direct sur des écrans géants. Les voilà heureux et fiers d'avoir côtoyé auparavant padre Bergoglio dans les églises de la capitale ou lors de ses messes de rue. Qu'ils soient bourgeois, habitants des « villas miseria » ou asiatiques – tenant en majorité les commerces de fruits et légumes –, catholiques, juifs, musulmans, shintoïstes, ils sont très émus et impressionnés que leur ville ait pu envoyer à Rome le premier Pape de l'hémisphère sud[2]. D'ailleurs, depuis cet événement historique, les lieux que Jorge Mario Bergoglio fréquentait sont devenus les étapes d'un circuit de « pèlerinage », tels le club de football de San Lorenzo, naguère fondé par un prêtre, le foyer Don Bosco, formant les adoles-

1. Porteños : c'est le nom donné aux habitants de Buenos Aires. La traduction littérale est « gens du port », car pour la plupart ils sont, au cours des générations précédentes, arrivés par bateau d'Italie ou d'Espagne.

2. En 1910, 70 % des catholiques étaient européens ou nord-américains. En 2013, les deux tiers vivent en Amérique latine, en Afrique, ou en Océanie. En Amérique latine, ils sont passés de 70 millions à 425 millions en un siècle. Aux États-Unis, un tiers des catholiques est d'origine latino-américaine.

cents des bidonvilles aux métiers manuels, la chapelle de Bajo Flores, l'église San José... On visite également la maison de son enfance, au 531, rue Membrillar, dans le quartier de Flores du Buenos Aires populaire, devenu entre-temps « bobo ». Où vient d'être apposée une plaque de marbre à la gloire d'« El Papa Francisco ». Sans oublier la « cantina de Hugo » à San Telmo où, dans le restaurant favori de Jorge Mario Bergoglio, au-dessus du bar très bariolé, sont placardés, ô stupeur, les fanions de l'Olympique de Marseille, du Paris-Saint-Germain, du Bayern de Munich, du Borussia Dortmund, du San Lorenzo, bien sûr, et des autres grandes équipes de football internationales ! Flatté qu'une journaliste vienne de si loin pour enquêter sur son établissement, Hugo, fort disert, me fait un cours... avant de m'inviter à savourer les plats préférés de son héros. Lequel se régalait d'asados[1], de cochon de lait et mangeait des crêpes au dulce de leche, ou fourrées au chocolat, les desserts désormais les plus demandés. « Le Pape nous appelait par notre prénom et nous lui donnions du padre Jorge », ajoute le patron.

De fait, l'ancien chimiste, qui a travaillé chez Hickethier & Bachmann en ses jeunes années, n'a pas oublié son expérience professionnelle qui lui sert désormais de laboratoire à idées. C'est pourquoi, afin d'esquisser un portrait de Jorge Mario Bergoglio, ce ne sont pas les Cardinaux de Curie,

1. Asado : technique culinaire pour cuire la viande de bœuf, posée sur un gril dans un four de terre ou cuite sur les braises d'un feu de bois, selon une tradition dont les Argentins sont très fiers.

inquiets de toutes ses futures réformes qu'il convient d'écouter le plus, mais ses compagnons de route argentins qui, lucides, confient en privé : « Les papes passent, la Curie reste ! »

J'ai donc frappé à la porte du padre Russo, cinquante-deux ans, allure joviale et physique imposant. Recteur de la cathédrale métropolitaine de Buenos Aires, il est le seul prélat que j'ai vu là-bas habillé en clergyman. Dans la vaste sacristie, des tableaux du XVIIIe siècle côtoient sculptures de marbre, ostensoirs, calices en vermeil, et les riches habits de l'ancien Archevêque. Mitres de satin doublées de peau, chasubles lumineuses exposées dans des vitrines, et semblant figées pour l'éternité. C'est dans ce majestueux édifice baroque que le Cardinal officiait avec neuf prêtres, quand il ne célébrait pas la messe dans l'une des deux cents églises de la capitale. Son archevêché comptait quatre cents prêtres diocésains et le même nombre de religieux ; une petite armée pour ce soldat des âmes. Ce respectable prélat me précise que « Jorge Mario Bergoglio ne portait presque jamais ces trop lourds et pompeux habits. C'est si vrai que lors des congrégations générales précédant le conclave qui l'a fait élire, il était le seul à ne pas mettre sa calotte rouge sur la tête. Pas plus qu'il n'aimait voir sur l'autel ces objets liturgiques étincelants… » Le tout en si bon état que cet ensemble ferait aujourd'hui merveille dans le petit musée que padre Russo rêve de créer, lui qui a déjà reçu des mains de Jorge Mario Bergoglio son ancien anneau épiscopal.

Le nouveau Pape semble en effet spontanément plus proche du Cardinal Antonio Maria

Veglio, à la tête du Conseil pontifical pour la pastorale des migrants et des itinérants[1], que du Cardinal comte Andrea Cordero Lanza di Montezemolo, le très aristocratique héraldiste du Vatican, qui, d'ailleurs, ne lui a pas dessiné son blason. Ces marques d'honneur mettent le Pape François mal à l'aise. « Il ne veut pas être le monarque de l'Église catholique et pense surtout à l'importance des Béatitudes, au message du Jugement Dernier, quand les premiers seront les derniers. Lui qui aime aussi souligner : "Dans l'Église nous sommes tous égaux" », m'explique Monseigneur Sanchez Sorondo, Argentin et chancelier de l'Académie pontificale des Sciences. Le Pape a repris la devise qu'il avait choisie le jour de sa consécration épiscopale, en torturant quelque peu la langue latine : « *Miserando atque Eligendo* », « En faisant Miséricorde et en choisissant ». Il a dû, toutefois, se plier à une nouvelle version de ses armoiries : le soleil rayonnant et flammé d'or, c'est le vocabulaire héraldique, chargé des lettres IHS, emblème de la Compagnie de Jésus, reste surmonté d'une croix, mais l'étoile placée au-dessus a désormais huit branches au lieu de cinq, justement en référence aux huit Béatitudes de l'Évangile selon saint Matthieu.

En réalité, ce n'est qu'un détail à ses yeux, car seul lui importe que son monogramme indiquant

1. La structure du Saint-Siège qui suit et vient en aide aux réfugiés, aux exilés et assure une présence pastorale auprès des migrants et des personnes en déplacement ; elle travaille dans ce domaine en étroit lien avec les organismes caritatifs et les églises locales.

l'appartenance à son ordre se détache en lettres rouges. Il faut reconnaître que si le Pape François n'est pas sensible à la tradition immuable qui prévaut depuis des siècles à Rome, ni prisonnier de son entourage, il est fier, en revanche, d'être Jésuite. Jaloux de son indépendance, secret et à certains égards énigmatique, il s'est organisé ses propres circuits, difficiles à recouper, et fait venir son courrier argentin par un ami italien, Aldo, pilote d'Alitalia. Jorge Mario Bergoglio a depuis toujours une liberté de ton et d'esprit à laquelle il n'est pas, à soixante-seize ans, prêt à renoncer. « C'est une personnalité indomptable », confessent ses frères jésuites d'Amérique latine, qui le trouvent beaucoup plus souriant depuis qu'il est Pape.

Figure charismatique parmi les Jésuites progressistes, padre Ignacio Perez del Viso fut autrefois le professeur de théologie de Jorge Mario Bergoglio, avant de l'avoir comme supérieur provincial de 1973 à 1979. Une époque compliquée et délicate où il revint au jeune Provincial d'essayer de maintenir la cohésion au sein de la Compagnie de Jésus, alors pauvre en vocations et tentée par la théologie de la Libération. Grand, mince, distingué, cet intellectuel argentin intimidant et universitaire fort respecté, ancien titulaire de la chaire de Doctrine sociale de l'Église à la faculté de San Miguel, est un membre éminent de la Commission épiscopale argentine pour l'œcuménisme et le dialogue interreligieux. Un Jésuite au verbe clair s'insurgeant contre les richesses du Vatican : « Celui qui est d'abord l'Évêque de Rome comme il se présente devrait faire une fondation avec les biens culturels de l'Église acquis au fil des siècles. Elle serait gérée par la Ville de Rome ou le gouvernement italien, voire une organisation de l'Union européenne, afin que le Saint-Siège n'en soit plus le propriétaire mais le garant. Les protestants, par exemple, n'ont pas besoin d'un État protestant ! » Le Pape François l'écoutera-t-il ? Padre Ignacio Perez del Viso fait confiance au côté « provocateur et anarchiste de Bergoglio » pour réveiller les consciences. Comme il le souligne, « Depuis toujours, il aime diriger. Il avait voulu utiliser son pouvoir avec beaucoup d'autorité lorsqu'il était devenu Provincial à 36 ans. Né dans un milieu petit-bourgeois, sa psychologie et son talent pour s'adapter ont permis à ce fils d'immigrés de rapidement comprendre les codes afin de gravir les échelons. Il a par ailleurs vite mesuré le prestige des Jésuites. Dans ce domaine, c'est un artiste qui n'hésite pas à employer des termes très durs tels que le carriérisme et la vanité dans l'Église. Il veut secouer, déconcerter. Ainsi, Archevêque de Buenos Aires, lorsqu'il recevait dans sa cathédrale le président de la Nation et les plus hautes autorités du pays, rien ne lui plaisait autant le jour de la fête nationale que de qualifier dans son homélie "Buenos Aires de cage à voleurs" ! Pour ma part je trouvais cela choquant, car le chef de l'État n'était pas en situation de lui répondre… De plus, lorsqu'il était Évêque, il détestait autant le protocole que les ornements, et ne s'en cachait pas. "Je ne suis attaché à rien et je ne veux m'attacher à rien, sinon je ne pourrai jamais changer ce qui a besoin de l'être", proclamait-il. Il a toujours craint d'être étouffé par des structures. D'ailleurs, il traite maintenant les membres de son ordre avec courtoisie mais ne veut pas avoir l'air d'être leur obligé ou de les favoriser. C'est aussi cela l'art du dialogue. Un Pape qui, selon moi, fera des changements sur le plan pastoral mais non dogmatique », conclut padre Ignacio Perez del Viso. En stratège averti, Jorge Mario Bergoglio a depuis des lustres affronté avec sang-froid et fermeté des situations délicates, impliquant du savoir-faire dans les relations politiques et diplomatiques. L'Argentine n'a-t-elle pas maintes fois traversé des périodes troubles depuis la Seconde Guerre mondiale ? La haute hiérarchie de l'Église s'est trouvée, entre 1976 et 1983, aux côtés d'une dictature, farouchement anticommuniste. Après la chute du régime des juntes militaires, qui avait été impitoyable envers les communistes, les syndicalistes et tous ceux qui étaient soupçonnés de « gauchisme », quelques ecclésiastiques furent même poursuivis par la justice et condamnés pour complicité. Or, rappellent plusieurs de mes interlocuteurs argentins, padre Bergoglio, d'après eux très intelligent et ambitieux, ils insistent aussi là-dessus, n'a jamais été sérieusement mis en cause. Même si, au moment de son élection, certains de ses détracteurs ont essayé de lancer une campagne contre lui au motif qu'il aurait été trop prudent pendant la « sale guerre » de Videla[1] et consorts.

1. Jorge Rafael Videla (1925-2013), général et homme d'État argentin. À la tête de la junte militaire, qui s'empare du pouvoir en mars 1976, il destitue la présidente Isabel Peron et établit une dictature sanglante. Il sera condamné à la prison à perpétuité en 1985, puis à la prison à vie en 2010. L'auteur du putsch du 24 mars 1976 et ancien dictateur est mort à 87 ans, le 17 mai 2013, dans un hôpital de Buenos Aires où il avait été admis en urgence après avoir quitté son lieu de détention proche de la capitale argentine.

Par contre, il ne ménagera pas sa peine en 2001 et 2002, quand le pays s'effondrera économiquement avec un peso dévalué de 80 %, une confiscation générale de l'épargne et une inflation à 40 %.

Comme me le raconte un autre de ses professeurs, de grec celui-là, le plus illustre théologien argentin et jésuite Juan Carlos Scannone[1], enseignant et chercheur en philosophie à la faculté de San Miguel[2], « Jorge Mario Bergoglio était un très bon élève, mais pas le meilleur. Je l'ai eu, avant qu'il soit Jésuite, au petit puis au grand séminaire et lui ai enseigné le latin. J'avais alors été impressionné par sa force de caractère et son courage lorsque l'épidémie de grippe de 1957 lui causa une pneumonie aiguë. D'abord soigné à la pénicilline puis à la streptomycine, il dut finalement être opéré. C'était en août, donc pour nous en hiver. L'homme a toujours fait preuve de détermination. Il avance droit devant lui, se concentre sur l'essentiel. Pour mieux le comprendre, il faut retenir notre credo, qu'il a parfois martelé en vain : "Le tout est prioritaire sur la somme des parties, la société n'est pas la somme des individus, l'unité doit l'emporter sur les conflits, la réalité est prioritaire au regard des idées. Le temps est prioritaire au regard de l'espace" », insiste ce Jésuite vif et chaleureux, d'une grande humilité lui aussi.

Autre éclairage, cette fois avec le regard de plusieurs élèves sur le professeur, dont celui du respecté diplomate argentin Rogelio Pfirter, qui a

1. Ayant étudié avec Karl Rahner.
2. À 32 kilomètres de Buenos Aires.

dirigé huit années durant, de 2002 à 2010, l'Organisation pour l'interdiction des armes chimiques, l'OPCW[1]. En effet, puisque beaucoup d'enfants de la bonne société porteña ont étudié chez les Jésuites en ces années-là, Bergoglio a eu pour élèves de nombreux fils de la grande bourgeoisie et des cercles influents argentins. Lesquels sont, par la suite, devenus des personnages qui comptent dans le pays. « C'était mon professeur au collège de la Inmaculada de Santa Fe en 1964-1965, soit les deux dernières années du secondaire, me raconte ce diplomate posé et brillant. Austère, le professeur Bergoglio, qui n'était pas encore prêtre, souriait peu et commençait à découvrir les milieux nantis. Les problèmes de la pauvreté le passionnaient. Il nous avait entraînés à nous pencher avec lui sur une étude médicale de la crucifixion telle qu'infligée à Jésus-Christ, avec l'analyse des douleurs, depuis celles produites par le premier clou jusqu'aux dernières heures de la mort. Plutôt sur la défensive, il était attentif à tout. Dans notre classe, à côté du tableau noir, se trouvaient un crucifix et une photo de Che Guevara. Avec lui, on avait compris qu'il était inutile de dire toute la vérité, mais seulement ce qui était nécessaire. Nous avons aussi étudié *Le Cid* de Corneille. Cette pièce lui plaisait. Depuis, nous nous voyons régulièrement. Le Pape politique, qui parle couramment l'italien, assez bien l'allemand, mais pas l'anglais, ne nous a jamais caché qu'il connaissait mal l'Europe. » Un autre de ses anciens élèves, du « Colegio del Salvador » de Buenos Aires, Javier Botana, qui l'eut comme

1. L'OPCW vient de recevoir le prix Nobel de la paix.

professeur juste après, se souvient : « Je suis resté marqué par le charisme du jeune padre Bergoglio. Préfet des études, il nous enseignait la psychologie. Clair, cultivé, il avait sur nous un réel ascendant et je n'ai jamais oublié sa bonté quand mon père est mort. Il est venu à la maison bénir son corps et nous soutenir. » De fait, il est resté très attaché à ses anciens élèves et à leur famille puisqu'il y a quelques semaines encore il avait invité à sa messe privée au Vatican Reinaldo Gervasini, venu pour l'occasion d'Argentine avec sa femme. « Notre ancien professeur, raconte avec enthousiasme ce dernier, nous avait réunis en août 2010 à la messe dans l'église Nuestra Señora del Socorro à Buenos Aires. Nous sommes presque tous venus avec nos épouses, puis avons déjeuné avec le Cardinal dans la sacristie. Après le repas, celles-ci sont parties et nous sommes restés en sa compagnie jusqu'à 6 heures du soir pour nous raconter nos bons vieux souvenirs ! »

Le Pape est un homme de son époque. S'il a passé des années dans le décor des imposantes demeures jésuites argentines, devenu Archevêque, il ne s'est pas installé à l'archevêché mais dans un petit appartement proche de la cathédrale, voisinant avec ses bureaux. Fonctionnels et spacieux, dotés d'un seul luxe, le sol en marbre. Il travaillait au deuxième étage dans un lieu dépouillé, communiquant avec celui de sa secrétaire. Elisa, mère de deux enfants, plaisante petite brune aux yeux verts et cheveux longs, généralement en tailleur pantalon. À la réception, maintenant ornée d'un grand portrait du nouveau Pape, trône un triptyque religieux. Elisa et Mario, l'huissier, en costume cravate gris foncé, évoquent avec émotion des moments sympathiques partagés avec leur « boss ». Mario me fait visiter la chapelle privée au rez-de-chaussée, où une vingtaine de personnes peuvent assister à la messe. Des murs blancs, un imposant crucifix de bois, une Vierge de Luján sainte patronne de l'Argentine, mère des pauvres et des humbles : tout est resté en l'état depuis le départ de padre Bergoglio, mais Elisa comme Mario sont sûrs que « Sua Santita » viendra les bénir un jour… C'est inscrit dans le ciel !

Ce Pape a une vision universelle de l'Église. Ayant dû composer sans cesse dans un pays en proie à des situations de crise, il a appris à décrypter le monde politique. Ainsi plaisante-t-il : « En Argentine, la loi, c'est comme un accordéon » ! Cette philosophie du vécu le pousse à ne rencontrer les leaders politiques que lorsqu'ils peuvent lui apporter un soutien concret. Car hier comme aujourd'hui il redoute les soirées en ville, ce qu'il appelle « les mondanités spirituelles ». « Je dois reconnaître, raconte Mauricio Macri, l'actuel maire de Buenos Aires, que Bergoglio ne venait pas à mes réceptions officielles. Il m'expliquait sans détour que c'eût été une perte de temps pour lui. Jamais il n'a voulu de protection rapprochée, ni quoi que ce soit d'autre pour lui. En revanche en homme de pouvoir il sait comment séduire les hauts responsables. Nous nous voyions trois ou quatre fois par an. Il était chaleureux. J'allais à l'archevêché, je m'asseyais à côté de lui. Il refusait toute forme de prosternation. Il me demandait généralement des autorisations pour ses prêtres travaillant dans le port auprès des migrants, des miséreux, ou bien des moyens pour scolariser les enfants des bidonvilles... Je l'admire, car il ne plie pas devant les instances officielles ni ne marche main dans la main avec les pouvoirs. À ses yeux, la diplomatie est au service de la politique. Sa façon de glorifier le Seigneur, c'est de travailler pour les humbles, d'être l'avocat des droits de l'homme et non de tenir un discours lénifiant ou de tenter de vous attirer à sa messe. »

Les privilégiés, ce n'est pas son monde, comme l'explique l'ancien ambassadeur de France en Argentine, Frédéric Baleine du Laurens[1] : « Lorsque j'ai demandé une audience au Cardinal Archevêque de Buenos Aires, il m'a fait répondre que ce n'était pas possible. L'homme de Dieu n'avait rien à faire avec les grandeurs d'établissement, ni avec les diplomates trop tournés en priorité vers la bonne société argentine. Me recevoir aurait créé un précédent, l'obligeant ensuite à se plier de nouveau à cet exercice pour lui aussi fastidieux qu'inutile.

Or, un jour, je suis allé à un office qu'il célébrait dans une petite paroisse. À la sortie, il était sur le parvis, tel un simple curé saluant ses fidèles. Je me suis alors présenté à lui en ajoutant que j'aurais été ravi de le rencontrer. Il a téléphoné dès le lendemain et m'a reçu dans un bâtiment moderne collé à la cathédrale, l'ancien archevêché ayant été brûlé en 1955 par les péronistes. Nous étions dans une pièce au décor banal, avec deux chaises. Il était habillé en cler-

1. Diplomate de carrière, énarque de la promotion Charles de Gaulle, Frédéric Baleine du Laurens a été ambassadeur en Argentine de 2006 à 2009.

gyman. Nous avons évoqué la figure du Cardinal Lustiger qu'il admirait et qui était très malade. Puis nous sommes revenus sur la tragique aventure des deux religieuses françaises, Alice Domon et Léonie Duquet, missionnaires en Argentine et qui avaient été enlevées et exécutées par les juntes pendant la dictature. J'ai demandé au Cardinal Bergoglio si leur procès en béatification pourrait être bientôt ouvert. "Le temps viendra", m'a-t-il répondu. Comme je l'interrogeais sur la religiosité des Argentins, en guise de réponse il m'a proposé de l'accompagner dans une banlieue excentrée de Buenos Aires au sanctuaire de San Cayetano, dont la fête allait être célébrée quelques jours après... Le 7 août, nous nous y sommes retrouvés face à plus d'un million de personnes convergeant depuis des heures vers cette église pour prier San Cayetano, un saint italien du XVIIe siècle très honoré par les Argentins qui espèrent qu'il leur donne du pain et du travail. Dans cette grandiose église baroque, des banderoles dressées de chaque côté de l'autel proclament "San Cayetano bendice a tu Pueblo" et "Con Pan y Trabajo para Todos". C'est un sanctuaire réellement populaire, et les croyants font ce jour-là dix à vingt heures de queue pour y accéder et toucher enfin la statue de plâtre de ce saint protecteur. J'ai découvert avec quel talent et quel respect l'Archevêque de Buenos Aires savait parler à une foule immense, composée à l'évidence de gens modestes. Le Cardinal Bergoglio invita d'ailleurs les fidèles à prier pour le Cardinal Lustiger, qui venait de mourir. Pour que chacun comprenne de qui il s'agissait, avant la messe, il brossa pour eux un vibrant portrait de l'Archevêque de Paris. J'ai compris ce jour-là la solidité de sa foi ardente, qui s'exprime d'une façon spontanée, pas trop abstraite mais vivante et claire. Sans gesticulation particulière, il exalta la valeur du travail symbolisé dans ce lieu de pèlerinage par des épis de blé. Il a une empathie très forte envers ceux qui l'approchent, car c'est en réalité à la fois un intellectuel et un homme pouvant galvaniser une foule. Ces deux aspects cohabitent en lui. Bref, il préférait se rendre dans les paroisses et rencontrer sur le terrain des fidèles et des prêtres plutôt que de conventionnels diplomates... et je le comprends ! »

Au service du « Peuple de Dieu », l'Archevêque de Buenos Aires a choisi d'évangéliser aux confins de la capitale. Il n'aimait guère se rendre à Rome, où il avait peu de repères et se sentait tel un étranger au Vatican. De plus, il ne raffole pas de l'avion, sans doute à cause de sa fragilité pulmonaire, bien qu'il s'épanche rarement sur le sujet, et encore moins sur lui-même. Plutôt que de célébrer à San Roberto Bellarmino, l'église baroque dont il était titulaire à Rome, il préférait dire la messe chez lui dans les « villas miseria », aux ruelles étroites où les ordures rarement ramassées diffusent une odeur âcre qui vous prend à la gorge. Il a toujours eu avec les pauvres une attitude protectrice et paternelle. C'est pourquoi, aujourd'hui, en Argentine, ces derniers se sentent orphelins et nostalgiques. Car un Pape, fût-il le leur, reste la personnalité la plus intimidante au monde alors que, jusque-là, il faisait en somme un peu partie de leur quotidien : il avait baptisé les enfants de ces baraques multicolores jamais terminées souvent à proximité des faubourgs chics, leur avait fait faire leur première communion, et sa photo était punaisée au mur dans deux foyers sur trois. Il avait même réussi à faire émerger des vocations dans ces quartiers malfamés.

Ce Pape qui a connu des régimes militaires et des dictatures et vu sur sa terre natale d'énormes écarts de richesse a le souci de la vie concrète des gens. Fraternité et simplicité sont pour lui des évidences. C'est aussi un chef religieux issu d'un continent marqué par cinq siècles d'aventures réparties en trois périodes essentielles. Du XVIe au XVIIIe siècle, l'époque de l'évangélisation et de la colonisation. Pendant tout le XIXe siècle et le début du XXe, celle des indépendances nationales, aussitôt suivies par d'importants mouvements d'immigration, surtout en provenance de l'Europe ; enfin, au XXe siècle, les crises sociales, le développement du marxisme et le recours à la théologie de la Libération.

Un peu d'Histoire rappelle que l'attitude de l'Église est complexe et qu'elle varie selon les pays et les ordres religieux. Tout d'abord, au nom de l'évangélisation, lors des Grandes Découvertes, le Pape de l'époque donne sa bénédiction à la colonisation du Nouveau Monde où des aumôniers accompagnent sur le terrain des opérations militaires, bénissent les combattants, justifient leur victoire par l'intervention divine. Par la suite cependant, l'Église a été l'un des dénonciateurs les plus ardents de l'oppression des peuples indigènes. Au Paraguay, des missionnaires jésuites vont inventer une autre façon d'annoncer l'Évangile et tenter, par l'expérience des *reducciones* (les réductions), de les protéger et les éduquer. D'autre part, les Jésuites, tout comme les Franciscains, ont amplement participé à l'évangélisation du continent latino-américain. Ces derniers assurent le catéchisme en y voyant une façon de s'infiltrer par la doctrine, là où la main-d'œuvre est dépendante de l'influent pouvoir espagnol et portugais. Tels les Jésuites, des Franciscains ont risqué leur vie aux périphéries des empires, car ils pratiquaient une rude et courageuse évangélisation de terrain en un temps où tout déplacement relevait de l'aventure. Au XIXe siècle, l'Église catholique n'est intervenue ni dans les luttes de libération nationale ni dans les guerres civiles locales. Elle a, par contre, joué plutôt un rôle majeur dans l'accueil des immigrants et dans des fonctions sociales de base, notamment sur le plan éducatif, terrain de prédilection des Salésiens. Le poids politique de l'Église catholique est réapparu et s'est fait plus important au cœur des années 1960. À l'ère de la révolution cubaine, de nouveaux et charismatiques leaders comme Fidel Castro et Che Guevara émergent alors en Amérique latine. Che Guevara est argentin et admiré par tous, toutes couleurs politiques confondues. La théologie de la Libération voulait impliquer l'Église dans ces révolutions, la placer au plus près des pauvres et des opprimés, bâtir des ponts entre la foi chrétienne et la philosophie marxiste. Au Brésil notamment, elle s'est incarnée dans la figure emblématique de l'Archevêque de Recife, Dom

Helder Camara[1]. Néanmoins, cette théologie a divisé l'Église catholique d'Amérique latine, et, dans le contexte tendu de l'époque, certains pays catholiques, telle l'Argentine, ont misé en réponse sur des dictatures militaires conservatrices. Jean-Paul II, issu de l'Église du Silence, mais aussi le Cardinal Ratzinger combattirent au Vatican avec vigueur cette théologie progressiste qui ne s'est affaiblie qu'avec la chute du mur de Berlin.

La situation est désormais fort différente pour l'Église argentine locale. Bien que les trois quarts de la population soient catholiques, elle subit de nos jours la concurrence des protestants évangéliques. Grâce à leurs actions caritatives, leur enthousiasme, leur spontanéité, ces protestants, moins traditionnels que ceux arrivés au XIXe siècle lors de l'immigration européenne, prennent avec fougue et méthode le contre-pied de l'Église catholique et rencontrent un réel succès dans les milieux populaires. Se lève un défi nouveau parmi tant d'autres. La reconquête du terrain perdu en Amérique latine mobilise l'énergie et la pensée de Jorge Mario Bergoglio pendant de longues années. C'est à lui que revient le succès de la « Conférence d'Aparecida ». Cette rencontre, qui a réuni en mai 2007 au Brésil l'ensemble des Évêques d'Amérique latine, a per-

1. Né en 1909 à Fortaleza, ordonné prêtre en 1931, puis Évêque et Archevêque auxiliaire de Rio en 1955, Dom Helder Camara a ensuite exercé son ministère à Recife. Il est la figure emblématique d'un triple engagement : la justice comme condition de paix, la non-violence active et une Église servante des pauvres au service d'une humanité fraternelle. Il est mort à l'âge de 80 ans à Recife.

mis l'adoption d'une déclaration qui apparaît aujourd'hui comme le véritable « programme de gouvernement » du nouveau pontificat, avec un accent mis très fortement sur la relance de l'évangélisation et sur la priorité aux pauvres.

Pour déceler la psychologie de ce Pape au caractère tranché, il faut se souvenir que sa famille paternelle est originaire de Stazione Portacomaro, hameau de nos jours rattaché à la commune d'Asti, la ville du « spumante[1] » dans le Piémont. Une bourgade inconnue jusqu'à ce que l'un de ses descendants devienne Souverain Pontife ! Il est important de comprendre tout ce que représente l'immigration italienne en Argentine. Le père du Pape, Mario José Bergoglio, débarque au début des années 1930. Avant lui, une première vague d'immigrants arrivée en 1869 fut suivie d'autres mouvements migratoires importants en 1895, en 1914, puis entre les deux guerres et même au-delà, jusque dans les années 1960. Les descendants d'Italiens représentent, de nos jours, quelque 15 % de la population, soit environ 6 millions de personnes. Ils ont vite rejoint toutes les couches de la société, prolétaire, populaire, bourgeoise et dirigeante. Comme me l'explique l'actuel maire de Buenos Aires, Mauricio Macri, lui-même de parents italiens, « le football, la musique, l'armée et l'Église ont été de formidables facteurs d'intégration. Ce sont aussi les Italiens qui ont

1. Le spumante est un vin blanc mousseux sucré produit dans le Piémont et que l'on boit au Vatican les jours de fête car il y a été introduit par le Premier ministre de Jean-Paul II, Angelo Sodano, fils d'un sénateur du Piémont et né à Isola d'Asti.

importé les premiers mouvements syndicaux et une forme d'esprit anarchiste ».

Les liens du sang prennent généralement le dessus. Mais le vrai secret est que personne ne sait si, à Rome, le 265e successeur de Pierre rêve en espagnol ou en italien ! Par ailleurs, d'après la loi italienne de la nationalité, où le droit du sang prévaut (*ius sanguinis*), François pourrait récupérer son passeport italien car les descendants, jusqu'à la troisième génération, bénéficient de ce privilège ; or si Regina, la mère de Jorge Mario Bergoglio, est née en Argentine, son père, lui, est venu d'Italie. Des démarches, aujourd'hui, ne seraient peut-être pas indispensables, le Pape étant, avec la reine Élisabeth II, le seul chef d'État à ne pas avoir de passeport ! Toutefois, il a maintenant la citoyenneté vaticane et a voulu renouveler son passeport argentin sur lequel est désormais indiqué qu'il est domicilié à la maison Sainte-Marthe, document valide jusqu'en 2024[1], ainsi que sa carte d'identité, valable jusqu'en 2029. Ses racines italiennes sont importantes, puisque s'intégrer avec succès signifie avoir de grandes capacités d'adaptation et d'ouverture d'esprit. Le Pape a commencé par apprendre le langage des autres. L'ancien Archevêque doit s'adresser à chacun, et pas seulement à ses compatriotes et aux fidèles catholiques.

À Buenos Aires se trouvent un impressionnant centre culturel islamique et trois mosquées dont la plus grande, dans le quartier résidentiel de Palermo, est presque aussi imposante que Saint-

1. Comme l'a indiqué le ministère argentin de l'Intérieur.

Pierre de Rome. Cette capitale a, par ailleurs, l'une des plus importantes communautés juives au monde[1]. Des faits ayant incité le Cardinal Bergoglio à pratiquer très vite le dialogue œcuménique et interreligieux. C'est ainsi qu'en 2005 la délégation juive d'Argentine et le centre islamique argentin signèrent avec lui une déclaration commune contre toute forme de fondamentalisme ; en novembre 2012, alors que les tensions étaient à nouveau vives entre Palestiniens et Israéliens, le Cardinal Bergoglio invita les juifs, les musulmans, mais aussi les Grecs orthodoxes et les protestants, à prier pour la paix dans la cathédrale métropolitaine de Buenos Aires. De généreux réflexes, et plus encore actuellement où, par exemple, à la fin du ramadan, l'Évêque de Rome a adressé un long message à ses « chers amis musulmans ». Il était très attentif à la réalité du pays, à la mosaïque qu'elle constitue. « Sa conception, insiste l'ancien maire Jorge Telerman, influent membre de la communauté juive, consistait à m'expliquer : "La diversité culturelle et sociale de notre pays est une richesse fondamentale." J'admirais chez Jorge Mario Bergoglio sa tolérance, son audace, son instinct politique inné, sa connaissance de nos institutions compliquées tant à cause du système

1. D'après le Pew Research Center, très sérieux centre de réflexion américain basé à Washington D.C., la population juive argentine tournerait autour de 181 800 personnes ; quant à la population musulmane, elle avoisinerait les 1 000 000 personnes. Quant au pourcentage des religions, toujours selon la même source, les catholiques seraient 88 %, les protestants 7 %, les juifs 2 % et les autres religions toutes confondues 3 %.

fédéral que de nos structures provinciales. Il avait le sens du compromis et répétait : "Vous avez intérêt à développer les cours d'éducation sexuelle dans les écoles publiques." Il cherchait le "dialogue préventif" et avec lui on pouvait aborder tous les sujets. De plus, c'était un Archevêque audacieux qui avait eu l'idée d'organiser des manifestations culturelles originales de musique juive dans le centre islamique et de chant grégorien dans un centre israélite. "Il faut croiser les activités", insistait-il. Et le 25 mai jour de la fête nationale, le Primat d'Argentine invitait avec beaucoup de joie les responsables des autres religions dans sa cathédrale. En accompagnant le président de la Nation jusqu'au portail, il a fait évoluer la tradition afin qu'en plus de le saluer les représentants de toutes les religions puissent également s'exprimer officiellement devant lui. »

Cela fait aussi partie du passé de ce Pape attachant, comme me l'a avoué le rabbin biophysicien Abraham Skorka, recteur du séminaire rabbinique latino-américain et rabbin de la communauté Benei Tikva. Un ami depuis quinze ans qui a mis dans son bureau moderne une grande photo de Bergoglio à côté de celle de ses enfants. Ce bel homme aux larges épaules et au regard profond est tellement ému quand il évoque son ami qu'il en a soudain la voix grave. Ils se sont connus en 1999, ont coécrit un livre et enregistré ensemble trente heures d'émissions télévisées. Un dialogue sur la Bible coordonné par un pasteur, qui dit mieux ? « François, confie Skorka, est autant citoyen du monde que Pape. Nous travaillons ensemble pour le rapprochement judéo-chrétien. Sa Sainteté va en effet se rendre en pèlerinage en

Terre sainte du 24 au 26 mai. Il fera étape en Jordanie, en Palestine et en Israël. De l'aveu même du Pape, ce « pèlerinage de prière » devrait avoir une connotation œcuménique particulière un demi-siècle après la rencontre historique entre Paul VI et le Patriarche de Constantinople Athénagoras en janvier 1964 à Jérusalem[1].

Une réelle amitié lie Abraham Skorka à Jorge Mario Bergoglio. D'ailleurs, le Souverain Pontife a appelé son grand ami juif, le 5 juillet 2013, pour lui souhaiter son soixante-troisième anniversaire. Le Saint-Père, explique l'un de ses proches, aurait une vision prophétique de sa mission, maintenant renforcée par son élection comme Évêque de Rome. Deux hommes de Dieu qui rassembleraient autour d'eux, tel jadis le prophète Isaïe autour du Temple de Jérusalem. Malgré cela, analyse Skorka avec poésie, « ce Pape est difficile à cerner, car il a les pieds sur terre et la tête dans le ciel ».

1. Le Pape François sera le quatrième Pape à se rendre en Terre sainte, après Paul VI, Jean-Paul II, en mars 2000, et Benoît XVI, en mai 2009.

3

Un Vatican moins solennel et plus souriant

Il est 17 h 30, ce samedi 22 juin 2013. Salle Paul VI, le Tout-Vatican est en ébullition. Les Cardinaux en grande tenue, avec calotte rouge et croix imposante sur la poitrine, feuillettent leur livret en attendant le Pape… « comme le Messie » ! Le Souverain Pontife doit venir présider le concert annuel de musique classique, en l'honneur de l'année de la Foi. Un rendez-vous régulier institué dès le début du pontificat de Benoît XVI, amateur éclairé de musique classique. Au programme, la *Symphonie n° 9* en *ré* mineur de Beethoven, interprétée par l'orchestre de la RAI et le chœur de l'Académie nationale de Sainte-Cécile. Au centre du premier rang, sur un tapis de soie, est placé l'imposant fauteuil ivoire, destiné au Pape François. Le public distingué guette fébrilement l'arrivée du Saint-Père. Les minutes paraissent de plus en plus longues. Les Cardinaux regardent discrètement leur montre, les membres de la Gendarmerie vaticane s'agitent, seuls les Gardes suisses restent immobiles comme s'ils étaient dans le secret. Tous les hauts prélats s'interrogent sans oser commenter le retard qui se prolonge. Un silence profond règne dans la salle, jusqu'à ce que l'Archevêque Rino Fisichella, président du Conseil pontifical pour la nouvelle évangélisation, le sourcil en bataille, lise laconiquement un message du Pape : « Sa Sainteté ne pourra être présente en raison d'obligations qui ne peuvent être différées. » Du jamais vu ici ! Les supérieurs des congrégations masculines et féminines invités, pour lesquels c'est l'unique occasion annuelle d'approcher le Pape, se désolent de ce contretemps avec les chevaliers de Malte en grand uniforme et quelques autres dignitaires vêtus de sombre. Chacun ausculte la salle d'un regard circulaire et inquiet. Est-ce un problème diplomatique ? Le Pape a-t-il eu un malaise ? Serait-il malade ? En tout cas, le Dr Patrizio Polisca, l'« *archiatra* » – c'est le titre du médecin personnel du Pape –, est présent. Rassuré, mais pas encore au fait des méthodes bergogliennes très directes qui bousculent les habitudes feutrées du Vatican, le digne auditoire n'en demeure pas moins perplexe. Ce Pape veut aller à l'essentiel et ne souhaite guère se laisser distraire et participer à ce genre d'événement qu'il assimile à des « mondanités spirituelles » : « Je ne suis pas un souverain de la Renaissance », aurait-il expliqué, lui qui, depuis son élection, a invité à tour de rôle chaque matin, à 7 heures, tous les membres du personnel du Vatican pour une messe privée de semaine. En commençant par les jardiniers et les éboueurs. Ainsi a-t-il voulu démontrer que ce concert qui prétendait célébrer la foi était en réalité un encouragement à la vanité entre privilégiés et grands personnages amidonnés de la Curie pour rester « entre soi », selon son expression. Officiellement, l'Évêque de Rome, qui devait rencontrer le lendemain les nonces et le corps diplomatique, ne tenait pas à se déconcentrer. Il avait des dossiers difficiles à traiter avant de recevoir les diplomates. Enfin, il voulait rompre avec le protocole et le style ampoulé de Benoît XVI. En Jésuite avisé, il a depuis longtemps analysé qu'une partie du pouvoir réside désormais dans la capacité de séduire les masses populaires tout autant que les élites. Il a décidé d'être le Pape de l'ère démocratique, donc d'attirer les foules, et non pas de plaire d'abord aux Princes de l'Église et à l'aristocratie noire romaine[1]... Une façon de briser les carcans du Vatican, car le Pape François se heurte à une culture curiale d'une efficace force d'inertie, lui dont l'un des credos est d'arriver à une Église dépouillée.

Pour vivre en conformité avec la simplicité évangélique, le Vicaire du Christ ne veut pas donner l'impression d'habiter un musée. La majesté de ces palais aux décors en théorie inhi-

1. Aristocratie noire romaine, en italien *Aristocrazia nera*. Cette expression désigne une fonction de la noblesse italienne toujours mentalement proche de l'Église, qui en 1870 se rangea au côté du Pape Pie IX lorsque les troupes du roi Victor-Emmanuel II s'emparèrent de Rome et mirent un terme à l'indépendance des États pontificaux. Cette aristocratie exerçait auprès du Souverain Pontife des charges honorifiques qui ont été abolies par Paul VI au XXe siècle. Le Pape Pie XII, notamment, était issu d'une famille appartenant à la noblesse noire, les Pacelli.

biteurs, la hauteur de leurs admirables plafonds, la richesse des figures allégoriques peintes par les plus grands artistes de la Renaissance, la beauté insolente et la magnificence des salles Clémentine, du Consistoire, de Sant'Ambrogio, de la Sala Regia et d'autres lieux imposants où sont gravées dans les marbres rares les armoiries de bon nombre de ses prédécesseurs... lui donneraient presque le vertige. De fait, son bureau des appartements officiels au deuxième étage est meublé d'une immense table du XVIIe siècle sur laquelle sont posés un encrier en cristal et bronze doré de la fin du XIXe, une pendule-cage en bronze doré et laiton, un crucifix de la même époque et, à côté, une console en bois naturel au plateau de marbre brèche, la statue d'un évangéliste et un fauteuil italien aux accoudoirs chantournés en bois naturel. Ce décor précieux et pesant n'est décidément pas fait pour Jorge Mario Bergoglio, lui qui n'a jamais connu non plus ces murs tendus d'épais damas qui ont surtout l'avantage d'amortir les bruits...

Jour après jour, il redoute toujours plus d'être coupé de l'extérieur. De côtoyer dès le matin, comme il l'a avoué au détour d'une phrase dans l'une de ses formules choc, « des religieuses à la mine de vieilles filles », lui qui rêverait « de sœurs ayant l'air de mamans aimantes »... C'est l'une des raisons pour lesquelles il n'occupe pas l'appartement pontifical, dont les célèbres fenêtres donnent sur la place Saint-Pierre. Dormir au troisième étage du Vatican l'angoisse, par ailleurs, comme il nous l'a avoué dans l'avion qui le ramenait de Rio à Rome le 29 juillet 2013. « Je ne pourrais pas vivre seul dans le palais.

L'appartement pontifical n'est pas très luxueux. Il est vaste, ancien, décoré avec goût. Malheureusement, son entrée est vraiment étroite... comme un entonnoir à l'envers. On y entre au compte-gouttes ! Par ailleurs, je crois que l'austérité est nécessaire pour nous tous qui travaillons au service de l'Église. »

Alors direction Santa Marta, où le style est moins pesant quoique austère ! Au deuxième étage, où habite le Pape, les chambres qui voisinent avec l'appartement 201, le sien, restent vides et sous la surveillance de la Garde suisse. Pendant le conclave, Jorge Mario Bergoglio occupait la chambre 207. Il aimait bien cette atmosphère de calme et le lourd porte-clefs de bronze un rien démodé où est gravé en lettres anglaises, comme au Ritz, D.S.M. pour « Domus Sanctæ Marthæ », si lourd qu'il n'oubliait jamais de le remettre à l'entrée. On arrive chez le Pape François par un ascenseur moderne, contrairement à celui officiel du Palais apostolique en acajou, décoré d'un médaillon de saint Christophe en argent[1]. Sur le seuil, le Saint-Père en personne attend souvent ses invités et les conduit directement dans le salon parloir. C'est là qu'il reçoit les autorités vaticanes et ses hôtes privés. Cette vaste pièce, tapissée de damas crème comme le reste de l'appartement et aménagée simplement, est meublée d'un canapé en velours bleu, de deux bergères assorties et d'une table basse en bois naturel. Son bureau est de style contemporain ; la lampe, munie d'un abat-jour, renvoie une

1. Saint Christophe est considéré comme le patron des voyageurs.

lumière blafarde. En face, deux chaises un peu raides, un fauteuil en velours bordeaux assez rigide à cause de ses problèmes de dos, une commode piémontaise du XVIIIe siècle et une bibliothèque à vitres coulissantes ; aux murs, un crucifix sombre, un tableau religieux mais pas de triptyque Renaissance représentant l'Adoration des Mage ni de primitifs religieux… Le mobilier principal se compose encore d'une bibliothèque, d'une longue table de travail, avec un fauteuil haut pour Sa Sainteté, et de deux rangées de chaises destinées à ses hôtes. C'est là qu'il travaille avec les huit Cardinaux, membres de la Commission consultative pontificale, et reçoit l'ensemble des chefs de dicastères de la Curie. Lorsque le Pape s'énerve, ils font mine d'admirer le plafond à caissons et le lustre en verre de Murano… La pièce est simple, austère. Avec des livres, bien sûr, quelques cartes et des bibelots. Parmi ceux-là, une icône de saint François, une statue de Notre-Dame de Luján, un crucifix et une statue de saint Joseph. La chambre à coucher du Saint-Père est une harmonie de bois sombre de style néo-Renaissance : la tête de lit, les tables de nuit, l'armoire massive et la commode lombarde se reflètent sur le parquet impeccablement ciré. Les marbres sont également bien lustrés. Sur les murs, point de précieux tissu créé par le grand tisserand d'art florentin Lisio, dont les œuvres ornent les demeures patriciennes italiennes, mais un simple damas beige. J'ai compris mieux encore cette austérité jésuite le jour où le Cardinal Tucci m'a emmenée chercher des livres dans sa chambre. Installé dans l'imposante demeure de *La Civiltà Cattolica*, Via di Porta

Pinciana, elle ressemble à une cellule. Ce théologien d'une profonde humilité dort au milieu de ses livres et se fraye un passage entre son petit bureau et l'armoire pour atteindre son lit... Ses ouvrages sont sa seule richesse matérielle ! De même le Cardinal jésuite Carlo Maria Martini quitta Jérusalem où il s'était installé après avoir été Cardinal Archevêque de Milan en n'emportant que son bréviaire. Quant à Jorge Mario Bergoglio, il vivait à Buenos Aires dans une chambre modeste avec pour décor un lit de bois, un crucifix hérité de ses grands-parents, une armoire et un poêle électrique individuel qu'il éteignait en partant. Ravi car cette pièce demandait peu d'entretien et il s'en chargeait lui-même ! En revanche, ici, l'appartement fait l'objet du zèle acharné de six sœurs de la Charité de Saint-Vincent-de-Paul, sans pitié pour les visiteurs jamais à l'abri d'une diabolique glissade... Des religieuses non pas au service exclusif du Pape mais qui travaillent à Domus Sanctæ Marthæ. Car, contrairement à Jean-Paul II et à Benoît XVI qui avaient leur propre personnel, considéré par eux comme leur famille de substitution en quelque sorte, ce Pape n'a pas souhaité de « famille pontificale ».

Domus Sanctæ Marthæ, composée par ailleurs de cent cinq studios et vingt-deux chambres, est une grande bâtisse moderne en pierre blonde de cinq étages. Achevée en 1996 et voulue par Jean-Paul II comme hôtel pour les visiteurs du Saint-Siège, elle est aussi la résidence des Cardinaux et des prélats de passage[1]. Dans ce lieu de travail

1. Notamment lorsqu'ils se réunissent en conclave.

et cet appartement fonctionnel, le Pape François a déjà reçu la présidente argentine Cristina Fernández de Kirchner, le président de la Commission européenne José Manuel Barroso, des Cardinaux étrangers, Stanislaw Dziwisz, Jean-Louis Tauran et d'autres..., padre Antonio Spadaro, directeur de *La Civiltà Cattolica*, Eugenio Scalfari, fondateur du quotidien romain *La Repubblica*, tous deux venus l'interviewer, le prix Nobel de la paix argentin Adolfo Pérez Esquivel et de nombreuses autres personnalités... Il ne se rend dans le grand appartement du Vatican au deuxième étage que lors des visites d'État, comme par exemple celle du président de la République italienne, Giorgio Napolitano, ainsi que pour l'Angélus dominical où il est alors filmé en direct par la télévision pour la bénédiction.

Quel est son emploi du temps ? Tel un moine, François se réveille entre 4 h 30 et 5 heures, avant que l'aube ne blanchisse le ciel, pour prier et travailler dans le calme alors que le Vatican sommeille encore. Il est vrai qu'à cette heure de Chartreux, même l'entourage le plus zélé n'oserait le déranger ! Premier réflexe : il file à la machine à café, comme lorsqu'il vivait à Buenos Aires. Il aime l'odeur de moka qui lui rappelle son passé. Après sa toilette, il fait lui-même son lit puis se plonge une petite demi-heure dans la méditation pour prier avec les psaumes avant de retrouver au moment de l'office l'un de ses trois secrétaires, le Maltais Alfred Xuereb ou l'un des deux Argentins Fabian Pedacchio Leaniz[1] et

1. Docteur en droit canonique d'origine italienne, grand amateur d'opéra, de romans de Gabriel García Márquez et

Javier Karcher[1]. C'est en effet une première au Saint-Siège : trois secrétaires particuliers se succèdent dans la journée pour assister le Pape François. Personne de la sorte ne connaît vraiment son agenda papal. Il tient à cloisonner et, pour davantage de discrétion, passe souvent ses appels en direct. La preuve : lorsqu'il a donné son interview publiée le 19 septembre 2013[2] à seize revues dirigées par les Jésuites et diffusées dans le monde entier, aucun membre même important de la Secrétairerie d'État ni autre instance n'étaient au courant. François se méfie des photocopies et des notes de synthèse ! À 7 heures précises, il préside une messe basse de quarante-cinq minutes, avec une homélie brève mais dense, dans la chapelle moderne et géométrique du Saint-Esprit à Santa Marta. Le Pape célèbre l'eucharistie avec des hosties[3] venant du laboratoire artisanal d'une détenue argentine, Gabriela Caballero, qui les fait parvenir à Sa Sainteté dans de grands sacs en plastique depuis la prison de San Martin, près de Buenos Aires. C'est

de films de Pedro Almodóvar, il est arrivé à Rome en 2007 et, sur la recommandation du Cardinal Bergoglio, est entré à la Congrégation des Évêques où il travaille toujours à mi-temps.

1. Fonctionnaire à mi-temps au service du protocole de la Secrétairerie d'État.

2. Il fut interrogé à trois reprises les 19, 23 et 29 août 2013 ; cette interview du père jésuite Antonio Spadaro au Pape pour *La Civiltà Cattolica* a donc été publiée en septembre.

3. Jusque-là, les hosties du Vatican venaient de monastères du sud de l'Italie. De toutes tailles, certaines géantes pour les grands-messes spectacles du Pape Jean-Paul II, elles étaient confectionnées avec amour par des contemplatives joliment surnommées « les boulangères du bon Dieu ».

maintenant la messe privée la plus courue sur terre. Y sont déjà venus les Évêques maronites accompagnés de leur Patriarche, le Cardinal Bechara Boutros Raï, des religieux ou prêtres de passage, toujours placés dans les premiers rangs quand ils ne concélèbrent pas avec lui. De vieux amis argentins en visite ou résidant dans la capitale italienne, des catholiques anonymes qui ont eu la chance d'être conviés, des « voisins » de Domus Sanctæ Marthæ ou des privilégiés comme moi... À la fin de l'office, après avoir enlevé ses habits liturgiques, l'Évêque de Rome va s'asseoir dans sa chapelle. Là, il s'abîme en prière une dizaine de minutes, seul, devant le Seigneur. Il ne semble ni entendre ni voir ce qui se passe autour de lui. Puis il se dirige vers le hall où ses hôtes viennent le saluer, à la fois fascinés et émus par tant de simplicité et d'attention à son prochain.

Le Pape argentin a des gestes d'une grande spontanéité ; il embrasse, bénit, donne des accolades... bref, il est tactile et tutoie facilement. D'ailleurs, depuis qu'il a été élu, cette mode contagieuse touche même les prélats naguère les plus distants qui se sont mis eux aussi à tutoyer leur entourage ! Après avoir échangé des paroles sympathiques avec chacun, à 8 heures, le Pape se dirige vers la salle à manger de Santa Marta, où il dispose d'une table à l'écart pour prendre son petit déjeuner. L'atmosphère est sereine. Les maîtres d'hôtel, en chemise blanche, gilet gris, nœud papillon de même ton et pantalon noir, s'activent sans bruit autour du Pape, sous l'œil vigilant d'un majordome en veste et gants blancs. Ils servent un petit déjeuner classique :

café fort et serré pour lui, croissants, petits pains ronds au lait, confitures, fruits, thé... Les invités sont si impressionnés qu'ils ne savent pas quand ils devront s'asseoir. Le Pape François leur fait un signe bienveillant afin qu'ils s'installent autour de lui. Une parenthèse de détente pour le Saint-Père – même si ses hôtes hésitent à se servir, de crainte qu'il ne s'adresse à eux au moment où ils auront la bouche pleine... Avant de partir, ils osent quand même lui demander de prendre quelques photos souvenirs mais quand même pas des *selfies* ! Il est maintenant 9 heures. Une longue journée de travail s'annonce, comme d'habitude. Elle commence par un coup d'œil rapide aux journaux et à sa revue de presse, puis à la lecture de messages, notes et documents que lui font passer ses collaborateurs. Il suit ses dossiers avec beaucoup d'attention et vient discrètement de demander que soient recensés tous les bidonvilles d'Amérique latine – une liste interminable dont il reparle régulièrement pour savoir où elle en est. La matinée se partage entre son appartement et le Palais pontifical qu'il rejoint à 10 h 30 pour les grandes audiences. C'est là, dans le cadre de ses activités officielles, qu'il a reçu dans la salle Clémentine la chancelière allemande Angela Merkel, le président Vladimir Poutine[1], le président du Parlement européen Martin Schultz, et celui du Honduras Porfirio Lobo Sosa, le président de Bolivie Evo Morales, le nouvel Archevêque de Cantorbéry Sa Grâce Justin Welby et Andrea Riccardi, responsable de la communauté

1. Arrivé avec une heure de retard.

Sant'Egidio... Afin que l'atmosphère soit moins solennelle et pompeuse, le Pape François a toutefois fait remplacer le trône de marbre de la salle Clémentine, aussi froid que raide, par un fauteuil à haut dossier beige clair, plus confortable.

Le Saint-Père est attentif à tout. Il a donc reçu, trois mois et demi après son élection, le prince et Grand Maître de l'Ordre souverain de Malte Matthew Festing, venu lui présenter ses devoirs, en uniforme rouge et or et décorations, accompagné de onze chevaliers. L'Ordre militaire et hospitalier fête ses neuf cents ans de reconnaissance officielle par le Pape Pascal II en 1113, et compte quelque quatre-vingt mille volontaires dans cent vingt pays. Leur mission est la défense de la foi chrétienne et l'assistance aux malades et aux pauvres, accueillis dans les hôpitaux, les dispensaires et les autres maisons de l'Ordre. Raisons pour lesquelles ce Pape, pourtant peu en phase avec les milieux aristocratiques et que la science des blasons n'intéresse guère, a reçu avec sympathie et cordialité ces hauts dignitaires. Faut-il rappeler que si, depuis 1945, les papes ne confèrent plus de titres nobiliaires, ils peuvent encore faire chapelain et prélat d'honneur des membres du clergé et décerner des décorations. Ainsi, Benoît XVI honora-t-il cinq mille personnes en huit ans, soit une moyenne de soixante-quatre par mois. Et le Saint-Siège, François l'a appris sans joie, abrite cinq ordres de chevalerie : l'Ordre Suprême du Christ, le plus important, l'Ordre de l'Éperon d'or qui sonne bien à l'oreille pour un Pape argentin, l'Ordre de Pie IX, celui de Saint-Grégoire-le-Grand et celui de Saint-Sylvestre... Mais il n'y a pas beaucoup de chance que Sa Sainteté, dans sa volonté d'engager l'Église sur la voie d'un certain « dépouillement », peu amène envers les courtisans, encourage ce qui à ses yeux s'assimile à de la vanité.

Ses journées sont rythmées par un entretien quotidien avec son Secrétaire d'État, Pietro Parolin. Cet Italien de cinquante-huit ans, qui a remplacé le controversé Cardinal Tarcisio Bertone, est son bras droit, celui qui va l'aider à gouverner l'Église dans son administration ordinaire et à mener à bien la réforme de la Curie. Autre personnage incontournable, Monseigneur Dominique Mamberti, un Corse de soixante et un ans, secrétaire du Conseil pour les Affaires publiques de l'Église, c'est-à-dire le ministre des Affaires étrangères du Saint-Siège. Le Pape se consacre ensuite à l'étude de multiples dossiers, à l'écriture de ses homélies et de ses discours, avec l'assistance de trois Italiens, deux Espagnols et un Argentin. Un Évêque polyglotte, Giampiero Gloder, l'ex-ambassadeur du Saint-Siège à Cuba, Beniamino Stella et nouveau préfet de la Congrégation pour le clergé, l'Évêque d'Albano Marcello Semeraro, mais aussi pour les textes juridiques deux Espagnols, membres de l'*Opus Dei*, Monseigneur Lucio Angel Vallejo Balda et Juan Ignacio Arrieta Ochoa de Chinchetru. Enfin son ami argentin qu'il surnomme « Tucho », Victor Manuel Fernández, résidant à Buenos Aires mais qui est celui à qui il téléphone le plus fréquemment. Il se prépare à l'audience générale du mercredi, à la fois lieu d'une véritable catéchèse et rendez-vous souvent politique devant quelque cinquante mille fidèles. C'est là qu'il teste le poids des mots dont il use ensuite, en s'évadant souvent des textes initiaux préparés pour lui, par exemple lorsqu'il veut exhorter, comme il le fit en septembre 2013, cent vingt Évêques venus du monde entier pour une session de formation. Les interpelant, il leur demanda de « ne pas tomber dans l'esprit de carriérisme ».

Son emploi du temps est minuté, car il tient à recevoir en audience les chefs d'État, les responsables des divers dicastères, les Évêques et des représentants des Églises des communautés ecclésiales des différentes religions. Des personnalités de tous bords qui se pressent à sa porte et se sentent frustrées de n'avoir que rarement rencontré Benoît XVI. Il est le Pasteur à la conduite d'une Église universelle[1] avec 218 Cardinaux, 4 500 Évêques, 410 000 prêtres, 220 000 séminaristes, 720 000 religieuses soit quelques 1 354 718 personnes dépendant en quelque sorte de lui plus ou moins directement. C'est un homme de notre temps lequel, dans la même quinzaine, prend position pour la paix en Syrie et au Moyen-Orient, ouvre les bras aux blessés sociaux en envoyant un message pour la future Journée mondiale des migrants et des réfugiés, reçoit les lettres de créance de nouveaux ambassadeurs, accueille en audience le Catholicos de l'Orient et métropolite de l'Église orthodoxe syro-malankare et les quatre-vingts chevaliers de Colomb, le roi et la reine du Lesotho, le prési-

1. L'église dont il est titulaire n'est pas Saint-Pierre mais la basilique Saint-Jean de Latran.

dent de la Banque centrale européenne Mario Draghi, le grand-duc héritier du Luxembourg Guillaume et son épouse... Enfin il s'est rendu en visite officielle au palais présidentiel italien du Quirinal à Rome pour rencontrer le chef de l'État italien Giorgio Napolitano.

Pendant ce temps, les religieuses de Santa Marta font le ménage de l'appartement privé et prennent soin de ses habits, particulièrement sœur Cristina qui repasse une bonne douzaine de soutanes avec trente-trois boutons – l'âge du Christ, c'est la tradition – brodés de fil blanc ton sur ton formant des croisillons ; ses chemises blanches que ferme un col romain avec ses poignets mousquetaire sous le camail, c'est-à-dire l'ample chasuble ; ses ceintures de moire, ses pèlerines blanches boutonnées sur le devant. En effet, dès le soir de son élection, le Pape François n'a jamais voulu revêtir la mozette[1] ; ses manteaux blancs et des étoles – François est le premier Souverain Pontife à refuser qu'elles soient brodées à ses armoiries –, sans oublier les innombrables calottes car le vent insouciant les projette souvent au sol et le Pape en offre parfois. Les sœurs ne sont pas, en revanche, responsables de ses vêtements liturgiques. Cette fonction convoitée revient au maître des cérémonies liturgiques, Monseigneur Guido Marini. Quant aux mitres, là encore contrairement à ses prédécesseurs, il n'en porte que lors des cérémonies religieuses. Ce Pape anticonformiste aime lancer à ses Cardinaux cette citation de Plutarque : « La barbe ne fait pas le philosophe » et les

1. Petite cape de velours rouge bordée d'hermine.

incite à remplacer comme lui la croix en or par une en argent, voire en bois, et à simplifier leurs ornements liturgiques. Cela diminue le travail des couturiers spécialisés, situés derrière le Panthéon, qui eux souhaitent encore que l'habit fasse le moine. Toutefois, bien qu'il ait allégé sa garde-robe, le Pape a quand même dû recevoir à la fin du mois de septembre Annibale Gammarelli, son couturier. Tailleurs des papes de père en fils depuis 1798, cette maison de haute-couture pour ecclésiastiques est installée 34, Via Santa Chiara. Mais bien sûr son patron se déplace au Vatican lorsqu'il s'agit d'habiller le Souverain Pontife. Or le nouvel élu n'avait jusque-là que des soutanes légères en épais coton et aucune en pure laine doublée de soie blanche. C'est ainsi que muni de son mètre à ruban, de ses épingles, craies et ciseaux, le costumier s'est rendu dans l'appartement privé du Pape et que s'est noué cet insolite dialogue. « Très Saint-Père, vous devriez demander à la personne responsable de vos chaussures de mieux les brosser car le cirage laisse une petite trace noire au bas de votre soutane blanche... – Mais, répond-il, je ne peux incriminer personne ! C'est toujours moi qui cire mes chaussures et ce n'est pas aujourd'hui, parce que je suis Pape, que je vais confier cette tâche à quelqu'un d'autre ! – Très Saint-Père, je comprends... mais vous voyez, si vous aviez gardé les mocassins pourpres vous n'auriez pas ce problème car on y met du cirage incolore... » Le Pape sourit mais ne changea pas d'avis ! Quant à ses chemises, lorsque Annibale Gammarelli l'interrogea sur le nombre de chemises à boutons de manchettes qu'il souhaitait, il protesta vivement au chiffre de douze avancé par Gammarelli. « Une suffira », précisa le Pape. Le couturier rétorqua qu'il en fallait au moins une seconde de rechange. Alors François accepta sans enthousiasme. Il faut savoir que lors d'un repas officiel dont le Pape est l'hôte, l'usage prévoit qu'on ne serve au menu ni salades ni plats en sauce afin de ne pas risquer la tâche fatale sur le camail immaculé de Sa Sainteté !

Dans ce qu'il considère comme sa maison, le Pape François ne se fait pas annoncer par un huissier. Il frappe avec vigueur à la porte du salon où l'attend son invité, et entre. Après les audiences, il lui arrive de sortir sans prévenir personne pour faire un tour et parler à des fidèles qui visitent les cryptes de la basilique Saint-Pierre avant d'aller réciter le Rosaire... Il va parfois prier quelques minutes à n'importe quel moment de la journée. Au tout début de son pontificat, respectant une vieille coutume, les gens s'agenouillaient devant lui. Ce que fit le vice-directeur de *L'Osservatore Romano*, qui plongea littéralement sous ses yeux, avant que François, perplexe, ne lui demande : « Auriez-vous un malaise ? » Car, lorsqu'on s'adresse au Pape, et je peux le confirmer puisque cela m'est déjà arrivé quatre fois, on fait un discret signe de tête, rien de plus, sans quoi cela le met mal à l'aise. Jorge Mario Bergoglio croit d'abord au contact personnel. Il n'est ni dans le virtuel ni dans le rituel mais pense que rien n'est plus important que de regarder son vis-à-vis droit dans les yeux. Le timbre de sa voix puissante est impérieux ; il en est conscient : non seulement les gens sont émus et fiers de s'entretenir avec le Pape, mais de plus celui-ci mesure l'effet assuré que cela produit sur ses interlocuteurs. C'est aussi pour cela qu'il téléphone... Un fait inédit dans la longue histoire de l'Église que d'avoir le successeur de Saint-Pierre au bout du fil ! Pragmatique, moderne, il sait qu'une question qui occasionnerait une longue relation épistolaire peut souvent se régler en direct et en toute discrétion. De plus, cela économise énergie, papiers et regards inopportuns. Vatileaks appartient à un passé récent. Les innombrables réformes qu'il veut mettre en route multiplient le nombre de ses adversaires et l'incitent à être aussi prudent que rapide. Il ne se sert donc pas d'un smartphone, trop facilement piratable, mais d'un téléphone fixe ultra-sécurisé que ses secrétaires utilisent pour lui passer ensuite les communications. Procédé grâce auquel nul ne peut, en théorie, intercepter ses conversations. Ces appareils, utilisés par les chefs d'État et dans les états-majors des armées, devraient lui éviter l'espionnage et la géolocalisation. Au standard de Santa Marta, ce sont des laïcs qui répondent. Le Pape François est aussi prudent que Jean-Paul II qui, vieux réflexe hérité du communisme, afin d'éviter de possibles micros, conversait volontiers à l'extérieur ou tournait son visage lorsqu'il s'adressait en aparté à une haute personnalité au cours d'une audience publique, de sorte que l'on ne puisse pas lire sur ses lèvres...

Arrive l'heure du déjeuner, un moment convivial où le Pape, accompagné là encore de l'un de ses secrétaires, reçoit souvent à sa table sans cérémonial particulier ses hôtes dans la salle à manger commune de Santa Marta où est dressé un grand buffet ; mais lui et ses invités sont servis à table. Les sœurs de Saint-Vincent-de-Paul s'activent aux fourneaux pour offrir aux convives une honnête cuisine familiale d'hôtel. Nappe blanche amidonnée, centre de table avec des fleurs jaunes et blanches[1]. Argenterie classique et verres de Murano. La vaisselle du porcelainier florentin Richard-Ginori est bordée d'un filet bleu marine, ou blanc avec les armoiries du Saint-Siège, et non celles du Pape comme par le passé. Le déjeuner, sympathique, dure une quarantaine de minutes. Certains hôtes sont tellement troublés qu'ils n'osent pas parler. Pourtant le Pape François fait son possible pour se montrer peu intimidant. Il tutoie même les Jésuites qu'il croise en ce lieu. Tout le monde guette son entrée et se lève immédiatement pour l'accueillir dès qu'on entend ses pas, et il arrive en disant d'une voix chantante : « *¡Hola !* C'est moi, le Vicaire du Christ » mais jamais « C'est moi le Pape !... ». Sur la table, des petits pains italiens, les « rosettes », des carafes de vin rouge et blanc. Ce n'est pas toujours le même vin qui est servi, car arrivent chez le Pape de nombreuses caisses en hommage. Il y a aussi de l'eau minérale plate ou gazeuse, en provenance des innombrables sources italiennes aux noms de saints : San Paolo, San Benedetto, San Bernardo, San Pellegrino, Santa Vittoria... Certains Argentins invités sont si éblouis qu'ils sont même persuadés que ces eaux, bues à la « sainte table », sont bénites... Rare vestige de l'ancien protocole, les usages dictent que le Pape soit servi le pre-

1. Les couleurs du drapeau du Vatican.

mier. Avant le repas, on dit le Bénédicité ; et le soir, le Notre-Père. Le Pape François mène la conversation, la dirige même, commente les audiences générales et l'actualité, pose des questions ciblées à chacun. On vient par exemple lui rapporter que les médailles de sa première année de pontificat ont dû être retirées du commerce deux jours après leur vente car une erreur d'impression avait remplacé le I de Iesus par un L. Réaliste, il répond que cela va entraîner une spéculation sur celles en or et argent déjà vendues. « Les échanges sont informels », me confie padre Russo qui, venant d'Argentine au début du mois d'avril et logeant sur place, a eu la chance d'être invité plusieurs jours de suite à la table du Pape. « Alors qu'un hôte avait le visage sombre, me raconte-t-il, le Pape lui dit : "On ne peut être chrétien et faire une mine d'enterrement !" » Quel est le menu ? Des potages, des hors-d'œuvre, des pâtes, accompagnées d'excellentes sauces tous les jours différentes, de la pizza, du veau, de la volaille, du poisson, des légumes frais et des fruits de saison. Bon nombre de produits viennent de l'Annona, le supermarché du Vatican, et des *Ville Pontificie*, c'est-à-dire de la ferme de Castel Gandolfo, pour la plus grande joie de Giuseppe Bellapadrona, son fermier… Le secrétariat du Pape est toujours attentif à la composition des mets, ainsi que me l'a précisé le rabbin Skorka : « Lorsque j'ai été invité au Vatican, les repas étaient casher. Cela me rappelait des souvenirs du passé, où nous prenions nos petits déjeuners ensemble. J'achetais des croissants et il m'apportait des cookies casher ! Vous savez, le Pape François aime bien le chocolat. »

Comme me l'a expliqué un Cardinal un tantinet cynique et hautement informé – qui m'a fait jurer le silence –, « Il est plus difficile d'empoisonner sept personnes qu'une... Ainsi, si le Souverain Pontife ne déjeune jamais seul, vous pouvez en tirer quelques conclusions... » En effet, le Pape François, dont on dit qu'il va provoquer une révolution au Vatican, n'a pas que des amis. Son audace, son côté provocateur, ses projets de réformes, sa liberté de ton et de pensée dérangent bon nombre de Princes de l'Église et de hauts dignitaires du Saint-Siège. Être proche de son peuple ne signifie pas toujours être en parfaite communion avec le Sacré Collège. D'aucuns au Vatican font mémoire de Jean-Paul Ier qui aurait bu selon certains une mauvaise tisane... N'a-t-on pas vu récemment de grands personnages, tel l'ancien président d'Ukraine Viktor Iouchtchenko[1], absorber de la dioxine diluée dans leurs plats ? Ce poison non détectable par une simple prise de sang peut défigurer ou bien provoquer la mort. Ce président ukrainien en sait quelque chose...

Après ce déjeuner convivial, le Pape François, qui, partout où il passe, trouvant une pièce vide allumée, appuie sur l'interrupteur, s'accorde une sieste de quarante-cinq minutes. Vers 16 heures, il s'installe à son bureau, prend connaissance de son épais courrier, parcourt la première édition

1. Troisième président d'Ukraine, du 23 janvier 2005 au 25 février 2010, et qui maintenant dénonce les manifestations en faveur de l'Union européenne à Kiev.

de *L'Osservatore Romano* qui lui est remise dans un maroquin de cuir blanc et ouvre surtout son précieux répertoire téléphonique, où sont inscrits les numéros personnels. Puis il passe de nombreux appels pour se faire une opinion directe ou prendre lui-même des nouvelles d'un proche, tel le Cardinal Barbarin qui, victime d'un infarctus grave à Cayenne en Guyane avant les JMJ, avait dû subir un triple pontage. Le Pape qui n'aime pas les filtres se méfie des médiations. Il a toujours beaucoup téléphoné. À Buenos Aires entre 7 heures et 9 heures du matin, il était alors joignable pour régler les problèmes urgents avec ses prêtres. C'est un homme de l'oral, tandis que Benoît XVI était un homme de l'écrit. Il téléphone régulièrement à ses amis, dont le contrat moral est de ne jamais se vanter d'avoir reçu un appel du Pape. Et le dimanche, il éprouve un vrai plaisir à prendre contact avec des anonymes de tous milieux... De fait, à Rome, aujourd'hui, pour être vraiment chic, il est bon d'avoir reçu un appel du Pape ; la dernière plaisanterie qui court en ville consiste à lancer : « Devine qui m'a téléphoné hier soir ? » Le Pape argentin aime en effet appeler des inconnus. Ainsi Stefano, un étudiant de dix-neuf ans, était si triste de ne pas avoir pu parler à Sa Sainteté lorsqu'il avait assisté à sa messe du 15 août à Castel Gandolfo qu'il avait remis à un Cardinal une lettre pour le Pape. Loin de deviner que, quelques jours après, François allait l'appeler, et même deux fois ! D'abord à midi et demi où il tomba sur la sœur du jeune homme, qui lui apprit qu'il rentrerait à 17 heures. À l'heure pile, le Saint-Père rappela. « Es-tu Stefano Cabizza ?

Bonsoir, je suis le Pape. J'ai reçu ta lettre... » La conversation se noua alors en termes sympathiques. Stefano dira plus tard que cet appel avait changé sa vie... Le Pape a aussi appelé Michele pour lui dire qu'il partageait sa douleur, car il savait combien la mort de son frère l'éprouvait ; de même a-t-il contacté les parents d'un garçon assassiné et une jeune femme argentine victime d'un viol. La liste est encore longue : son bottier à Buenos Aires, son marchand de journaux en face de l'archevêché, son ancien collaborateur le père Alejandro Russo, son amie Adriana Triacà, une libraire colombienne qui lui avait offert un ouvrage religieux juste après son élection... Toujours imprévisible, le Pape François a mis au point une technique imparable : il ne donne pas immédiatement son nom à l'interlocuteur au bout du fil, parce que les gens croiraient à une plaisanterie et raccrocheraient. C'est donc seulement après quelques secondes qu'il se présente. Problème toutefois lorsqu'il tombe, comme cela s'est passé le 31 décembre, sur un répondeur sur lequel il a laissé ce matin-là un message : « *Hola,* c'est le Pape, que faites-vous de si important pour ne pas pouvoir répondre au téléphone. Si je peux, je vous rappellerai plus tard. Que Dieu vous bénisse ! » Cette joyeuse mésaventure s'est produite chez les Carmélites déchaussées de Lucena près de Cordoue. Les sœurs étaient désolées, d'autant que deux d'entre elles sont argentines, mais, à ce moment-là, elles se consacraient à leurs tâches artisanales qui les font vivre. Heureusement, dans l'après-midi, le Pape François les rappela et la conversation dura vingt minutes. Ce qui a même incité le très sérieux *Corriere della Sera* à publier un long article pour que ses lecteurs ne soient pas pris au dépourvu au cas où le Pape les appellerait... Après tout, un miracle peut toujours se produire ! Le quotidien conseille donc de : « Ne pas tomber dans le panneau, et de lui répondre avec respect "Très Saint-Père", même s'il vous a tutoyé. Ensuite, la politesse implique de l'écouter sans lui couper la parole ; s'il y a un blanc dans la conversation, lui parler de football, par exemple, peut s'avérer une bonne idée. Il vaut mieux éviter de l'interroger sur l'ambiance au Vatican et, bien sûr, ne jamais prononcer le mot honni de "corbeau". En revanche, vous pouvez discrètement, sans trop insister, lui demander des nouvelles de Benoît XVI... Enfin, ne lui posez aucune question pratique : le légat de Dieu sur terre est au-dessus de ça ! En dernier lieu, attendez évidemment, que ce soit le Saint-Père qui mette fin à la conversation, généralement au bout d'une petite dizaine de minutes... »

Que de concentration ! Être Pape requiert à chaque instant quasi autant d'attention que celle d'un pilote de chasse en opération. En début de soirée, le Souverain Pontife peut de nouveau se consacrer à la prière. Il est 19 heures et il va, pendant trente minutes, se tenir devant le Saint-Sacrement en adoration dans sa chapelle.

Vers 20 heures, le Pape François retrouve le calme de Santa Marta. Il faut rappeler que juste un mois après son élection, le 13 avril 2013, Jorge Mario Bergoglio a nommé huit Cardinaux pour le conseiller dans le gouvernement de l'Église et la réforme de la Curie ; puis il a créé une commission chargée de l'informer sur les activités de l'Institut pour les œuvres de religion, l'IOR ; il a ensuite publié l'encyclique « *Lumen Fidei* » (« Lumière de la Foi »), coécrite avec Benoît XVI pour accompagner « l'année de la Foi », avant de se rendre à Lampedusa. Il a aussi lancé une commission d'enquête sur l'organisation de la structure économique et administrative du Saint-Siège. Un agenda qui s'est encore accéléré avec les Journées mondiales de la jeunesse à Rio de Janeiro en juillet. Août a été plus calme, mais dès le 7 septembre, le Saint-Père a décrété une journée de jeûne et de prière pour la paix en Syrie ; le 22 du même mois, il s'est rendu à Cagliari, en Sardaigne ; le 30, il a présidé un consistoire au cours duquel il a annoncé les canonisations de Jean XXIII et de Jean-Paul II. Du 1er au 3 octobre, il a réuni ses huit Cardinaux et, le 4, s'est rendu à Assise. Dans le même mois, il a accueilli au Vatican cent cinquante mille personnes de soixante-quinze nations venues pour participer à un pèlerinage des familles.

Voilà pour les activités officielles du Pape qui rêverait, racontent ses amis, de s'échapper du Vatican par la petite porte du Perugino, sur la gauche de Saint-Pierre, pour être, pendant quelques heures, un quidam comme les autres ! On se croirait dans une des séquences du film de Nanni Moretti *Habemus Papam*. Il aime insister sur sa normalité et joue avec talent de sa spontanéité, lançant des regards graves ou appuyés avec des plaisanteries, des anecdotes et surtout des images… Un héritage piémontais, je peux en témoigner car, de père piémontais, je garde encore en mémoire les métaphores paternelles qu'il utilisait dans mon enfance. Mais le Pape François sait aussi s'amuser des Jésuites quand on lui raconte cette plaisanterie : « Mon père, pourquoi vous, Jésuites, quand on vous pose une question, répondez-vous toujours par une autre question ? » Et le Jésuite de répliquer avec une autre question : « Ça vous dérange ? » Le Pape rit de bon cœur et ajoute : « Il y a peu de temps encore on demandait ce qu'étaient les Jésuites, maintenant les Jésuites posent des questions sur le Pape. » C'est un autre Bergoglio, plus secret, plus intime, celui que connaissent les prêtres de Buenos Aires, lesquels, lorsqu'ils sont invités à sa table à Rome, lui rappellent ce genre d'histoire...

Après avoir dîné légèrement d'un potage et de fruits, le Pape retrouve juste avant 21 heures ses appartements. Il se remet à sa table de travail, examine encore des dossiers et consacre à nouveau de longues minutes à la prière avant de regagner sa chambre à coucher. Il prend alors sur sa table de nuit son vieux bréviaire en latin pour les complies, puis éteint la lumière vers 22 heures... François, habité par une profonde paix intérieure, trouve rapidement le sommeil. « Cet équilibre viscéral et cette force intérieure qu'il dégage lui donnent tant de sérénité qu'il ne ressent pas le besoin de prendre des vacances », explique padre Pepe, l'un de ses amis argentins, qui ajoute « ne pas avoir le souvenir de padre Bergoglio se reposant en été... Alors, ce n'est pas à son âge qu'il va adopter de nouvelles habitudes ! ».

Et ses goûts ? Lorsque François quitte sa résidence pour discrètement rendre visite au Pape émérite en traversant le jardin jusqu'au monastère Mater Ecclesiae, on parle souvent de musique. Car si tout le monde a évoqué son penchant pour le tango, peu savent que le Pape argentin a une prédilection pour Astor Piazzolla, qu'il apprécie beaucoup la sulfureuse Amy Winehouse mais également la musique classique : Mozart, Bach, Wagner qu'il lui arrive d'écouter le soir. À Buenos Aires, le week-end, il travaillait avec de la musique classique et de l'opéra. Son chef d'orchestre favori reste Wilhelm Furtwängler. Il a aussi une culture et un vrai goût pour le cinéma. *La Strada*, de Fellini, *Rome, ville ouverte*, de Rossellini, *Le Festin de Babette*, de Gabriel Axel... Quant à la littérature, il aime Borges qu'il connaissait car ils enseignèrent à la même période au collège jésuite de l'Inmaculada. Mais ses choix sont très éclectiques et vont de Dante à Federico Garcia Lorca en passant par le poète argentin José Hernández, le poète piémontais Nino Costa ou l'économiste Luigi Orsenigo, et Fernando de Rojas, l'auteur de *La Célestine*. Ce Pape, qui a un grand respect pour la créativité, a été ravi qu'à l'initiative du Cardinal Ravasi, son ministre de la Culture, le Saint-Siège tienne un pavillon à la Biennale d'art contemporain de Venise[1], et c'est encore l'une de ses façons de ne pas s'enfermer dans son « métier de Pape » !

1. Le Pape Paul VI dans son message aux artistes réunis en 1965 dans la chapelle Sixtine les invitait à « ne pas laisser se rompre une alliance féconde entre toutes ».

Décidément, le Pape François ne fait rien comme ses prédécesseurs et bouscule une autre tradition séculaire ! Au lieu de rejoindre Castel Gandolfo, de prendre ses quartiers d'été sur les collines apaisantes qui dominent le lac d'Albano, d'entendre le soir les grillons et les cigales, il n'a pas quitté Rome de juillet à septembre 2013. En revanche, c'est dans cette même région mais dans une maison religieuse près du lac d'Albano que le Pape a rassemblé pour les exercices de Carême 2014 une quarantaine de personnes. Préfets, présidents et secrétaires de dicastères se sont réunis autour de lui du 9 au 14 mars. Il a confirmé par là un goût pour la liberté à l'égard des usages du Vatican. Il avait aussi demandé l'été dernier une réorganisation des services pontificaux, mal à l'aise devant l'écrasante chaleur romaine en juillet et en août. Pour lui un détail puisque, par un climat plus étouffant encore en Argentine, il ne faisait qu'alléger son programme, se permettant parfois de dîner avec des amis et disposant de quelques plages supplémentaires pour la prière. Ce fut une réelle déception pour Saverio Petrillo[1], directeur des *Ville Pontificie*, et pour les habitants de Castel Gandolfo, si fiers de compter le Pape parmi les habitants de leur commune, mais également pour le maire, Maurizio Colacchi, qui, tout comme les touristes, ne s'en remet pas. Tous les étrangers qui vont à Rome passaient à un moment ou à un autre par Castel Gandolfo dont l'activité cultu-

1. Directeur du domaine de Castel Gandolfo pendant vingt-sept ans, supervisant donc les vacances de trois papes. Il a été remplacé par Osvaldo Gianoli début janvier 2014.

relle, hôtelière et gastronomique était, l'été, centrée sur le long séjour papal. Maigre consolation : le 15 août, François est « monté » en voiture célébrer la messe sur place. Mais il est rentré à Rome le soir... Il se sentait perdu dans cette immense villa papale ; il envisage même, à l'avenir, d'ouvrir au public le noble parc dominant le lac d'Albano, bien que pour l'instant le gouvernatorat de la Cité du Vatican fasse la grimace et rappelle au Pape que s'y trouve également l'Observatoire astronomique du Vatican, l'un des plus anciens d'Occident, de plus sous la responsabilité des Jésuites. Sans parler de la belle libellule blanche de l'Aéronavale italienne qu'utilisaient ses prédécesseurs dont on suivait les évolutions dans le ciel. François considère comme un luxe superflu de parcourir en hélicoptère les trente kilomètres qui séparent Rome de Castel Gandolfo.

Lorsqu'à la mi-juillet 2013, le Saint-Père a souhaité connaître le parc automobile du Vatican, tout le monde a tremblé. François qui, à Buenos Aires, circulait en métro, allait forcément trouver inadaptée, voire choquante, la collection des véhicules de ses garages ! Les constructeurs se disputent depuis des lustres l'honneur d'offrir aux papes leurs plus beaux modèles. Pour eux une publicité sans égale. Se promener dans des véhicules noirs immatriculés du mythique « SCV », *Stato della città del Vaticano*, traduit ironiquement à Rome par *Se Cristo Vedesse* – « Si le Christ Voyait ça » –, n'est certainement pas du goût de Jorge Mario Bergoglio. Il s'est toutefois amusé de découvrir dans son garage la Citroën Victoria C6 équipée d'un petit trône, offerte en 1930 à Pie XI, ou la Graham-Paige, une belle américaine, sans oublier une Cadillac Fleetwood, une Mercedes Benz 300D et d'autres magnifiques limousines. Il n'attache cependant aucune importance à cela. L'automobile n'est à ses yeux qu'un moyen pratique de locomotion et il a lancé au Vatican : « Cela me blesse quand je vois un prêtre ou une religieuse avec une voiture dernier cri. Vous ne pouvez pas faire ça ! Une voiture peut être indispensable pour travailler mais, s'il vous plaît, choisissez-en une modeste. Si vous aimez les voitures de luxe, pensez au nombre d'enfants qui meurent de faim dans le monde. » Cette déclaration a donné le frisson à certains qui appréciaient de s'asseoir confortablement à l'arrière de limousines à vitres teintées. Il a d'ailleurs choisi là encore d'être conduit à tour de rôle par quatre chauffeurs du Vatican, procédé plus démocratique à ses yeux pour le personnel ; de plus un seul des conducteurs ne peut entendre toutes ses conversations… Son attitude a donné un complexe aux Cardinaux qui, désormais, n'osent plus sortir en ville dans de grosses automobiles depuis que l'un d'eux a été pris à partie au cœur de la cité romaine par des passants indignés, comme me l'a raconté son meilleur ennemi… Le réflexe du Pape François n'est pas sans rappeler les colères du président Jacques Chirac lorsqu'il croisait dans Paris quelques-uns de ses ministres escortés de motards : il notait le numéro d'immatriculation des véhicules, demandait dès son retour à l'Élysée qu'on les identifiât afin de les tancer publiquement en Conseil des ministres. Ne se déplaçait-il pas sans escorte ? Comme le Pape

François, qui roule désormais dans une Ford Focus bleu marine à 12 000 euros, immatriculée SCV 00790. Pour les humbles marques généralistes qui peinent à vendre leurs voitures à M. Tout-le-Monde, avoir élu un Pape qui condamne ce péché d'orgueil est une bénédiction ! Choisir un véhicule aussi modeste lui procure là encore une douce illusion de liberté… qui va cependant être de courte durée : à la lecture de ce livre, sa plaque minéralogique risque de faire le buzz ! C'est sans doute cette image qui a incité un prêtre du nord de l'Italie à faire récemment un geste généreux qui a beaucoup touché le Pape : il lui a offert sa 4L blanche avec 300 000 kilomètres au compteur ! Une petite voiture avec laquelle Renzo Zocca, prêtre âgé de Vérone, parcourait la campagne pour visiter les pauvres… Un cadeau rappelant à François ses jeunes années sur les routes argentines, car il possédait lui aussi la même voiture de fabrication française.

Si le tourisme a décliné à Castel Gandolfo, il a en revanche doublé à Rome, et il est devenu quasi impossible de trouver une place d'avion Buenos Aires-Rome. Quant à *l'Opera Romana dei Pellegrinaggi*, l'opérateur touristique du Vatican, il est au septième ciel. Chaque mercredi, il propose avec possibilité de réservation en ligne, pour 32 euros, un tour complet du Vatican : une visite de ses musées, commentée en cinq langues d'une durée de quatre heures, avec, à la clé, un billet d'accès à l'audience générale hebdomadaire du Pape, place Saint-Pierre à la belle saison ou, l'hiver, salle Nervi. Sinon, pas besoin d'invitation spéciale, il suffit de demander un billet gratuit à la préfecture de la Maison pontificale. Cette manifestation impressionnante et joyeuse dure un peu moins d'une heure et, depuis l'élection du Pape François, quelque soixante mille personnes se pressent chaque mercredi place Saint-Pierre pour y assister. Elle a lieu sous la surveillance des fonctionnaires de l'Inspectorat général de la Sécurité publique auprès du Vatican. Discret et attentif, leur travail empêche les débordements de foule[1]. L'audience se déroule en cinq temps : la catéchèse, la présentation au Saint-Père des principaux groupes présents qui, lorsqu'ils entendent François dire : « J'accueille avec joie [tel groupe] dont je salue particulièrement les pèlerins ! » l'acclament avec chaleur. Puis c'est la prière du Pape François, sa bénédiction apostolique et sa brève rencontre avec les personnalités politiques et religieuses, les représentants de certains groupes présents, des malades sur des petites chaises et des brancards et les jeunes mariés dans leurs habits de noces pour ceux qui ont la chance d'être placés dans les premiers rangs. Ils ont été multipliés par deux depuis qu'il a été élu. Pour finir, le Pape leur souhaite « bon séjour à Rome ». C'est là le moment le plus fort de l'audience, l'événement par excellence, car cette mise en scène admirablement réglée est

1. Créé en 1945, l'Inspectorat général de la Sécurité publique auprès du Vatican est une structure particulière de la police italienne chargée de la protection du Pape lors de ses visites sur le territoire italien. Elle œuvre aussi au quotidien pour surveiller la place Saint-Pierre et ses alentours.

une adrénaline de bonheur qui au « papomètre » permet, semaine après semaine, de mesurer la ferveur des croyants, toujours plus nombreux, venant lui témoigner leur attachement. Troupes de théâtre en costumes, motards en Harley-Davidson, corporations de médecins, militaires en uniforme, touristes en tout genre, associations, délégations scolaires et universitaires, mais d'abord des prêtres, des religieuses, des missionnaires venus de contrées lointaines... Un spectacle inoubliable et différent chaque mercredi qui débute vraiment lorsque le Pape, à bord d'un 4 × 4 immaculé, fait le tour de la célèbre place, fend lentement la foule et descend même de son véhicule ouvert – il a refusé la papamobile – pour bénir les fidèles sous des tonnerres d'applaudissements, de cris de joie et de chants, des effusions qui peuvent durer une heure et demie. Le Saint-Père a aussi refusé les barrières mais ce sont maintenant des écrans qui le protègent. Si autrefois on voulait toucher le successeur de Pierre, on préfère désormais le photographier avec son smartphone et être immortalisé le plus près de lui possible, c'est en somme la sacralisation d'un cliché. Depuis Jean-Paul II, jamais les audiences papales n'avaient connu pareil succès avec notamment quelque deux cent mille fidèles le lundi de Pentecôte, la foule débordant largement sur la Via della Conciliazione. Cette papamania ne profite pas uniquement au Saint-Siège, mais encore à la Ville éternelle. Comme me l'a expliqué un ambassadeur près le Saint-Siège : « Maintenant, à Rome, les gens se déplacent au gré de la météo et de l'emploi du temps du

Pape ! Le mercredi, jour de son audience générale, il y a tellement de touristes qu'on peut à peine marcher dans le centre-ville ! » D'ailleurs, commerçants, restaurateurs, hôteliers, taxis, compagnies aériennes... tous se félicitent de l'élection du Pape François, dont le charisme et la personnalité interpellent les hauts responsables du monde entier nombreux à solliciter la Secrétairerie d'État pour être reçus en visite officielle au Vatican. Si le Pape est flatté de tant d'honneur, en Jésuite rationnel, il sait qu'améliorer le gouvernement de l'Église universelle et accélérer la réforme de la Curie sont ses toutes premières priorités et qu'il doit s'y consacrer avec une rigueur quasi monastique sans gaspiller son temps dans des rencontres avec les Grands de la planète.

Des journées épuisantes pour un homme qui a eu 77 ans le 17 décembre 2013. Quand on lui demande quel est le secret de sa vitalité, il répond sans détours : « Il faut être acteur et non spectateur pour ne pas regarder passer la vie depuis le balcon. » Une élégante façon de s'exprimer car, en réalité, ce Pape a un sens inné de la communication et réussit à se démarquer de ses prédécesseurs. Il avance comme une lame, porté par sa mission et sa vision de l'Église et de l'Univers, riche, selon les dernières statistiques mondiales, de 7,2 milliards d'hommes. Il veut écrire une nouvelle page des relations du monde moderne avec la papauté.

Un Pape un peu brutal dans ses manières mais qui, en tout cas, a beaucoup de savoir-faire, car il n'est pas facile de réinventer l'Histoire et de cohabiter avec son prédécesseur, même sur quarante-quatre hectares[1] ! Benoît et François ne sont certes pas à l'étroit, mais l'ombre portée de Joseph Ratzinger, qui, de son ermitage, n'entend pas les clameurs de la place Saint-Pierre, est bien là. Dans les jardins du Vatican, les bureaux privés du Pape François à Sanctæ Marthæ surplombent le monastère de Mater Ecclesiae à trois cents mètres de là où le Pape émérite vit au milieu des vingt mille livres de sa bibliothèque personnelle. Les deux pontifes peuvent échanger de respectueux saluts par la fenêtre[2] lorsque Benoît XVI ne se consacre pas à la prière, à la lecture, à la méditation ou à l'écriture d'un ouvrage de théologie. Leurs demeures, séparées par les jardins de la Fontana dell'Aquila, sont toutefois trop éloignées pour permettre à François – qui a pourtant l'oreille fine – d'entendre le mélomane Benoît jouer du Bach ou du Mozart sur son piano blanc Furstein Farfisa. Toujours avec un savoir-faire très jésuite, s'il a besoin de passer de discrets messages à son prédécesseur, rien de plus simple puisque Monseigneur Gänswein, préfet de la Maison pontificale, est aussi le secrétaire particulier de l'ex-pape. « Je vis aux côtés du premier et je travaille pour le second ! » précise d'ailleurs l'intéressé. De fait, l'homme qui murmure à l'oreille des papes reste un acteur qui compte au sein de l'appareil Vatican.

1. Plus aisé qu'en Belgique où il y a à présent trois reines : la reine Fabiola, la reine Paola et la reine Mathilde, souveraine depuis le 21 juillet 2013.
2. Le Pape François l'a invité à déjeuner le 27 décembre 2013.

Cette période de bipapisme suscite tellement de curiosité que les demandes d'engagement dans la Garde suisse et le personnel du Vatican ont doublé, d'autant que le Pape François ne charme pas seulement les foules : il a déjà la réputation de se faire aimer des gens qui travaillent pour lui. N'a-t-il pas récemment proposé un jus de fruit à un des Gardes suisses[1] qui était en faction depuis des heures devant sa porte ? Même après une année, leur posture immobile continue de le rendre nerveux lorsqu'il va parfois leur parler. Cela déstabilise le très strict commandant de la Garde, Daniel Anrig. Ce Suisse allemand, natif de Saint-Gall, est toujours stupéfait lorsque ses soldats viennent lui raconter que Sa Sainteté leur a demandé de leurs nouvelles... Côté sécurité, les deux papes ne bénéficient pas des mêmes services. La Garde suisse ne s'occupe plus du Souverain Pontife émérite. Cette tâche a été confiée à la Gendarmerie vaticane, sous la direction de Domenico Giani qui explique : « La retraite de Benoît XVI ne nécessite pas de sécurité rapprochée. Il se promène dans son petit jardin clos ou récite son bréviaire en marchant sur sa terrasse qui lui offre une superbe vue sur Rome. Il ne sort pas souvent... » Au fond de son cœur, sans doute Joseph Ratzinger se sent-il encore un peu Pape, puisqu'il éprouve

1. La Garde suisse est composée de 110 hommes dont un colonel, un lieutenant-colonel, un major et deux capitaines. Leur langue officielle est l'allemand. La Garde suisse est responsable des entrées du Palais apostolique, des bureaux de la Secrétairie d'État et des appartements privés du Pape. Elle partage à chiffres égaux avec la Gendarmerie de l'État de la Cité du Vatican la charge de la sécurité du Pape.

un irrépressible besoin d'envoyer régulièrement des notes et autres conseils avisés à son successeur.

Après douze mois, les hauts prélats ont compris que le nouvel élu argentin « ne sacrifierait pas les rapports personnels sur l'autel de la raison papale ». Si j'en crois ce que m'a confié avec humour un éminent Cardinal latino-américain, « ces dernières années, le Saint-Siège, en quelque sorte endormi, donnait le sentiment d'imiter les Romains dont l'un des slogans favoris est *Sabbia, Sole e Spaghetti*, "Sable, Soleil et Spaghettis"... Avec Bergoglio, le Vatican s'est réveillé. Les trois "S" ont connu plusieurs recompositions pour finalement se transformer en Simplifier, Séduire et Surprendre ! » Ce qui à la fois fascine et fait frémir un petit monde de privilégiés. Comme l'exprime avec poésie le Pape François : « Un arbre qui tombe fait plus de bruit qu'une forêt qui pousse ! »

4

Une « Pope star » à Rio

Dans l'avion, cent quatre personnes attendent fébrilement le Pape François pour son premier voyage apostolique à l'étranger. Il est 8 h 45, le lundi 22 juillet 2013, à l'aéroport Leonardo da Vinci. Un Souverain Pontife n'est jamais en retard. L'hélicoptère de l'Aéronavale italienne en provenance du Vatican vient de se poser sur le tarmac. Le Pape est accueilli selon la tradition, par le chef du gouvernement, Enrico Letta, au bas de la passerelle. Dans quelques instants, Sa Sainteté sera à bord de l'Airbus A330. Le vol spécial AZ4000 d'Alitalia. C'est toujours sous ce code que voyage l'Évêque de Rome. Toutefois le contrôle aérien international désigne son appareil sous le nom de *Shepherd One*, « Berger numéro 1 ». Le Saint-Père n'a pas d'avion privé et ne bénéficie d'aucun aménagement spécial de sa cabine mais simplement de quatre places à l'avant, d'oreillers et d'appuie-tête brodés à ses armoiries. Pour ce trajet qui durera douze heures quinze afin de parcourir 9 200 kilomètres, embarquent à bord de la « caravane » pontificale sa suite et nous autres journalistes sélectionnés, tous vêtus de sombre. Côté officiel, on dénombre trois Cardinaux, un Évêque, six prélats et dix-huit laïcs. Avec à leur tête le Cardinal Secrétaire d'État Tarcisio Bertone[1], et leurs Éminences le Canadien Marc Ouellet, président de la Commission pontificale pour l'Amérique latine, et le Brésilien João Braz de Aviz, préfet de la Congrégation pour les Instituts de Vie consacrée. Sans oublier le père Federico Lombardi, Jésuite italien, directeur de la salle de presse du Saint-Siège, qui depuis l'élection du Pape François peut le voir facilement en allant à tout moment à Santa Marta, alors qu'il n'était pas si simple, avec son prédécesseur, de se rendre dans les appartements pontificaux sans s'être fait annoncer auparavant, Francesco Sforza, le photographe personnel du Pape, Patrizio Polisca, le patron des services sanitaires de la Cité du Vatican, et le majordome de l'« antichambre pontificale », soit les appartements privés, Sandro Mariotti[2], qui veille sur les effets personnels de François. La protection du Pape est assurée par sept personnes dont le commandant de la Gendarmerie pontificale et le lieutenant colonel des Gardes suisses. Enfin, il y a l'organisateur des voyages, Alberto Gasbarri, un maître dans cette fonction compliquée et de haute responsabilité. Cet aimable Italien de belle allure est également chargé d'acheminer les médailles et chapelets bénis qui seront distribués sur place. Il veille à

1. Tarcisio Bertone a, depuis le 15 octobre 2013, été remplacé par Monseigneur Pietro Parolin.
2. Sandro Mariotti a succédé fin mai 2012 à Paolo Gabriele par qui le scandale Vatileaks a débuté.

tout avec calme et maestria alors que la grande presse s'agite. D'abord, les envoyés des principaux titres italiens, des quotidiens les plus importants de la planète, de plusieurs chaînes de télévision, stations de radio, des grandes agences, ANSA, AFP, IMEDIA et les organes de presse du Saint-Siège, le *Centro Televisivo Vaticano, L'Osservatore Romano* avec son directeur, Giovanni Maria Vian, Radio-Vatican et un seul hebdomadaire... *Paris Match !* C'est pour nous un si grand privilège de voyager avec le Souverain Pontife que la discipline règne et que chacun respectera la règle interdisant à quiconque de quitter le cortège aux escales. Nous voilà en quelque sorte otages du Vatican puisque nos passeports, remis aux autorités du Saint-Siège avant le décollage, ne nous seront rendus qu'à la fin de notre périple d'une semaine au Brésil. Pour ces 28e Journées mondiales de la jeunesse à Rio de Janeiro où des jeunes de soixante-dix-huit pays ont rendez-vous.

Afin de se familiariser avec ceux qui allaient le scruter et qu'il baptisera « de lions pas si féroces », le nouveau Pape, qui jusque-là avait peu fréquenté notre corporation et savait pourtant que cinq mille journalistes à Rio avaient été accrédités pour cet événement organisé tous les deux ou trois ans, a décidé que chacun de ceux à bord lui serait présenté personnellement à l'aller. Dès cette annonce surprise, nous sommes gagnés par l'euphorie ! Pendant que les uns ajustent leur cravate, je me recoiffe et me remaquille... Nous finissons rapidement notre petit déjeuner, jus d'orange frais, jambon fumé et fromage de chèvre, œufs brouillés, yaourts, vien-

servatif et le sida. Lesquels polluèrent ensuite tout son séjour car la presse parla non plus de sa visite pastorale mais de contraception… Fort de cela, en homme avisé, c'est donc seulement au retour que François se livra, avec autant d'aisance que de maîtrise de soi, à répondre à nos quinze questions. Du « lobby gay » aux divorcés remariés interdits de communion, à la gestion de l'Église, à la réorganisation de la Curie et aux affaires de corruption. Il n'éluda rien, mariant avec talent l'espagnol à l'italien.

À la descente de l'avion à Rio de Janeiro, Jorge Mario Bergoglio est accueilli par Dilma Rousseff, la présidente du Brésil, qui avait monté une véritable opération de sécurité pour protéger son illustre visiteur. Quadrillage de la ville, interdiction de survol de l'espace aérien, navires patrouilleurs en mer, tireurs d'élite postés sur le passage du convoi officiel… La Police, la Marine et l'Armée de terre avaient déployé quelque dix mille hommes. Le Pape argentin arrivait, il est vrai, dans un Brésil en ébullition où, les mois auparavant, un million de personnes, essentiellement des jeunes, étaient descendues dans les rues pour protester contre la corruption ambiante et réclamer l'amélioration des services publics. Le marathon commence. Domenico Giani[1] frémit. Non seulement il vient d'apprendre que les services de sécurité locaux ont désamorcé un engin explosif artisanal, mais sur la route de l'aéroport, la voiture du Saint-Père est immobilisée pendant douze interminables minutes, bloquée dans les embouteillages ! Le petit monospace Fiat Idea

1. Le commandant de la Gendarmerie vaticane.

est blindé… mais ses vitres sont ouvertes. Il est encerclé par des centaines de personnes qui plongent leurs mains dans le véhicule gris pour toucher le Pape François, lui glisser des suppliques à la volée ! Le soir de la veillée avec les jeunes, le commandant de Gendarmerie, d'habitude si calme, s'agite en voyant son « saint patron » – dont le parcours a été balisé depuis des mois – s'arrêter soudain pour boire un maté offert par un pèlerin… En vérité, comme il nous l'a confessé lui-même, François est fataliste. « J'ai eu tant de fois envie d'aller dans les rues de Rome ! Mais les gendarmes m'ont vite fait comprendre que c'était impossible. » C'est pourquoi, au Brésil, le Pape a l'impression de pouvoir choisir. Heureux notamment lorsqu'il rentre dormir à Sumaré, la résidence officielle de l'archevêché, au bord d'une petite forêt luxuriante qui domine la baie de Rio. Il peut enfin s'y reposer après le programme chargé de cette kermesse de la foi. Dans la ville dont le Pape est la star, on a donné quatre jours et demi de vacances à la population afin qu'elle devienne JMJiste. Le mot a été inventé pour elle. Soir après soir, le Pape vit des moments intenses dans ce sanctuaire brésilien éphémère, kaléidoscope des nations. Sous les étoiles et les palmiers de la plage de Copacabana, aussi célèbre que la tour Eiffel, les chants montent vers le ciel en l'honneur de François. Ému, il tripote sa croix d'argent et tire nerveusement sur sa lourde chaîne. C'est sa façon à lui, qui n'est ni hiératique ni distante, de ne pas montrer combien il est touché. Son visage devient alors grave comme lorsque, le deuxième jour de sa visite, il choisit d'exprimer sa dévotion à la Vierge noire d'Aparecida, plutôt que d'aller prier sous la statue du Christ, le Corcovado, qui, bras ouverts, domine la baie de Copacabana. Ce lieu de mémoire de l'esclavage des Noirs est le plus grand sanctuaire marial au monde, à 250 kilomètres de Rio et São Paolo. Le Pape s'est rendu là pour vénérer la Vierge, déposer aux pieds de Marie la vie des peuples latino-américains et lui dédier son pontificat. Il reste seul quelques instants dans la salle des douze apôtres, avant de célébrer la messe dans la basilique d'Aparecida. Son entrée a été remarquée au milieu des milliers de pèlerins recueillis devant la nouvelle génération des nonnes du Troisième Monde faisant sensation. Debout sur leurs chaises, sœur Maribel, sœur Mimosa, sœur Irma, sœur Chiara et les autres jouent aux équilibristes, voile au vent, une photo du Pape et une fleur dans une main, un iPad dans l'autre. Elles portent toutes un chapelet en bracelet à faire bénir. L'ambition de ces « infirmières de la foi » qui veulent conquérir leur héros n'est plus d'essayer d'agripper le Pape, comme Jean-Paul II se faisant littéralement arracher des morceaux de vêtements par des religieuses, mais de le photographier. Cela n'a pas échappé à François, ravi. D'autant que les congrégations féminines sont si nombreuses que même l'Esprit saint en ignore le nombre ! D'ailleurs, son Éminence Óscar Andrés Rodríguez Maradiaga, que j'interrogeais, a commenté, amusé : « C'est "Sister Act" ! » En fait, avec le smartphone, le rapport à ce Pape, qui n'est pas figé, a complètement changé. Les pieux catholiques qui voulaient autrefois par fétichisme toucher la main du successeur du Prince des

Apôtres, lui-même engoncé dans ses lourds habits immaculés, souhaitent désormais avant tout filmer ce Pape aussi moderne qu'imprévisible et tweeter sur lui. Mimétisme ou contagion ? Ses Cardinaux et Évêques en font tout autant en le suivant du regard pendant les offices, tel un champion de tennis à Roland-Garros. À l'occasion de la messe concélébrée avec les Évêques, les prêtres et les religieux dans la cathédrale Saint-Sébastien de Rio, ces derniers, Cardinaux en tête, se sont mués en reporter-photographes, à l'instar du Cardinal Sean Patrick O'Malley, et nous semblaient aussi préoccupés par l'enregistrement de la messe papale sur leur téléphone portable que par la liturgie !

Comment nier que les réseaux sociaux et les nouvelles technologies ont radicalement modifié l'attitude des fidèles ? François est en effet, depuis son élection, devenu *nolens volens* le plus twitté des leaders avec 10 millions d'abonnés et cent quarante caractères pour évangéliser. Cette stratégie numérique est le moyen le plus moderne pour le Vatican d'aller à la rencontre des jeunes générations de croyants, plus réceptifs dans ce domaine que leurs aînés. Cependant, quand des centaines de fidèles l'acclament le long de ses parcours, quand des fillettes sont nattées de rubans à son effigie, quand des chiens portent un manteau avec son portrait ou que les habitants du bord de mer ont savamment illuminé leurs immeubles pour former la croix du Christ, le 265e successeur de Pierre paraît toujours aussi étonné de susciter pareil engouement. On a beau lui dire qu'il a provoqué le plus grand rassemblement jamais connu à Rio depuis le concert des

Rolling Stones en 2006, cela ne change rien. D'une réelle humilité, le Jésuite qu'il est semble regarder ce spectacle comme s'il s'agissait de quelqu'un d'autre. Que ressent-il en fait ? Il tire sans doute un certain orgueil en tant que Pasteur de l'Église catholique. Mais quelle gloire personnelle éprouve-t-il lorsqu'il s'entend applaudir aux cris de « *Viva il Papa !* » ? Il semble aussi mal à l'aise de découvrir qu'on a émis des timbres à son image. Son sens des réalités ne lui fait pas oublier que ce pays vient de connaître des manifestations dénonçant le coût de la vie, la corruption et les dépenses somptuaires liées à l'organisation du Mondial de football. Des polémiques se sont élevées sur le prix de ce premier voyage apostolique hors d'Italie et les 50 millions d'euros de fonds publics dépensés pour ces JMJ…

Une visite ponctuée de temps forts : quinze discours et la venue au sanctuaire marial d'Aparecida, celle dans la favela de Manguinhos, la plus pauvre et la plus dangereuse de Rio, sa rencontre avec de jeunes détenus, la confession en plein air, le déjeuner avec douze jeunes des cinq continents participant aux JMJ, le Chemin de croix à Copacabana, la veillée de prière sur la plus belle plage du Brésil et enfin la messe de clôture des JMJ ! Semaine triomphale hors de Rome qui a exalté ce Pape très physique, dans le plus grand pays catholique du monde, où son pontificat aura vraiment pris son envol sur une terre que le Pape François connaît bien, l'Amérique latine. Un continent où l'Église de Rome recule, confrontée aux puissantes Églises évangéliques et pentecôtistes, jusqu'à présent les plus entreprenantes.

Quelques chiffres et dates : le Brésil compte 130 millions de catholiques pour quelque 200 millions d'habitants sur un continent fier de son appartenance chrétienne. Quant aux JMJ, elles ont été créées en 1986 à Rome à l'époque où Jean-Paul II avait lancé avec dynamisme aux jeunes : « Vous êtes l'avenir du monde et l'espérance de l'Église ! » Sur ces paroles optimistes, Karol Wojtyla présida les JMJ à Buenos Aires en 1987, à Saint-Jacques-de-Compostelle en 1989, à Czçstochowa en 1991, à Denver en 1993, à Manille en 1995, à Paris en 1997, à Rome en 2000, à Toronto en 2002. Bien sûr à Cologne en 2005, à Sydney en 2008 et Madrid en 2011, ce fut Benoît XVI qui officia. Il est émouvant de voir que ce sont maintenant les enfants des jeunes des premières années qui participent à ces Journées. Eux les héritiers de l'initiative de Jean-Paul II qui avait inventé une manière de communiquer tout à fait inédite à l'époque pour un Pape. Depuis lors le modèle a été copié par bien des chefs d'État. François lui-même s'est laissé photographier avec la coiffe à plumes des Indiens Pataxó venus du sud de l'État de Bahia, comme l'avait fait Jean-Paul II, immortalisé en janvier 1979 au Mexique avec un sombrero sur la tête ou en novembre 1986 à Brisbane avec dans les bras un koala, l'emblème de l'Australie. Cela le rendit fort populaire auprès des enfants, et le nouveau Pape a compris dès les premiers jours la grandeur des symboles, et l'importance du rythme.

« Le premier miracle, m'explique Carlos Augusto Montenegro, patron du grand institut de sondage brésilien Ibope, est que les Brésiliens vont, grâce à ce nouveau Pape, aimer les Argentins, alors que régnait jusque-là entre eux une rivalité séculaire. Cette visite dont les jeunes avaient besoin va renforcer ici la religion catholique. Car même si ces JMJ ne suscitent guère de conversions, elles limiteront sans doute l'hémorragie vers d'autres religions dans un pays où la population compte 65 % de catholiques, 13,2 % de protestants évangéliques, 8,8 % d'autres protestants et 3,5 % d'adeptes de la macumba ou du spiritisme évangélique, le reste étant sans religion officielle. La simplicité du Pape François, son engagement sans ambiguïté auprès des pauvres et sa lutte contre les privilèges vont-ils arrêter cette fuite vers les évangéliques, toujours plus nombreux et influents ? »

« François n'est pas un Pape de la figuration, mais de la transfiguration », insiste le père de Sinety, curé de Saint-Germain-des-Prés, le prêtre ayant emmené le plus grand nombre de Français aux JMJ : pas moins de 250 sur les 5 400 pèlerins venus de chez nous, accompagnés par 268 prêtres et 22 Évêques[1] !

Comment expliquer le succès de Jorge Mario Bergoglio auprès de toutes les générations, et pas seulement des jeunes ? Son verbe est clair, ses paroles troublent les consciences, son visage reflète son âme. En un instant, il passe d'une attitude pénétrée à un sourire ravageur. Séquentiel, habité par de fortes convictions, il traite les sujets

1. Répartis en 85 groupes diocésains, 19 mouvements et communautés accompagneront également des jeunes. L'âge moyen des Français inscrits se situe autour de 25 ans. Chacun a dû débourser entre 1 500 et 2 000 euros pour pouvoir participer à ce voyage.

les uns après les autres, sans se laisser vraiment influencer. Déterminé, autoritaire, il veut se faire lui-même son opinion. Combien de fois l'ai-je observé pendant ce voyage, se mordre les lèvres, fermer les yeux, se concentrer avant de répondre ? Ce qui m'a le plus marquée a été de le voir faire le signe de croix chaque fois qu'il prenait place à bord de l'hélicoptère des forces armées brésiliennes, avant de s'envoler. De même font les joueurs de foot italiens ou d'Amérique du Sud aussi religieux que superstitieux lorsqu'ils arrivent sur le terrain. Il est par ailleurs rassurant de penser que, comme nous, dans les airs, le chef de l'Église catholique remet son destin entre les mains du Tout-Puissant !

En descendant de la passerelle de l'avion, nostalgique, j'ai pensé : « C'est déjà fini ! » Étreinte par l'émotion, j'avais les larmes aux yeux. Je me suis vite reprise en me rappelant que le Pape nous avait annoncé que son prochain voyage aurait probablement lieu en Israël ou aux Philippines... Et je me suis prise à songer d'être à nouveau invitée. Il n'est pas interdit de rêver...

5

Un Pape politique et médiatique

« Le pape François semble très humble, doté d'un très grand sentiment d'empathie envers les pauvres, je crois que c'est quelqu'un qui pense d'abord à étreindre les gens au lieu de les chasser. Je suis extrêmement impressionné par ce Pape », a déclaré le 2 octobre 2013 le protestant Barack Obama à la chaîne de télévision CNBC. Un message qui a eu un impact certain dans le club très fermé des chefs d'État. Même si ces paroles fortes viennent du président du pays le plus puissant du monde, elles sont aussi celles d'un homme à la tête d'une nation comptant aujourd'hui 24 % de catholiques[1], dont un tiers d'hispaniques. Il ne peut donc oublier François !

1. Les États-Unis ont la quatrième plus grande population catholique au monde, après le Brésil, le Mexique et les Philippines. Toutes Églises confondues, les protestants représentent 48 % de la population. Quant aux catholiques, ils sont 24 % soit plus de 68 millions de croyants. Viennent ensuite les Juifs 1,7 %, les Mormons 1,7 %, les bouddhistes 0,7 %, les musulmans 0,6 %, les orthodoxes 0,6 % et les hindous 0,4 %.

Un Souverain Pontife qui, en quelques mois à peine, a vraiment imposé son style de papauté. Car, pour lui, annoncer la Bonne Nouvelle, c'est entrer dans toutes les cultures, éviter le prosélytisme et réinventer la fonction de Pape, avec un autre rythme et une autre vision du monde. Provoquant une sorte de fascination qui s'étend bien au-delà des foules de fidèles catholiques, il fait naître aussi une sourde inquiétude, pour l'heure silencieuse, chez bon nombre de Cardinaux de Curie depuis son chaleureux « bonsoir » lancé du balcon de Saint-Pierre lors de sa première apparition publique le 13 mars à 20 h 24. Passe encore d'être monté dans le bus avec eux le soir de son élection, d'avoir pris sa vieille serviette noire à la main pour gravir la passerelle de l'avion lors de son premier voyage apostolique ou glissé sa mitre sous le bras pour arriver à l'Église de Sant'Agostino mais de là à parcourir quelques centaines de mètres dans le Vatican en vieille 4L Renault, au côté du prêtre très âgé de Vérone qui la lui avait offerte, en prenant un sens interdit derrière la basilique Saint-Pierre… À leurs yeux « cela ne fait pas très pape », désacralise la fonction et ôte toute la majesté à celle-ci. Des Éminences contrariées d'être considérées comme une caste de privilégiés ! D'aucuns insistent sur le fait que la papauté n'avait pas attendu le Pape François pour se montrer proche des gens modestes. Paul VI n'avait-il pas vendu sa tiare afin d'en donner l'argent aux plus démunis ? Pour eux, le Pape, que certains qualifient d'anticlérical, en fait trop pour transmettre le message d'une Église ouverte à tous et attentive aux problèmes de chacun. Si les croyants en quelque sorte « hypnotisés » voient en lui un pasteur rassurant, certains membres de la Curie, toutefois obéissants car le courage n'est pas franchement leur principale vertu, sont pour leur part inquiets. Ses détracteurs lui reprochent une spontanéité feinte, d'être cabotin et impétueux, de faire du clientélisme, et imaginent que tout est calculé, pensé et organisé dans ce but. Une sorte de Machiavel jésuite en soutane ! Enfin, les conservateurs les moins ouverts à la société de l'information craignent qu'Internet, les smartphones et autres tablettes numériques ne soient une puissante source de cacophonie et ne conduisent à brouiller le message limpide de l'Église. Un avis que ne partage pas Valéry Giscard d'Estaing. Pour l'ancien président français, souvent visionnaire, « le cérémonial du Vatican était trop conventionnel. C'était bien de le respecter jusque-là, mais il entraînait un facteur d'éloignement. Il est marqué par une perfection culturelle extraordinairement solennelle. Jean-Paul II s'était peu occupé des structures. Benoît XVI, intellectuel germanique qui parlait de Dieu, n'avait pour sa part rien changé au dispositif. Mais un Argentin d'origine italienne, c'est génial ! Ce sera ressenti par l'opinion publique comme une ouverture. Le Pape a raison de s'installer dans un lieu plus simple, cela va aérer le système, même si, à la fin, il ne sera pas, jugé là-dessus car ce n'est pas ce qui intéresse vraiment la société. Nous sommes aujourd'hui dans un monde plus solidaire, dans une culture populaire avec des aspirations différentes. C'est une grande chance pour les catholiques qu'ait été élu un Cardinal d'origine italienne qui soit un homme de caractère. La simplicité est difficile à appliquer tant sur le plan de la communication que du protocole. Le fait qu'il appartienne au monde jésuite va faire entrer le Saint-Siège dans un mode d'action qui lui était jusque-là mal connu. »

À l'instar d'hommes politiques éminents, le Pape François sait se protéger des *monsignori* qui ne partagent pas sa manière de voir et de faire, et qui ont pour certains déjà en trois cent soixante-cinq jours accumulé un long chapelet de ressentiments. Il ne les rencontre pas et applique une technique imparable : les éviter et les envoyer représenter le Saint-Siège dans des manifestations secondaires de par le monde. Bref, les tenir à distance, s'encombrer du minimum de bureaucratie mais s'appuyer sur des collaborateurs compétents, des amis fidèles et d'abord sur le groupe des huit Cardinaux issus des cinq continents, soit le fameux « G8 » comme on l'appelle désormais. Composé du Cardinal Óscar Andrés Rodríguez Maradiaga, Archevêque de Tegucigalpa (Honduras) et coordinateur du groupe, des Cardinaux Giuseppe Bertello (Italie), président du gouvernorat de la Cité du Vatican, le seul Italien, de Francisco Javier Errázuriz Ossa, ancien Archevêque de Santiago (Chili), d'Oswald Gracias, Archevêque de Mumbai, ex-Bombay (Inde), de Reinhard Marx, Archevêque de Munich et Freising (Allemagne), de Laurent Monsengwo Pasinya, Archevêque de Kinshasa (République démocratique du Congo), de Sean Patrick O'Malley, Archevêque de Boston (États-Unis), et de George Pell, Archevêque de Sydney (Australie). Ainsi entouré, le Pape François va mener son combat spirituel sans précipitation, avec discernement. Un héritage jésuite, où l'on ne confond pas action et activisme. Un défi d'ordre universel pour un Pape qui fonctionne en mode boulimique et politique. Il veut occuper tout le terrain, dialoguer avec le monde entier – catholiques et chrétiens non catholiques, croyants, athées et agnostiques – et sa grande force est de regarder devant lui sans prêter attention à ceux qui propagent par voie de presse que François serait populiste, démagogue, paupériste, que son style serait trop dépouillé pour exercer la Magistrature suprême et qu'il n'aurait aucune stratégie à long terme. Il ne se soucie guère de ces critiques et trace sa route en consultant sa montre noire à gros bracelet de plastique.

Le temps n'est pas clément, pense-t-il. Jorge Mario Bergoglio a eu 77 ans. Tel le vétérinaire urgentiste, il veut soigner ses brebis d'abord, privilégier l'action et la prière. Même s'il a, en réalité, une grande résistance physique malgré un pied qui le fait souffrir et l'oblige à prendre de la cortisone. Comme le raconte son ami le rabbin Skorka, « il soutient un rythme de travail impressionnant et on remarque la fatigue sur son visage, mais il ne s'arrête jamais, c'est sa nature ». De fait, l'une des rares fois où il a annulé une rencontre au Vatican, de surcroît à la dernière minute, après trois heures d'audience générale tenue en extérieur place Saint-Pierre, parce qu'il se sentait fatigué, d'aucuns y ont vu « un contretemps diplomatique ». Car, ironie de calendrier, le rendez-vous était avec le Cardinal Scola, le challenger du Cardinal Bergoglio lors du conclave de mars. L'Archevêque de Milan s'était ce matin-là déplacé avec une délégation lombarde pour l'inviter en 2015 dans le nord de l'Italie. On fait aussi du mauvais esprit à l'ombre de Saint-Pierre !

Le Pape François a souligné, le jour de la grand-messe d'intronisation du pontificat, que : « Le vrai pouvoir est le service. » Une phrase qui leur paraissait alors une simple formule pastorale de circonstance, allant dans le sens d'une cohérence théologique. Sans doute auraient-ils dû saisir la profondeur de ce message. Les diplomates près le Saint-Siège ont depuis compris le sens de cette brève déclaration. Alors que ces ambassadeurs ont souvent été envoyés dans la Ville éternelle pour couronner une belle carrière et exercer leur métier à un rythme moins soutenu, avec le Pape François, les voilà maintenant débordés. Ce Pape provoque une inflation de la correspondance diplomatique[1] tant les sujets sont riches et variés. « Le nouvel élu, homme de foi, d'idées et de pouvoir, ne s'arrête jamais », confie un ambassadeur épuisé qui de peur de rater quelque événement important du Saint-Siège n'est pas parti en vacances cet été. Ce nouvel élu est en revanche du pain bénit pour la presse. Le Centre

1. Davantage de mails aujourd'hui que de télégrammes. Si ces derniers sont envoyés sur un réseau télégraphique sécurisé, chiffré, les mails le sont par la voie normale. Cette correspondance diplomatique concerne le cabinet du président de la République, Matignon, les ministères des Affaires étrangères, de l'Intérieur, de l'Éducation nationale. Par exemple lorsque cela touche la liberté scolaire. Quarante millions de mails sont envoyés chaque année au Quai d'Orsay par les ambassadeurs français et seulement quelque dix mille télégrammes.

télévisé du Vatican (CTV), le premier, a dû adapter le style de ses prises de vues à celui de François. À nouveau Pape, nouvelles images. Depuis son élection, CTV, qui suit quotidiennement le Saint-Père dans chacun de ses déplacements et dont il a vivement remercié le personnel en le recevant, a opéré un changement radical dans la conception même de la réalisation et du montage : caméras placées au milieu de la foule, plans rapprochés sur le visage du Souverain Pontife, cadrages où l'on le voit dialoguer avec les fidèles. « Tout est fait pour que le téléspectateur soit en phase avec la forte émotion que suscite le Saint-Père », explique le directeur de CTV, Monseigneur Dario Viganô. « Il a inauguré une autre manière de filmer, une forme différente de direct où la force du non-verbal est essentielle. » C'est ce qu'on appelle le choc des images, car elles parlent d'elles-mêmes ! Quant à *L'Osservatore Romano*, le quotidien du Saint-Siège, où travaillent trente journalistes permanents et des pigistes, là aussi les reportages se sont multipliés car, chaque jour, il faut décrire si possible avec verve les activités du Pape et quasiment oublier les sujets culturels qui avaient été introduits dans le quotidien il y a quelques années. De plus, l'édition quotidienne italienne et celles hebdomadaires en italien, français, anglais, portugais, espagnol et mensuelle en polonais peuvent maintenant être lues par tous les utilisateurs du réseau Internet sans coût supplémentaire d'abonnement. Leur public en ligne s'étend aujourd'hui du Vatican à la Nouvelle-Zélande. Ce Souverain Pontife suscite un emballement médiatique évident. L'augmentation de son activité publique entraîne les journalistes dans une course effrénée car il fait non seulement la une des quotidiens et des hebdomadaires italiens qui l'ont toujours considéré comme le curé de la nation italienne puisqu'il vit à Rome, mais aussi des grands médias internationaux tel le *Times* de Londres, le *New York Times, l'International New York Times* en Europe qui lui consacrent régulièrement de pleines pages. Les journaux et les télévisions de toute l'Amérique latine, des États-Unis, d'Europe, du monde entier ont de nouveau, comme du temps de Jean-Paul II, des vaticanistes attitrés à Rome où les terrasses proches du Vatican sont louées très cher pour leurs directs. Chacun suit en effet « religieusement » la moindre des interventions publiques de l'Évêque de Rome et analyse la teneur de ses propos souvent percutants. Désormais le Pape a quitté la rubrique Religion pour être traité dans les pages d'Actualité ou de Société. Comme lorsqu'il a fait un geste symbolique dont il a parfaitement mesuré la portée. C'est une première dans l'histoire de l'Église de Rome que le Pape se rendant à Assise en Ombrie, visite le lieu où naquit le saint patron de l'Italie. Le 4 octobre 2013, jour de la saint François, le Saint-Père, flanqué de ses huit fameux Cardinaux, a mis la famille Franciscaine à l'honneur, Frères mineurs, Capucins[1]... Il faut réchauffer le cœur de ceux qui portent le nom qu'il a choisi. Du grand art dont il connaît la portée et dans le berceau du saint mendiant, François incite une nouvelle fois à rechercher la

1. L'ordre des Franciscains comprend de nos jours 14 123 membres et celui des Capucins 10 786 religieux.

simplicité dans la Salle du Dépouillement[1]. Là il a partagé le repas des plus démunis soutenus par l'association *Caritas*. C'est dans cette ville qu'au XIIIe siècle, après avoir eu une jeunesse de privilégié, Francesco, issu d'une famille de riches drapiers, fit vœu de pauvreté et s'engagea à 23 ans auprès des déshérités. Sur les bâtiments officiels et religieux, sur les balcons d'immeubles, un peu partout, flottaient les couleurs blanc et jaune du Vatican, et même dans le McDonald local les employés avaient déployé une banderole où était inscrit « *Benvenuto a Papa Francesco* ». S'il nous fait beaucoup écrire, lui, en réalité plus intellectuel qu'il ne le montre, rédige cependant peu et communique essentiellement de manière orale. Il s'adapte tout de suite talentueusement au public auquel il s'adresse. Jeunes, hauts prélats, personnalités politiques, sommités scientifiques… et là encore avec des réflexes très jésuites car ses homélies et ses discours sont généralement construits en trois parties comme les discours du général de Gaulle. Autre héritage de son ordre, le goût marqué pour la rhétorique. La limpidité de sa réflexion, le fait qu'il aborde des sujets actuels, tels les problèmes de migrations ou les conflits au Moyen-Orient, la dictature de l'argent-roi, des marchés et du profit, aussi bien que des esclavages contemporains… interpellent bien au-delà du monde chrétien. Enfin sa personnalité

1. C'est précisément dans cette salle de l'archevêché d'Assise, inconnue du plus grand nombre, que saint François s'est dépouillé de ses vêtements devant l'Évêque, renonçant aux biens de son père, Pietro di Bernardone, et aux vanités du monde pour épouser la pauvreté évangélique.

décapante et sa façon d'aller vers les autres, de se mettre au service des plus faibles, de tendre la main aux homosexuels, de défendre la place des femmes dans l'Église et de surcroît d'oser se définir comme « un pécheur un peu rusé », « *furbo* », en font « un bon client », comme on dit dans notre jargon de journalistes. Avec cette rupture de forme sinon de fond, il « vole » aujourd'hui la vedette, j'entends des pages entières, aux grands leaders internationaux et surtout il rétablit au bénéfice de l'Église catholique et de la papauté un courant universel de sympathie et d'attention qui rompt avec l'atmosphère délétère qui entourait Rome ces dernières années. On comprend mieux dès lors la phrase généreuse du président Barack Obama. Pour preuve prenons l'exemple de la France. En septembre dernier, le quotidien de gauche *Libération* a consacré cinq pages au Pape et *Direct Matin*, le populaire journal gratuit, a fait sa une avec une pleine page sur lui. « Bergoglio apporte une certaine modernité et permet de traiter la religion de manière moins austère », confie le directeur de *Direct Matin*, Serge Nedjar. Le Souverain Pontife s'est prêté au jeu de façon très habile car il a donné le 20 septembre une interview-fleuve à *La Civiltà Cattolica*, mensuel de référence des Jésuites italiens[1]. Un exploit et une idée brillante qui lui assurent la saine neutralité de son ordre pour quelque temps... et qui ont évité toute frustration à ses frères journalistes. Pas une ligne n'a d'ailleurs filtré avant la publication. Ayant des

1. Qui a coordonné la sortie de l'article dans quinze autres revues de la Compagnie de Jésus dans le monde.

réflexes toujours très politiques, il préfère séduire ses détracteurs plutôt que ses inconditionnels. Une stratégie nouvelle ? Prenons l'exemple des conférences de presse dans l'avion. Jean-Paul II les avait inventées. Chaque journaliste ayant le privilège d'être à bord pouvait lui poser une question. Benoît XVI avait fait un pas en arrière : il acceptait seulement une sélection limitée à cinq ou six questions envoyées auparavant au père Lombardi, ce qui ôtait donc toute spontanéité à l'exercice ! Le Pape François, pour sa part, a répondu pendant une heure et demie, debout, à toutes nos questions[1]. Même les plus délicates avec la liberté de ton et le vocabulaire très parlant qui le caractérise, comme celle sur le prélat de la Banque du Vatican soupçonné d'être homosexuel et sur le lobby gay. De même a-t-il reçu Eugenio Scalfari, anticlérical notoire et fondateur du quotidien de gauche *La Repubblica*, pour une très longue interview parue le 1er octobre 2013, où il détaille sa vision de la Curie et de l'Église… Un Pape qui ne lâche rien, contrôle tout sur le plan médiatique mais aussi politique. Il condamne les armes chimiques, appelle la communauté internationale à refuser l'intervention militaire et au contraire à trouver un chemin de paix par le dialogue et la négociation. Il invite les catholiques mais aussi les frères chrétiens non catholiques, ceux qui pratiquent d'autres religions ainsi que les hommes de bonne volonté à une journée de jeûne et de prière pour la paix au Moyen-Orient. Lors de la Journée mondiale de l'alimentation, le Pape François dénonce avec

1. Mais il fallait parler italien ou espagnol.

vigueur le scandale persistant de la faim dans le monde. Une première que cet appel prophétique du Pape argentin qui, dès son élection, a décidé que le Saint-Siège allait faire son retour sur la scène géopolitique. En homme de terrain, pratiquant une diplomatie active et prenant l'opinion publique à témoin. L'homme en blanc le plus photographié sur Terre n'a point été élu pour faire de la figuration intelligente et recevoir avec solennité les grands leaders de la planète. Selon lui, la compassion doit se doubler d'action. Il n'a pas été choisi par ses pairs pour couler une paisible retraite mais pour faire entendre la voix de l'Église sur la scène internationale par le biais d'une diplomatie subtile. Celle du Vatican avec de par le monde ses 170 nonces et ses 82 ambassadeurs près le Saint-Siège résidant sur place[1] est une alchimie de patience, de subtilité, avec une vision panoramique des problèmes de la mondialisation. Même si par tradition la diplomatie du Saint-Siège défend deux principes : la liberté religieuse et la promotion « des droits de l'homme et de tous les hommes », l'action diplomatique

1. Cent soixante-dix-neuf pays ont établi des relations avec le Saint-Siège mais seuls quatre-vingt-deux ambassadeurs habitent Rome. Le Saint-Siège a aussi des contacts avec la Chine, par exemple, qui toutefois n'a pas d'ambassadeur. En revanche, des pays tels que l'Arménie, l'Azerbaïdjan, l'Indonésie, le Qatar, le Japon ont un ambassadeur et la Fédération de Russie a envoyé un personnage important, son ancien ministre de la Culture, Aleksander Avdeev. La France a cent soixante-trois ambassadeurs de par le monde, plus seize ambassadeurs multilatéraux. C'est en nombre la troisième diplomatie au monde après les États-Unis et la Chine.

du Pape s'étend à bien d'autres dossiers internationaux majeurs. Il en est un qui tient, dit-on, particulièrement à cœur au pape François car il représente un symbole fort pour un Jésuite : plus encore que ses prédécesseurs, il rêve de réconcilier les deux Églises, officielle et souterraine, de Chine. C'est cela une Église sortant d'elle-même pour aller vers les « périphéries », selon les propres mots du Saint-Père, pratiquant la culture du dialogue mais aussi soucieuse d'agir là où elle le peut. La visite soudaine sur l'île de Lampedusa en juillet 2013 marquait la volonté du Pape de briser l'indifférence du monde et particulièrement de l'Europe sur les questions migratoires. Elle a sonné comme un terrible avertissement avant le drame où trois cents immigrants embarqués sur des bateaux de fortune ont trouvé la mort le 3 octobre suivant. Le geste de François, tristement prémonitoire, a enfin déclenché une prise de conscience internationale[1]. « Il faut, martèle-t-il, qu'il y ait un engagement renouvelé à chercher, avec courage et détermination, une solution pacifique à travers le dialogue et la négociation entre les parties, qui soit soutenue de manière unanime par la communauté internationale. » Et le Fonds monétaire international ? Les dirigeants sont-ils frappés par cette exhortation sévère du Pape ? J'ai posé la question à l'économiste en chef du FMI, un Français plusieurs fois cité comme nobélisable, Olivier

1. La Commission européenne aux Affaires intérieures a, en décembre 2013, dénoncé ces « traitements épouvantables » infligés aux migrants qui conduiront à l'avenir à lancer une « procédure d'infraction ».

Blanchard, ancien élève des Jésuites, qui reconnaît que ses études chez les Pères l'ont marqué et lui ont permis de bâtir une éthique adaptée pour traiter les affaires économiques. « Nous sommes souvent accusés d'être sans cœur. Je pense que c'est un faux procès. On nous demande dans l'urgence d'aider les pays en crise, là où les gens souffrent. Il se produit alors un pénible amalgame : les gens associent leurs douleurs avec les programmes du FMI. C'est compréhensible mais injuste. Tels des médecins au chevet des malades, nous faisons de notre mieux mais la potion peut être difficile à avaler. De plus, nous ne pouvons éliminer la souffrance. Je rappelle que notre mission principale n'est pas de réduire la pauvreté mais d'éviter d'être confronté aux crises de la macro-économie. La réflexion sur les raisons de ces crises et nos programmes de lutte contre la pauvreté tiennent compte de l'inégalité des revenus, c'est l'une des données importantes dans le cadre de notre action. »

Une analyse également intéressante sur le Pape François est celle de l'ancien Premier ministre de gauche protestant Michel Rocard, quand je l'ai interrogé sur ce Pape : « La formation jésuite et les très longues années d'études ont donné au Pape une vaste culture. Issu d'un autre continent, Argentin, il ressent moins les pesanteurs européennes que d'autres. Ses réseaux, ses connaissances, son carnet d'adresses diffèrent, l'aident. L'internationale de la foi permet des objectifs ambitieux et trois de ses messages sont d'après moi particulièrement intéressants : "Une Église pauvre pour les pauvres" est un thème généreux ; le deuxième "La miséricorde rend le monde moins froid et plus juste" est la reprise d'un thème millénaire mais cette règle est-elle propre au catholicisme ou à l'humanité en préparation d'un futur énigmatique ? Mais surtout, le troisième message "Il faut protéger les pauvres et la Création" est un langage nouveau. Il signifierait que, pour ce Pape, la question de l'homme n'est pas l'unique thème mais qu'il y inclurait une réflexion sur l'ensemble du monde vivant. Ce serait reconnaître que les bouleversements de l'écologie sont une menace pour la création. Un océan s'ouvre sous nos pieds, car aujourd'hui la planète va très mal en matière de climat. Ce Pape est transcontinental. Il sait donc défendre les valeurs collectives. Je n'entrerai pas dans sa problématique religieuse. Le moment est venu qu'il fasse prendre conscience à son milliard de fidèles de ces exigences nouvelles pour faire avancer cette réflexion. Il deviendrait alors un immense partenaire pour la survie du monde. Observateur extérieur de bonne foi, sa parole porte dans le monde entier, il peut descendre dans l'arène, organiser un concile, s'exprimer aux Nations unies ou depuis une autre tribune internationale. Mais d'abord parler depuis Rome. »

S'il est ancré dans l'action sociale, Jorge Mario Bergoglio ne veut pas que l'Église fasse ouvertement de la politique et souhaite en tout cas qu'en Italie les prélats « flirtent » moins avec le pouvoir. Entretenir de cordiaux rapports avec le Quirinal ne signifie pas nouer une étroite complicité avec le monde politique. Toutefois, qui n'est pas italien a du mal à comprendre cette relation charnelle presque viscérale entre l'Église et l'État dans la péninsule. Il reste quelque chose de Don

Camillo et Peppone dans ce face-à-face : depuis les Accords du Latran en 1929, chacun s'accommode de l'autre. C'est en réalité un mariage de raison beaucoup plus solide que ne le serait probablement un mariage d'amour. Par ailleurs, les Italiens sont tombés dans l'Église lorsqu'ils étaient petits puisqu'ils ont confisqué le Pape pendant des siècles et que les hommes politiques d'un côté, ceux d'Église de l'autre, font les efforts nécessaires pour s'entendre car ils sont devenus indissociables. L'Église reste en Italie la colonne vertébrale du pays. Elle gère d'innombrables œuvres sociales et communautaires qui, sans elle, incomberaient à l'État. Quant à la puissante Conférence épiscopale italienne, la seule dont le président n'est pas, pour l'heure élu par ses pairs – cela pourrait changer –, c'est une force dans le pays et son président (actuellement Angelo Bagnasco, l'Archevêque de Gênes) est nommé par le Pape. Après le « parti » dc la Curie, cette entité qui regroupe les Évêques du pays jouit d'un poids réel. Mais, opportuniste et terre à terre, elle joue généralement de concert avec le Pape. Et quand Eugenio Scalfari, patron de *La Repubblica*, a demandé à Sa Sainteté si l'Église devait s'impliquer en politique le Pape François a eu une réponse négative : « Son champ d'action n'est pas celui-là. Les institutions politiques sont laïques. Il ne doit pas y avoir d'interférence entre les deux sphères. »

À Rome, chacun a désormais compris que souffle un vent de réforme au Vatican : révolution des comportements, changements à tous les étages. Sobriété, volonté d'être inventif et fidèle à sa vocation missionnaire : décidément ce Pape, dont le credo est d'abord l'engagement social de l'Église, sait qu'il est plus facile de lancer des messages *Urbi et Orbi* que de réformer un appareil vénérable bien qu'affaibli. Il a certes les pieds sur terre mais ne veut pas s'embourber dans la glaise. S'il a compris qu'au Vatican on ne fait pas grève, il a néanmoins mesuré en une année combien le système est résistant. Le bloc des conservateurs reste puissant. « La force première de l'Évêque de Rome, d'après le talentueux vaticaniste italien Marco Politi, réside dans sa formidable indépendance d'esprit. Visiblement à l'intérieur du Vatican, ce Pape n'est pas un homme de compromis ni de négociation, il tranche. Il va rester sur place au lieu de voyager et ne fera pas plus de six déplacements par an : deux en Italie, deux en Europe, deux transcontinentaux. » Il faut reconnaître que le nombre et l'ampleur des réformes et des réflexions de fond qui se dessinent ont largement de quoi l'occuper. Sans compter l'amaigrissement de la Curie qu'il veut moins administrative, moins pesante, moins puissante, davantage animée par un esprit de service et organisée comme une institution de coordination. En revanche, sur le plan doctrinal, il devrait y avoir peu de changements car ce successeur de Pierre est en réalité sur ce point attaché à la tradition. Sur les questions de mœurs, sur l'interruption volontaire de grossesse, sur la contraception, sur l'homosexualité, il ne fera pas non plus beaucoup bouger les lignes et restera sans doute fidèle en cela aux orientations de ses prédécesseurs. Quant au célibat des prêtres ou aux divorcés remariés interdits de communion, il pourrait néanmoins y avoir un geste comme l'ordination d'hommes mariés. En revanche, il ne faut pas s'attendre à ce que le Pape l'accepte pour les femmes. La définition d'une place nouvelle de celles-ci dans l'Église reste à l'état d'une simple réflexion. Une question comme le dialogue avec l'islam, j'entends avec des musulmans non fondamentalistes, reste là encore pour le moment un sujet délicat dans le contexte trouble des relations islamo-chrétiennes. De même pour le dossier très observé par le monde financier de la réforme de l'IOR. À cette banque privée, il convient d'ajouter les deux autres pépites financières du Vatican, dont on parle moins. Ce sont l'APSA, qui gère les biens du Vatican, et la congrégation *Propaganda Fides*, à savoir la Congrégation pour l'évangélisation des peuples. Elle administre et coordonne toutes les activités missionnaires de l'Église catholique dans le monde depuis des lustres et ses pouvoirs débordent sur d'autres dicastères. Cette institution autonome gèrerait quelque neuf milliards d'euros de patrimoine immobilier. Ses règles sont immuables si l'on se réfère à « *Immortale Dei* ». Le préfet de cette Congrégation n'est en réalité redevable que devant Dieu et sa conscience. *Propaganda Fides* échappe en réalité à tout contrôle hiérarchique du Saint-Siège et bénéficie d'un statut tout à fait exceptionnel, défini par la Constitution apostolique « *Pastor Bonus* », édictée le 28 juin 1988 sous le pontificat de Jean-Paul II. Un pouvoir qui ne fait pas de bruit mais nomme un tiers des Évêques dans les terres de missions lointaines. C'est la raison pour laquelle de fortes sommes d'argent transitent à travers lui pour être envoyé de par le monde dans la discrétion la plus grande possible.

Deux sujets ne semblent guère susciter un engagement du Saint-Père : celui de la liturgie et celui des négociations avec les Lefèbvristes. S'ils furent des priorités de Benoît XVI cela ne paraît pas être un souci majeur pour le Pape actuel malgré les déclarations de Monseigneur Bernard Fellay, supérieur de la Fraternité sacerdotale Saint-Pie X. « Nous n'avons peut-être pas une vue d'ensemble à l'heure actuelle mais nous en avons suffisamment pour être terrorisés », osa-t-il dire lors d'une conférence le 12 octobre à Kansas City dans le Missouri. À cette occasion, le chef de file des Lefèbvristes est longuement revenu sur l'échec des négociations de la Fraternité Saint-Pie X avec Rome en vue d'un retour dans la pleine communion. Il s'est également félicité de ne pas avoir signé le préambule doctrinal proposé par le Vatican : « Quand on voit ce qui se passe maintenant, nous remercions Dieu d'avoir été préservés de toute forme d'accord l'année dernière. »

Mais, lucide et volontaire, ce Pape ne va pas reculer. Habile, il préfère, par exemple, canoniser le 27 avril 2014 deux papes à la fois ayant marqué l'histoire récente du catholicisme. Deux canonisations, le même jour, au grand dam des Polonais, permettent de freiner le culte de la personnalité. Il s'agit d'honorer à la fois le charismatique Jean-Paul II (1978-2005) et le bon Jean XXIII (1958-1963). Karol Wojtyla marqua la centaine de pays dont il avait baisé le sol avant de porter la bonne parole. Il reste le pape qui contribua à faire chuter le communisme dans les pays du Centre et de l'Est de l'Europe, et Jean XXIII offre le paradoxe d'un Pape conservateur qui convoqua à la surprise générale le concile Vatican II[1] et fit entrer l'Église catholique dans les temps modernes. Au jour de ces canonisations, le Vatican sera de nouveau le centre du monde grâce à la figure de ces deux Souverains Pontifes très populaires et cette cérémonie devrait attirer sur place quelque deux millions de fidèles. Deux saints proposés à la vénération de tous les chrétiens, qui susciteront par la suite des images-souvenir, des lieux de culte et des prières dans tout le monde catholique. Un événement religieux qui fera le tour de la planète et mettra une fois encore en lumière le Pape François. En attendant, il trace sa route et sait qu'au Vatican on est habitué à se soumettre sous le poids des routines.

Bergoglio est porté par cette marée populaire qui ne fait que monter et confère de la légitimité à son action. Il n'en avait guère bénéficié dans ses fonctions de Provincial des Jésuites où on lui reprochait d'être cassant, impatient, trop autoritaire… et il garde une blessure secrète de cette époque, m'a révélé un Jésuite argentin. « Il a changé, conclut-il. Toutefois la question demeure : est-il un vrai réformateur ou le champion de la mise en scène des nécessités du moment ? » Le général de Gaulle disait qu'autour de la Méditerranée la révolution, c'est la parole. À l'inverse pour les Anglo-saxons la parole est

1. En matière disciplinaire, ce concile déboucha sur l'abandon de l'obligation du port de la soutane, du latin et initia le dialogue avec les autres religions.

faite de compromis et ne se clame pas à haute voix. Alors quel sera son modèle ?

Charismatique, talentueux, ayant l'intelligence des situations et une bonne dose d'humour, ce Pape a un côté moine-soldat. Dédié corps et âme à la cause de Dieu, il se confie aux catholiques comme s'il s'adressait individuellement à chacun d'eux. De toute façon, il sait qu'à Rome l'atmosphère est électrique. Les portes grincent mais elles ne claquent pas encore. Être au plus haut de l'affiche et mettre quelques Cardinaux en disgrâce suscite des tensions passionnées. S'engager dans une vocation de religieux, de prêtre, d'Archevêque et de Cardinal ne laisse guère de temps pour s'occuper de sa propre famille. Beaucoup d'observateurs notent au passage que ces mutations successives ont modifié son apparence. À peine élu, son visage s'est adouci, il a changé de lunettes, il est devenu rayonnant, apaisé, visiblement « transfiguré ». Les gens aiment Dieu à travers lui, même si un Jésuite reste toujours enveloppé d'un halo de mystère. Comme le disait François Mitterrand qui s'était rapproché du Seigneur à la fin de sa vie, « la religion n'est ni une logique ni une morale mais une dynamique, et généralement irrationnelle ». Alors qu'ajouter de son humilité ? Il s'agit au contraire d'un sentiment profond chez le Pape François qui s'y réfère constamment. Ainsi ces derniers temps, raconte-t-on volontiers à Rome que recevant en audience un éminent Cardinal très âgé, le Pape martelant le mot humilité, *umiltà* en italien, son visiteur aurait compris l'humidité *umidità*.

6
À la messe privée du Pape François

À cette heure matinale, c'est la Rome des réverbères. La place Saint-Pierre est déserte, tout est noir, le ciel pactise encore avec le Diable. J'ai le cœur battant et le stress est au maximum car, lorsqu'on est invité à la messe privée du Pape, on ne reçoit aucun carton de confirmation pour pénétrer dans ce lieu mythique et encore plus convoité depuis l'élection de Jorge Mario Bergoglio. Son secrétaire particulier vous fait juste savoir qu'il faudra vous présenter à 6 h 30 à l'entrée du Vatican, devant les imposantes grilles toujours fermées. J'ai programmé trois réveils et surtout de ne pas prendre l'ascenseur. En attendant, tout de noir vêtue, d'énervement j'ai filé deux paires de collants. Dans cinquante minutes, il me faudra me présenter au Vatican pour savoir si je suis vraiment sur la fameuse liste du Pape François. J'y ai songé dès le 14 mars, lendemain de l'élection de Jorge Mario Bergoglio ; il aurait été impensable d'être coincée ce matin sur le parcours. Mon appréhension est d'autant plus forte qu'il y a eu des coupures d'électricité cette semaine dans la Ville éternelle. Me voici donc au rendez-vous devant la porte du Perugino, à gauche de Saint-Pierre, pour vivre ce rêve éveillé. Consciente d'être une privilégiée car le Saint-Siège reçoit des centaines de demandes quotidiennes depuis que le Cardinal de Buenos Aires a été choisi par ses pairs. Un gendarme pontifical contrôle mon identité et mon sac, un Garde suisse consulte sa fiche. « *Tutto a posto* », c'est bon. Je vais à pied lentement jusqu'à la Santa Marta où le nouveau Pape a élu domicile, en savourant cette saine marche sur le territoire du Souverain Pontife, quand soudain je croise un jeune prêtre à vélo ! « *Vade retro Mercedes* ». Depuis que le Pape François prône la simplicité, les ambitieux *monsignori* ont compris le message et veillent à imiter ce Souverain Pontife qui, afin de donner l'exemple, se déplace au quotidien dans une petite cylindrée. C'est ce que François appelle la « sobriété évangélique » !

En dehors de la coupole de la basilique Saint-Pierre qui brille dans la nuit, seuls quelques appartements de vaillants prélats sont allumés dès l'aube. Quant au Souverain Pontife, il est debout depuis 4 h 30 comme on l'a dit déjà. Le temps n'est pas galant pour honorer le Christ ! Ici, sauf pour le Pape François qui n'arrive pas à rester immobile et dont le rythme de travail est impressionnant, la vie commence tôt certes, mais ne reprend qu'en milieu d'après-midi. Dans les jardins sublimes, seul le passage d'un camion poubelle blanc, prêté par la Ville de Rome, vient rompre l'harmonie séculaire de ce périmètre enchanteur. J'arrive devant Santa Marta, l'imposant bâtiment moderne où François célèbre la messe chaque matin dans ce qui est devenu sa chapelle privée. Il y a déjà là un de ses anciens élèves argentins, Reinaldo Gervasini et sa femme, venus spécialement depuis Santa Fe, un couple de Boliviens de Cochabamba qui a perdu un fils, un Français, Monseigneur Jordy, Évêque de Saint-Claude, de nombreux prêtres et les membres du tribunal de La Sacra Romana Rota[1] ! En réalité, peu de laïcs et de gens étrangers au Vatican, sauf parfois des croyants anonymes qui ont écrit au Pape pour obtenir cette faveur rare et dont les lettres l'ont ému. Des personnes de conditions diverses partagent ce moment de grâce et, à la fin de la messe, offrent des cadeaux souvent personnels, des portraits du Saint-Père qu'ils ont peints avec amour, des confitures maison, des photos de leurs enfants...

Bien que régulièrement des Argentins soient conviés et que le Pape fasse recevoir au Saint-Siège presque tous les Argentins de passage, « François n'argentinisera pas le Vatican », me confie Monseigneur Sanchez Sorondo, son concitoyen, Chancelier de l'Académie pontificale des Sciences, qui le connaît fort bien[2]. Ses proches ici sont surtout des Latino-Américains qui, épousant son éthique, ont mené avec lui depuis des années ses multiples combats. Car Bergoglio est à sa manière un « trotskiste de Dieu ». Et ceux qui

1. L'un des trois tribunaux de l'Église catholique romaine. Ses bureaux sont situés au palais de la chancellerie apostolique au Vatican.
2. Ce chaleureux Monseigneur est celui vers lequel le Pape dirige ses concitoyens à l'intérieur du Vatican.

comptent le plus aujourd'hui à Rome sont l'Archevêque de Tegucigalpa, Óscar Andrés Rodríguez Maradiaga, l'Archevêque émérite de Santiago du Chili, Francisco Javier Errázuriz Ossa et l'Archevêque émérite de São Paulo, Claudio Hummes.

Chacun est si heureux d'être invité à partager ce moment extraordinaire que tout le monde est en avance. Nous attendons juste en face des quatre fenêtres du Pape, au centre du bâtiment, au-dessus du drapeau jaune et blanc du Vatican. Quand, soudain, une ombre bouge derrière le voilage. Incroyable surprise, cela paraît impossible, pourtant c'est forcément la silhouette du Pape car personne ne pénètre chez lui à cette heure matinale ! Peut-être est-il en train de nous observer ? Qui sait ? La lumière s'éteint.

Le timing est parfait. Un Garde suisse fait un nouveau contrôle, puis nous invite à entrer. Nous marchons presque sur la pointe des pieds. Personne n'ose perturber la quiétude des lieux. Le grand hall de Santa Marta est plus élégant et accueillant qu'auparavant lorsque j'allais interviewer des Cardinaux. Il y a des meubles XVIIIe, des tableaux allégoriques, un portrait de Jean-Paul II, un autre du Pape François et même des orchidées blanches. Le personnel, stylé et discret, est fier de servir le Souverain Pontife. Le calme règne. Nous rejoignons en silence la chapelle, au fond, à gauche de l'entrée. Les prêtres, eux, vont concélébrer avec le Pape. Deux sœurs de Saint-Vincent-de-Paul allument les cierges et vérifient que tout est en ordre. Au Vatican, partout circulent des religieuses mais elles sont si furtives que comme le persil dans la salade de cresson : on ne les voit pas !

Nous nous installons sur cinq rangées de chaises où ont été déposés des missels rouges. Le décor du sol de marbre est géométrique ; les parois de verre, à travers lesquelles on aperçoit l'épais mur d'enceinte de la Cité du Vatican, font office de vitraux. Tous les regards convergent vers la porte de la sacristie. L'atmosphère est fébrile et recueillie. Un doux air d'harmonium réchauffe la pièce. À 7 heures précises, Sa Sainteté se trouve face à nous. On l'a à peine vu entrer. Lui n'a d'yeux que pour la petite croix de bois posée au centre de l'autel de pierre. Ce matin, il n'est plus l'homme le plus populaire de la terre – celui qui, aux JMJ de Rio, était entouré de 3 millions de pèlerins – mais simplement un prêtre s'abandonnant, les yeux mi-clos, à la prière. Quelle émotion de voir à quelques mètres de soi le Pape François en dialogue avec Dieu. Sa voix est basse. Le ton sera plus affirmé lors de l'homélie en italien quand il critiquera « la culture du bien-être, les honneurs » et désignera « la route de Jésus pour la chrétienté, la capacité de porter avec joie et patience les humiliations… afin d'avancer dans la vie ». Il insiste sur « l'humilité extraordinaire de Jésus » dont il est convaincu qu'elle fait partie de son mystère. Les observateurs de la papauté analysent jour après jour le sens de ses homélies. Comme il le dit lui-même : « Je suis le messager, l'écho, un passeur des idées de Dieu. » Des mots dans le droit-fil de sa pensée qui préparent les esprits aux futures réformes qu'appellent bon nombre de Cardinaux non résidents à Rome. À la messe, il a insisté sur la fracture sociale, son premier combat. Cette doctrine est sans doute la clé de sa force intérieure. Il nous parle avec humilité, loin des foules immenses qu'il a impressionnées avant-hier encore lors de l'audience générale du mercredi. Au moment de l'eucharistie, tout le monde communie, même les membres de sa sécurité rapprochée, eux aussi en noir. Le calice et ses habits sont sobres.

À l'issue de l'office, le Pape nous bénit, puis repart. Il va enlever ses parements liturgiques. Quelques instants après, il est là de nouveau, encore plus près de nous. Il s'assied sur un banc, tel un modeste chrétien. Quel contraste avec le Pape conquérant qui fascine le monde entier ! Il prie, seul, immobile, recueilli, tourné vers l'autel, en dialogue intime avec le Seigneur. Après une dizaine de minutes, le Saint-Père sort de la chapelle et rejoint l'atrium pour nous accueillir. Il a ce large sourire désormais connu de toute la planète. On ne se sent plus au Vatican mais vraiment chez lui. Aucun huissier en habit aubergine à col dur et lourde chaîne n'est là pour nous présenter. À la demande de l'Évêque de Rome, le protocole a été allégé. Il sait qui sont ses invités. Son secrétaire reste à l'écart. Un prêtre de son entourage m'invite à rejoindre la file et l'« aide de chambre[1] » me débarrasse de mon grand sac afin que je n'en sois pas encombrée. De même lorsqu'on offre un cadeau au Pape, il est immédiatement mis de côté par lui. C'est la règle. Un chef d'État doit toujours avoir les mains libres[2].

1. Seule survivance pompeuse des postes occupés par de dignes familles laïques.

2. Et au Japon remettre directement ne serait-ce qu'une lettre à l'Empereur du Soleil-Levant relève carrément du sacrilège.

Avec le 265e successeur de Pierre, plus question de plonger en révérence ni de baiser l'anneau pontifical : on s'incline avec respect, en faisant un léger signe de la tête. Je suis néanmoins si émue que j'ai peur de lâcher la bouteille de Châteauneuf-du-Pape que je lui ai apportée, alors je regarde ses pieds. Je suis intriguée à nouveau par ses chaussures noires à lacets, usées au point que le bout semble remonter un peu comme les chaussures des clowns. C'est déjà mon tour... « ¡ *Hola !* Comment allez-vous depuis que vous m'avez interrogé sur les Jésuites dans l'avion qui nous ramenait de Rio ? Où en est votre livre ? » me demande le Pape, affable, avec un grand sourire. « Très Saint-Père, je suis dans les derniers chapitres, mais vous faites chaque jour tant de choses que je vous poursuis, si je puis m'exprimer ainsi, dans mes pages... » Il lève les bras et ajoute : « Je vous crois mais il y a tellement de travail !... Vous savez, le père Madelin, avec lequel vous écrivez, était provincial comme moi... J'imagine que vous consacrez beaucoup de temps à l'écriture car les Jésuites sont exigeants et précis... – En effet, le père Madelin est aussi rigoureux que chaleureux... » Je lui montre la bouteille de vin rouge. « Très Saint-Père, j'ai pensé que vous ne connaissiez pas ce cru de la région d'Avignon, au nom prédestiné. Alors peut-être pourriez-vous le boire à notre santé ! »... Lors de ces moments quasi intimes, l'usage n'est pas d'aborder des sujets de fond mais de répondre à Sa Sainteté avec diplomatie, de même qu'on ne peut ici le photographier. Nous ne sommes pas place Saint-Pierre !

Dans le vaste hall de réception de marbre clair, chaque fois que passe le Pape, le silence se fait plus profond. Les dignes employés attachés à sa personne le voient tous les jours, mais, quand il traverse, m'ont-ils confié, ils ressentent toujours l'honneur de le servir. Ce matin-là, ils ont aussi croisé le rabbin Skorka, grand ami de l'ancien Archevêque de Buenos Aires. Coiffé de sa kippa, il l'attend pour aller prendre son petit déjeuner avec lui. Heureux d'être là, le représentant de la communauté juive est son hôte à Rome car il va participer à une table ronde internationale de la communauté de Sant'Egidio, très engagée dans le dialogue œcuménique. « Sa Sainteté, m'explique-t-il, est toujours attentive aux autres dans les moindres détails. Et comme il contrôle tout, c'est l'un de ses traits de caractère, il s'est assuré que mes aliments soient casher ! » Toutefois, quand je lui tends mon stylo pour qu'il me redonne son mail, il commence à l'inscrire… puis le laisse tout à coup tomber ! « Désolé, on ne peut écrire aujourd'hui, c'est Soukkot[1] ! » Le Pape arrive à cet instant précis. De fait, François prend rarement seul ses repas… D'aucuns autour de lui prétendent qu'au regard de l'Histoire c'est sans doute plus prudent pour un Pape qui a l'ambition de réformer en profondeur le Vatican… Même si pour l'heure, il continue encore de respirer l'air du temps. « Quand les Jésuites arrivent au pouvoir, ils savent s'adapter rapide-

1. Fête de l'Unité du 18 du 25 septembre. Après le Grand Pardon, les Juifs se retrouvent sous les ailes de la protection divine symbolisée par une cabane, en référence à la sortie d'Égypte, au début de l'Exode dans la Bible.

ment ! » m'avait prévenue, dès l'élection de Jorge Mario Bergoglio, le Cardinal jésuite Roberto Tucci.

Après cette parenthèse providentielle, il me faut maintenant redescendre sur Terre. Je quitte Santa Marta émerveillée. Ce Pape latino-américain transmet tant de joie qu'on doit être attentif à la façon dont on lui parle. Spontané, il met en effet si peu de distance apparente avec ses interlocuteurs que l'on se sentirait presque en famille ! Il convient toutefois de respecter cette barrière invisible car on n'est pas le « copain » du Saint-Père, aussi chaleureux soit-il.

Un Pape qui en impose et dégage une telle autorité naturelle qu'on est ébloui par son rayonnement. De plus son enthousiasme est contagieux. Me souvenant que ma chère mère me répétait souvent « L'important dans la vie n'est pas d'être invitée mais d'être réinvitée », je sais que, comme en amour, l'essentiel est de toujours susciter la rencontre suivante. C'est pourquoi, le regardant droit dans les yeux, j'ai osé proposer à Sa Sainteté de lui apporter le premier exemplaire de notre livre dès qu'il sera imprimé. D'autant que mon coauteur est un Jésuite fort respecté. Le Pape a souri. Il est d'accord. C'est bon, je tiens mon prochain rendez-vous ! En chantant, je quitte le Vatican... C'est ainsi que lorsque vous lirez ces pages, un homme les aura lues avant vous : le Pape François.

7

Quand les présidents de la Ve République prennent l'ascenseur du Pape

Cet épisode d'une visite à Rome d'un chef d'État français au Saint-Siège ne peut se comprendre qu'en le replaçant dans le contexte du demi-siècle écoulé. C'est « la simplicité rayonnante du Pape François », comme l'a observé François Hollande, qui attire à Rome tous les chefs d'État, dont lui bien sûr !

Le président actuel a été reçu à sa demande le 24 janvier 2014 par Sa Sainteté dans le cadre des relations classiques de la France et du Saint-Siège[1].

---

1. L'État de la Cité du Vatican est le plus petit État indépendant au monde tant par son nombre d'habitants que par son étendue territoriale (0,44 kilomètres carrés). La juridiction vaticane couvre non seulement le territoire de l'État lui-même mais s'étend également à d'autres quartiers dans Rome et en dehors qui jouissent du droit de l'extraterritorialité. Ses langues officielles sont l'italien, le latin (langue officielle de l'Église catholique et langue juridique du Vatican). Le français est la langue diplomatique et l'allemand celle de l'armée du Vatican, la Garde suisse. La monnaie est l'euro.

L'audience a eu lieu dans la magnifique bibliothèque que l'on atteint en traversant les appartements solennels du deuxième étage du Palais apostolique, à deux pas des Loges de Raphaël. Décor grandiose et intimidant qui décourage par avance toute familiarité. De fait, le Pape a accueilli son hôte d'une froide poignée de main, en prenant son air sévère des grands jours. Le président « normal » ne semblait lui-même pas très à l'aise, au point d'oublier les usages élémentaires et de s'asseoir avant le Souverain Pontife pour leur entretien en tête à tête. Tout se déroula cependant comme prévu par le protocole, immuable. Depuis l'arrivée de François Hollande, salué en grande pompe et accompagné par les gentilshommes de Sa Sainteté portant sur leur frac noir une double chaîne d'or ornée des clefs de saint Pierre entrecroisées et des armoiries pontificales surmontées des lettres GSS jusqu'au traditionnel échange de présents. En l'occurrence, le président français a donné un ouvrage modeste sur saint François d'Assise, publié chez Pion en 1927, illustré par le peintre Boutet de Monvel. Exactement le genre de livre que l'on recevait comme prix d'excellence dans les bonnes institutions catholiques entre les deux guerres[1]. On est loin des cadeaux précieux offerts par le général de Gaulle au Pape Paul VI – une rarissime lettre autographe de sainte Thérèse d'Avila – et par Jacques Chirac au Pape Jean-Paul II –

1. Lorsque le 6 mai 2013 le président de la confédération helvétique Ueli Maurer a été reçu en audience privée par le Pape, il lui a offert le célèbre couteau suisse rouge frappé des emblèmes du pays.

un manuscrit de Bossuet. Quant à l'entretien proprement dit, il se déroula en tête à tête en présence d'un interprète et ne dura que trente-cinq minutes car le recours à un traducteur diminue d'un tiers la durée des échanges. Une vieille et sage tradition veut qu'on ne révèle pas le contenu d'une conversation avec le vicaire du Christ. Toutefois on peut deviner que lors d'une visite d'État à État, donc laïque, le face-à-face avec un chef de gouvernement ne porte pas sur des affaires privées. Le Pape ne les reçoit pas pour leur distribuer des images pieuses, des certificats de bonne conduite ou des conseils sur les questions personnelles ! On sait toutefois quelle place ceux-ci accordent à cette audience. Le Vatican est l'une des rares entités souveraine à avoir une présence dans presque tous les pays du monde. Par ailleurs, la diplomatie vaticane est depuis des lustres objet de fascination, voire de fantasmes. Elle resterait encore en partie secrète, à l'ombre des cathédrales et des archevêchés… À l'issue de sa visite au Vatican, le chef de l'État français a cependant levé le voile sur son audience privée en adressant à la presse une assez longue déclaration dont il résulte que les deux hommes auraient traité de la situation de l'Afrique et du Proche-Orient, de la conférence de Paris 2015 sur le climat, de la condition des réfugiés, de la mondialisation, de la liberté religieuse et de la laïcité en France. D'aucuns, habitués à ces déclarations officielles, sourient. Que de questions en effet miraculeusement évoquées en une bonne demi-heure ! Même si une visite au Vatican a un écho international, il ne faut quand même pas prendre les enfants du bon Dieu pour… Mais peu importe, puisque, à l'ombre de Saint-Pierre, il n'y a qu'une icône : le Souverain Pontife, et qu'aucun sujet anecdotique ou secondaire ne doit venir troubler la stature de l'homme en blanc. Il n'en reste pas moins que presque tous les quotidiens italiens ont lors de la visite titré sur les démêlés sentimentaux de notre président qui est arrivé plutôt nerveux. Embarrassé de surcroît d'avoir à marcher filmé en direct par la télévision derrière ces nobles accompagnateurs, héritiers des camériers laïcs de cap et d'épée de la cour des papes du XVIe siècle. Pas vraiment la simplicité citoyenne !

Si, pour lui, ancien élève des Frères des écoles chrétiennes[1], comme François Mitterrand[2], Rome ne vaut plus une messe, cela valait néanmoins le déplacement, surtout deux mois avant la visite de Barack Obama[3], président américain à la tête d'une nation comptant 23 % de catholiques, et de précéder également la reine Élisabeth II qui sera à Rome le 3 avril prochain. Une fierté et une « utilité » pour Hollande. En effet car lors de sa conférence de presse à l'Élysée le 14 janvier 2014, quand je lui ai posé la question : « Vous allez être reçu par le Pape François tout prochainement, et ce dans un climat à plusieurs égards difficile, c'est vous qui avez sollicité cette audience puisqu'on n'est jamais invité chez le Pape. Quel est le sens de cette visite ? », il a répondu : « Le pape peut être utile sur beaucoup de sujets. » Dont pour un Pape la paix qui reste un engage-

1. Jean-Baptiste-de-La-Salle à Rouen.
2. Collège Saint-Paul à Angoulême.
3. Qui sera reçu le 27 mars 2014.

ment de tous les jours ! De fait, notre très laïc président, peu en odeur de sainteté dans divers milieux catholiques, même de gauche, n'est pas mécontent malgré cela d'être le quatrième dirigeant du G8 à avoir été l'hôte de l'Évêque de Rome au Saint-Siège, où cent quatre-vingts pays sont représentés. Invité à son tour, comme cela se fait traditionnellement, à se rendre en France, le Souverain Pontife a gardé un silence de circonstance. Aucune visite du Pape d'après la secrétairerie d'État n'est pour l'heure prévue. Même si le Saint-Père travaille à une encyclique sur l'écologie, il serait étonnant qu'il se rende en 2015 à la conférence sur le climat dans la capitale française.

Mais rappelons quelques faits d'histoire. Comme successeur des rois de France, le président de la République est Chanoine d'honneur de Saint-Jean-de-Latran. Privilège remontant à 1603 et qui vient récompenser les immenses générosités du roi Henri IV en faveur de cette église. Le voici donc désormais Chanoine d'une église de Rome dont le Pape est comme Évêque de Rome le titulaire. Ce grandiose édifice antique, redécoré à l'époque baroque par l'architecte Francesco Borromini porte sur son fronton l'inscription en latin *Omnium Urbis et Orbis Ecclasarium Mater et Caput*, « Mère et tête de toutes les églises de la ville et du monde ». Depuis le début de la Ve République, discrètement, les présidents Charles de Gaulle, Valéry Giscard d'Estaing, Jacques Chirac et Nicolas Sarkozy ont pris ou fait prendre possession par leur ambassadeur de leur stalle. Georges Pompidou et François Mitterrand avaient quant à eux par missive accepté ce titre très ancien. Cinq présidents de la Ve République sur six sont allés au Vatican avant François Hollande. Seul Georges Pompidou, dont le mandat fut écourté par la maladie, ne trouva pas le temps de s'y rendre en visite officielle, bien qu'il en eût le désir. Mais son ami intime, René Brouillet, alors ambassadeur près le Saint-Siège, le tenait directement informé des questions touchant l'Église universelle. Charles de Gaulle et Jacques Chirac uniquement ont été reçus en visite d'État, marquant alors avec grandeur les liens particuliers d'un vieux pays avec la Rome catholique. Imposant cérémonial exclusivement réservé de nos jours au président de la République italienne. L'un comme l'autre français arboraient le collier de l'Ordre suprême du Christ et celui de Grand Maître de la Légion d'honneur. Animé d'une foi inébranlable, le général de Gaulle effectua au Vatican trois mémorables visites. La première en juin 1944 pour s'entretenir avec Pie XII quelques semaines à peine après avoir posé de nouveau le pied sur le sol de France. La deuxième en juin 1959 pour saluer le Pape Jean XXIII qu'il avait accueilli en France comme nonce le 1er janvier 1945 et qui venait de lancer la grande aventure du concile de Vatican II. La troisième en 1964 pour réaffirmer devant Paul VI, le plus francophile de tous les papes du XXe siècle, l'hommage et l'amitié de la France.

Mais attardons-nous quelque peu sur la visite de ce lundi 27 juin 1959, afin de souligner le changement en un demi-siècle dans un protocole naguère si flamboyant des visites officielles au Saint-Siège.

Un cortège de dix voitures noires du Vatican vient chercher le Général et Mme de Gaulle villa Bonaparte, siège de l'ambassade de France. La leur arbore deux pavillons, le blanc et jaune, et le tricolore frappé de la croix de Lorraine. Arrivés devant la majestueuse basilique Saint-Pierre dans l'alignement des extrémités de la colonne du Bernin, les *carabinieri* motorisés de l'escorte ralentissent : là finit le territoire italien et commence l'État de la Cité du Vatican. Une frontière réelle mais virtuelle puisque matérialisée par rien. Un détachement des troupes pontificales ayant rendu les honneurs, ils pénètrent sur la place entièrement dégagée, contournent l'obélisque central pour s'engager sous l'arc des cloches au-dessous duquel sont suspendus le carillon et le *campanone*, le bourdon de Saint-Pierre, avant d'entrer dans la cour Saint-Damase. La voiture présidentielle s'arrête devant l'escalier d'honneur. Escorté des très aristocratiques cérémoniers et du majordome de Sa Sainteté Jean XXIII, le Général en uniforme militaire passe en revue la compagnie de la Garde palatine qui joue *La Marseillaise*. Les dignes Gardes suisses saluent de leur hallebarde. Le maître de chambre, Monseigneur Nasalli Rocca di Corneliano précède l'homme du 18 Juin et sa suite, leur fait traverser une succession de salles éblouissantes jusqu'à celle du trône. Là, le Pape souriant, en mosette rouge bordée d'hermine sur sa soutane blanche, reçoit le chef de l'État français qui s'incline avec déférence. Le Souverain Pontife prend place sous un baldaquin à gauche du président de la République, les portes se ferment pour un long entretien privé. Après cela, le maître de chambre introduit auprès d'eux Yvonne de Gaulle et sa suite qui lui seront présentés selon l'ordre protocolaire ; tous recevront alors des médailles à l'effigie du Pape et des chapelets bénits. Mais ce qui est écrit dans les manuels scolaires depuis cette journée marquante est l'émouvante réponse au Pape Jean XXIII du général de Gaulle, fort recueilli après avoir reçu la bénédiction du Saint-Père. « Nous déposons au nom de la France nos respects aux pieds de Sa Sainteté et nous lui demandons dans la tâche difficile qui est celle du président de la République française, de la communauté, de son gouvernement et des autorités françaises son bienveillant appui. C'est cela que je tenais à dire en formant les vœux les plus ardents pour la santé du très Saint-Père, la prospérité et la gloire de notre Église catholique. »

À l'issue de cette visite d'État historique et après avoir retraversé la cour Saint-Damase, emprunté l'escalier royal et l'atrium où resplendit la mosaïque de Giotto, le Général et Mme de Gaulle avec leur suite vont prier dans la basilique Saint-Pierre. C'était un temps où la laïcité se déclinait autrement dans les chaumières de nos provinces !

Après les deux déplacements officiels que fit à Rome le général de Gaulle en tant que président[1], la visite suivante d'un président de la République française fut celle qu'effectua en 1975 Valéry Giscard d'Estaing à Paul VI, annoncée en théorie sous d'heureux auspices. Les pèlerins affluaient à Rome où l'on y célébrait l'Année sainte. Le président français, catholique pratiquant, était

1. En 1959 et en 1964.

nimbé de l'aura de la jeunesse et du succès. Tout se passa assez mal cependant, bien que Valéry Giscard d'Estaing fut accueilli avec les honneurs et la pompe qui entouraient encore au Vatican ce genre de visite du plus haut niveau. Selon la règle, Paul VI s'entretint en tête à tête et longuement avec le chef de l'État. Mais le face-à-face fut en réalité pénible car le Pape se disait affligé que la loi Veil sur l'IVG ait été récemment votée par le Parlement français. Il exprima ses griefs sur ce qu'il qualifiait de « loi trop permissive sur l'avortement » sans cacher sa déception et sa peine pour un choix « aussi contraire à la doctrine de l'Église catholique ». Le nouveau président n'imaginait guère que le Pape puisse être si sévère à son endroit sur un sujet difficilement contournable à ses yeux dans la France de l'après Mai 68. Les apparences furent à peine sauvées, car, après cet entretien délicat, une mise au point de la salle de presse du Saint-Siège formula sur un ton sec une réponse au communiqué lénifiant qu'avait fait publier imprudemment la présidence de la République française. En réalité, quelque chose venait de se fêler entre le Saint-Siège et la France. Paul VI, porté sans doute par sa profonde admiration pour notre pays, s'était senti « trompé » et le fit sentir. Il s'exprima sans état d'âme en des termes peu indulgents. Après cet épisode désagréable, aucun Pape lors d'un entretien avec un président français ne se risquera à traiter ainsi ce genre de sujet trop diviseur.

La visite officielle que François Mitterrand accomplit auprès du Pape Jean-Paul II en 1982, un an à peine après son élection, fut paradoxalement moins difficile. Elle se déroula même de façon jugée satisfaisante de part et d'autre. Il est vrai que le président français, pétri de culture, passionné par l'Italie, fin stratège et fasciné par le « temps long », qui est par excellence le temps de l'Église, nourrissait un intérêt personnel réel pour les questions religieuses, comme l'illustrera beaucoup plus tard sa volonté de recevoir des obsèques chrétiennes. Un entretien avec Karol Wojtyla se situait pour l'ancien premier secrétaire du parti socialiste bien au-delà des contingences de la vie politique, même si le Saint-Père prit soin de lui exprimer ses craintes sur l'avenir de notre école catholique. Sous ses deux septennats[1], François Mitterrand eut l'occasion d'accueillir à diverses reprises Jean-Paul II sur le sol français, et il le fit chaque fois avec la plus grande déférence. Lorsque le Pape lui offrait des médailles et chapelets à ses armoiries, François Mitterrand murmurait cependant : « Je les prends pour mes proches. »

Élu président de la République, Jacques Chirac ne tarda pas à souhaiter lui aussi être invité par le Souverain Pontife. Une visite eut lieu dès 1996, mais elle prit d'emblée une tournure fort différente de celles qu'avaient effectuées ses deux immédiats prédécesseurs Valéry Giscard d'Estaing et François Mitterrand. Jacques Chirac en effet était presque familier du Vatican ainsi que son épouse Bernadette, une catholique pratiquante qui admirait beaucoup Jean-Paul II ; il s'y était déjà rendu comme maire de Paris, ville jumelée avec Rome, accompagné de son épouse. En cette qualité, il avait été reçu par le Pape

1. Du 21 mai 1981 au 17 mai 1995.

Paul VI puis par le Pape Jean-Paul II : l'un et l'autre étaient parfaitement au fait de ses engagements politiques, des convictions qui soutenaient son action et des gestes bienveillants qu'il avait multipliés quoique discrètement depuis des années à l'égard de l'Église catholique à Paris et ailleurs ; on n'ignorait pas qu'il avait œuvré aussi en faveur de la Pologne pendant la dictature communiste, en particulier lors du coup d'État de Jaruzelski en septembre 1981. À la surprise de l'Élysée, Jean-Paul II avait même accepté d'être reçu à l'Hôtel de Ville de Paris en 1980. Bref, le contact passait entre Jacques Chirac et le Saint-Siège, et sa visite officielle au Vatican en janvier 1996[1] revêtit un lustre qui n'était comparable qu'à celui des deux lointaines visites du général de Gaulle.

La venue du président Sarkozy au Vatican a marqué également les esprits, mais pour de tout autres raisons. À la différence de Jacques Chirac, Nicolas Sarkozy n'avait pas ses habitudes, au Vatican, même s'il n'avait jamais mis sa foi catholique « dans sa poche », lui qui fut élève des prêtres diocésains du cours Saint-Louis-de-Monceau. Ses gestes, ses déclarations allaient donc être suivis avec curiosité. Si des observateurs furent étonnés du comportement d'un président français portant une chemise bleu ciel contraire aux usages du lieu et échangeant des SMS lors de la présentation de sa suite au Pape Benoît XVI, on nota surtout des déclarations abruptes mais courageuses du président de la

1. Bernadette Chirac a toujours été très impliquée dans ces visites tant au Vatican qu'en France.

République en faveur d'une nouvelle forme de laïcité « positive ». Tout en veillant à la liberté de penser, à celle de croire et de ne pas croire, il ne considérait pas les religions comme un danger mais plutôt comme un atout. Les Français furent stupéfaits d'entendre leur président expliquer que dans la transmission des valeurs et dans l'apprentissage de la différence entre le bien et le mal, l'instituteur ne pourra jamais remplacer le pasteur ou le curé. Cela provoquera en France un tollé au sein de la gauche et pas mal d'incompréhension dans les rangs de sa propre majorité.

Cette première visite laissa donc aux uns et aux autres une impression mitigée. Toutefois, le Pape Benoît XVI ne pouvait cacher une certaine admiration pour ce président sans grands usages mais au caractère ferme. Lui qui n'avait pas permis le vote du mariage entre personnes du même sexe en France au cœur d'une Europe où beaucoup de pays, dont notamment l'Espagne conservatrice, avaient agi en sens inverse, eux qui ne remettaient pas en cause les « racines chrétiennes de l'Europe ». Le président Sarkozy rendit de nouveau visite au Pape Benoît XVI en 2010, il est rare en effet pour un chef d'État d'être reçu deux fois à trois années de distance. Il s'abstint la seconde fois de toute déclaration prêtant à controverse mais alla beaucoup plus loin que ses prédécesseurs dans les gestes symboliques en assistant dans la chapelle Sainte-Pétronille de la basilique Saint-Pierre à une prière pour la France. Aucun président français n'avait jamais participé à cette cérémonie dédiée à une Vierge martyre des premiers temps du christianisme ayant fait l'objet d'un culte particulier sous la monarchie française. L'opinion retint finalement de cette visite, au lendemain de bruyantes déclarations anti-européennes de sa part contre les Roms, que l'Église restait ferme dans la défense des immigrés et se démarquait sur ce sujet ultrasensible des positions des autorités françaises.

Comment d'ailleurs ne pas rappeler dans ce contexte la vibrante apostrophe par laquelle Jean-Paul II entama le premier de ses huit voyages dans notre pays : « France, qu'as-tu fait des promesses de ton baptême ? »

Ces chemins de traverse que nous venons d'emprunter étaient nécessaires pour mesurer les nombreux changements apparus en un demi-siècle tant au Vatican qu'au sein de l'Église catholique dans une France laïque. Les divers acteurs politiques et religieux de ce chapitre en sont la preuve, mais il est encore difficile, après la visite de François Hollande, de déchiffrer comment le Pape François se situera dans cet héritage et quelle sera son empreinte personnelle.

8

Le Pape François : la révolution tranquille

Depuis maintenant une année un nouveau Pape a pris les commandes de l'Église catholique. Ses succès démontrent au fil des mois qu'il a réussi à remettre celle-ci en mouvement. Les opinions divergent : certains voient en ce Souverain Pontife argentin un réformiste ; d'autres le décrivent comme un « révolutionnaire tranquille », et s'ils avaient raison ? Puisque « La révolution tranquille » était avant Noël le titre en une de *L'Osservatore Romano*, qui, fait rare, reproduisait la couverture de *Time Magazine* avec le portrait de Jorge Mario Bergoglio. La rédaction du célèbre hebdomadaire américain venait en effet de choisir le Pape François comme la « personnalité de l'année 2013 » « pour avoir changé le ton, la perception et l'approche de l'Église catholique ». Une salve de compliments qui explique la décision de Giovanni Maria Vian, directeur du quotidien du Vatican, de placer l'événement en première page de son journal. Un joli cadeau d'anniversaire, décerné au nouvel Évêque de

Rome, quelques jours avant ses 77 ans, et qui salue son irruption fracassante dans le club des personnages les plus médiatiques de la planète. Si l'on se rappelle qu'en 1927 Charles Lindbergh fut le premier récipiendaire de ce prix après avoir réussi à traverser l'Atlantique en avion, comment ne pas noter qu'à neuf décennies d'intervalle ces deux « hommes de l'année » ont en commun d'avoir les pieds sur terre et la tête dans le ciel ! « Il est rare toutefois qu'un nouvel acteur de la scène mondiale suscite aussi vite une telle attention, que ce soit parmi les jeunes ou les plus âgés, les croyants ou les sceptiques. » C'est ce qu'a expliqué la rédactrice en chef de *Time*, Nancy Gibbs, sur la chaîne de télévision américaine NBC.

De fait, le Pape François est le troisième Souverain Pontife, depuis 1927, à être distingué de cette façon par l'hebdomadaire américain. Après Jean XXIII, qui avait voulu le Concile de Vatican II, et Jean-Paul II, honoré pour avoir largement contribué à la chute de l'empire soviétique. Déjà considéré en octobre 2013 « quatrième personnalité la plus puissante au monde » par le magazine *Forbes*, juste derrière les Présidents russe, américain et chinois, le Souverain Pontife a depuis été largement salué par la presse outre-Atlantique. Aussi bien par la revue phare de la communauté homosexuelle américaine *The Advocate*, avec cette phrase en une à côté de son portrait (« Qui suis-je pour juger ? ») que par deux autres magazines américains. *Esquire*, qui l'a élu « l'homme le mieux habillé en 2013 (« ses choix vestimentaires ont subtilement annoncé une nouvelle ère de l'Église catholique »), et *Rol-*

ling Stone, bimensuel branché de pop culture. Par ailleurs, une étude du site Internet d'information catholique *Aleteia* a révélé dernièrement que le Pape François était la personnalité politique la plus recherchée sur Google (17 373 300 fois) et la plus citée sur la toile (plus de 49 millions de fois). Une popularité que, de nos jours, seuls le boys band britannique One Direction[1] et le chanteur canadien Justin Bieber[2], idoles des adolescents, parviennent à dépasser. Véritable consécration donc pour le 265e successeur de Pierre qui est d'abord traité notamment chez nous comme un sujet de grand reportage. Si dynamique qu'il peut en France se trouver deux fois dans le même journal télévisé de 20 heures sur TF1[3], au début et à la fin, et le lendemain dans *Télématin* sur France 2[4]. Un Pape qui éblouit les médias, bénit Internet qu'il qualifie de « don de Dieu », et dont la popularité s'étend jusqu'aux pays les plus inattendus puisque, par exemple, *Le Quotidien du peuple*, principal organe de presse gouvernemental chinois, lui consacre des articles presque chaque jour. Enfin, dans un autre domaine, il est en tête des ventes de santons de Naples, où c'est devenu une tradition des artisans locaux de fabriquer des figurines liées à l'actualité. Un Pape non dépourvu d'humour car lorsqu'ils lui en ont fait l'hommage, il aurait déclaré : « Vous m'avez fait plus mince que je ne suis ! »

1. 78 millions.
2. 53 millions.
3. Le dimanche 12 janvier 2014 avec Claire Chazal.
4. Le lundi 13 janvier 2014 avec William Leymergie.

Cette « papamania », dont le chef de l'Église catholique est parfaitement conscient, l'a poussé le 23 janvier, veille de la Saint-François-de-Sales, patron des journalistes, à dénoncer dans un message « la vitesse de l'information ». Une mise en garde pour nous inciter à bien communiquer.

Mais qui est donc cet inimitable et indomptable Latino-Américain, que même les vaticanistes, derniers journalistes à porter une cravate, ont en réalité du mal à analyser ? Peut-il être défini comme un robuste curé altermondialiste ? Une sorte de Superman, ainsi que le représente un récent graffiti dessiné sur un mur romain ? Un jésuite aux manières franciscaines ? Un intellectuel masqué derrière un homme d'action ? Un politique qui impressionne aussi bien Angela Merkel, fille de pasteur, avouant être une « fan », que Barack Obama ? Sans doute une subtile et complexe alchimie de tout cela. On s'en persuade lorsqu'on a déjà eu comme moi la chance de l'approcher plusieurs fois. Lui, seul Cardinal au regard sombre sur la photo du trombinoscope qui regroupe les cent quinze votants du dernier conclave, peut selon les circonstances changer de visage, devenant en quelques instants lumineux puis ombrageux. Être lui-même, à la différence de tous ces comédiens et hommes politiques qui ne savent plus jouer leur propre rôle. Parfois boudeur lorsqu'il est contrarié, voire secrètement mélancolique, puis souriant dès que cela se passe selon sa volonté, comme au Théâtre municipal de Rio en juillet 2013 lors des Journées mondiales de la jeunesse. Arrivé irrité, il s'est déridé quand les petits rats de l'Opéra sont venus lui tendre les bras pour l'embrasser. Il n'était pas de bonne humeur non plus lorsqu'il a présidé sa première grand-messe de Noël 2013 dans la basilique Saint-Pierre sous le baldaquin du Bernin, devant quelque quatre-vingts Cardinaux et Évêques, ainsi que le Tout-Vatican. Une solennité et un apparat étouffants, trop de myrrhe et d'encens, pensait-il, lui qui jusqu'en 2012 à Buenos Aires confiait le soin de cette eucharistie à son vicaire général afin de pouvoir passer la nativité au milieu de Porteños défavorisés… D'ailleurs, cette nuit-là, pour marquer sa désapprobation, il ne salua personne et évolua en fronçant les sourcils, l'air sévère absorbé durant cette longue cérémonie, dont l'homélie fut concise, sans formules choc ni allusions à l'actualité ou à un sujet de société. Le Pape ne voulait pas briller d'autant qu'il avait fait envoyer un tweet déclarant : « Noël est une fête souvent bruyante, cela nous fera du bien de rester un peu en silence pour écouter la voix de l'amour. »

Anticonformiste, Jorge Mario Bergoglio sait aussi embrasser, étreindre ; il paraît généralement heureux de la présence de femmes, un peu moins quand il doit recevoir celles qui appartiennent à une certaine aristocratie. Ce monde conventionnel ne l'intéresse guère, comme il l'a montré encore récemment, recevant en décembre dernier Camilla de Bourbon des Deux Siciles, duchesse de Castro, épouse de l'héritier de cette maison royale. Ce matin-là, le visage fermé, il avait tendu une main distraite à la noble princesse et donnait l'impression que cette audience de pure courtoisie pendant laquelle il consultait furtivement sa montre Swatch était une perte de temps. C'est dans ce genre de circonstance que l'on peut deviner son impatience voire son mauvais caractère. Toutefois, depuis qu'il occupe le siège de Pierre, on préfère qualifier avec respect son tempérament de rugueux et versatile ! Dur avec lui-même, il l'est avec les autres, aussi charmeur qu'intraitable. « Direct dans ses méthodes », précise Philippe Barbarin, Primat des Gaules. Comme certains jésuites, il tranche sans s'encombrer de vocabulaire clérical, s'attarde avec les faibles et s'impatiente avec les puissants. D'ailleurs, confie-t-il à ses proches, « le soir je vais prier pour faire pénitence de ma vie ».

Cet activisme tout terrain de l'aube au crépuscule est-il dangereux pour sa sécurité ? Comme me l'a expliqué un responsable de la Gendarmerie vaticane, « il y a peu de chance qu'un membre de la mafia ou un extrémiste incontrôlable porte physiquement atteinte à sa personne. En revanche, puisqu'il passe chaque mercredi après l'audience générale une bonne heure et demie au milieu des pèlerins, il n'est donc pas à l'abri d'un déséquilibré ou d'un kamikaze caché dans la foule qui se jetterait sur lui, comme ce fut le cas pour Jean-Paul II à Fatima en mai 1982[1] ». D'ailleurs, explique le Pape, fataliste, « le Seigneur veille. Créer un espace de blindage entre l'Évêque et le peuple est une folie ! Entre deux folies, je préfère celle d'aller dehors parce que la proximité fait du bien à tout le monde » ; il est clair qu'il ne veut rien se laisser dicter, pas plus sa politique que les normes de sécurité.

1. Un prêtre intégriste espagnol Juan Maria Jesus Fernandez Krohn avait tenté d'assassiner Jean-Paul II avec une baïonnette.

En une année à peine, ce Souverain Pontife a imposé un style bien à lui. Ses intonations, son discours souvent provocateur lui donnent parfois des accents de Beppe Grillo, l'acteur démagogue et populiste dont le Mouvement 5 étoiles est devenu l'une des premières forces militantes d'Italie. Pape aussi politique qu'autoritariste, il sait que le pouvoir doit se prendre tout de suite et exige un contrôle de tous les instants. Doté d'un véritable talent pour mettre en scène ses messages et chacune de ses actions, celui qui caresse les foules et gomme à sa manière les hiérarchies a l'art de réinventer au fil des semaines sa fonction. Selon un nouveau rythme et avec une vision très personnelle de se distinguer, c'est néanmoins un souverain qui, comme l'indique le titre de notre ouvrage, dit ce qu'il va faire et fait ce qu'il a dit.

Membre d'un ordre religieux missionnaire important, rayonnant depuis XVIe siècle aux quatre coins de la Terre, jésuite aux réflexes de franciscain, scrutant inlassablement les mystères de la foi, il rappelle souvent son engagement pour une Église d'en bas avec son long catalogue de détresse. Attaché à sa sobre croix d'Évêque sur laquelle est ciselé un berger entouré de ses brebis, le Pasteur de l'Église catholique a préféré dès les premiers jours privilégier les agneaux les plus fragiles du troupeau. C'est pour lui une façon de la faire évoluer pacifiquement plutôt que de la révolutionner ; d'être une forme de conscience morale universelle ; d'imposer sa voix en traçant sa voie. Il suscite une sorte de fascination « transgénérationnelle » auprès des chrétiens bien sûr, même non catholiques. Mais aussi dans les milieux qui peu à peu ont déserté les églises et les temples, voire auprès de certains athées. Son audace est d'aborder de façon directe et avec un réel sens de la repartie des thèmes dans l'air du temps : idolâtrie de l'argent, dérives du capitalisme, mondialisation de l'indifférence. Sans oublier les risques écologiques. Il faut préserver la planète puisque selon lui : « Dieu pardonne toujours, les hommes parfois, la nature jamais quand on ne prend pas soin d'elle. » Parce qu'il ne veut pas être prisonnier de la bureaucratie romaine et de sa pesante atmosphère, il sait donner des signes rassurants « aux siens ». Utilisant une procédure d'exception, soit un simple décret, il a canonisé le 17 décembre 2013, jour de son soixante-dixième anniversaire, Pierre Favre, cofondateur français de la Compagnie de Jésus. Et devant quelque trois cent cinquante membres de son Ordre, il a célébré le 3 janvier suivant, les épaules recouvertes d'une chasuble marquée du monogramme des Jésuites IHS et où figurait un verset de l'Évangile « *Vocatum est nomen ejus Jesus* ["Il fut nommé Jésus"] », une messe dans l'Église du Gesù à Rome. Après avoir, par déférence, demandé au Préposé général des Jésuites de fixer la date car le père Adolfo Nicolás, visitant ses communautés à travers le monde, est souvent loin de Rome. Autre trait de caractère que souligne le père Lombardi : « La parole est au service de ses ambitions, attitude typiquement jésuite car la pédagogie est fondamentale pour accompagner l'action et passe par les mots. » Ses formules à l'emporte-pièce qui viennent en appui de son action s'enchaînant à vive allure sont pain bénit pour les journalistes et entretiennent un feuilleton quotidien dont ils ne veulent rater aucun épisode. Dans un genre différent tout aussi chaleureux que celui employé par un Jean-Paul II au tempérament d'acteur, le nouveau Pape imprégné de christianisme social écrit sa propre histoire au présent. Enfin, comme naguère le général de Gaulle[1], il invente ses mots dans une traduction-adaptation hispano-latine qu'on appelle désormais chez les Italiens, avec une pointe d'ironie, des « bergoglismes ». Ses paroles originales, son recours fréquent à des termes imagés déconcertent les traducteurs.

En veut-on des exemples ? « Balconer » : tourner à vide, « miserecordier » : laisse-toi pardonner sont du pur Bergoglio dans le texte ! Sans compter son chapelet de métaphores que tentent maintenant d'imiter des responsables politiques de tous bords : « L'amour n'est pas un feuilleton télévisé », « Saint Pierre n'avait pas de compte en banque », ou plus émouvant : « On a besoin de se souvenir des morts pour s'étonner encore de la vie »...

Ses méthodes diffèrent-elles de celles de ses prédécesseurs, surtout de Jean XXIII figure sympathique mais en réalité aussi débonnaire que volontaire puisqu'il a été avec Vatican I à l'origine de la réforme de l'Église de Rome, ou de Jean-Paul II qui a fait entrer l'Église dans l'ère médiatique et a joué un rôle clé dans la chute du communisme ? Le Vicaire du Christ incarne-t-il une rupture ? Si nous ne sommes pas devant la fresque du *Jugement dernier* de Michel-Ange,

1. Le « quarteron de généraux en retraite » en est un des nombreux exemples.

nous assistons cependant à de vastes changements conduisant à une autre manière d'exercer l'autorité pontificale et ceci à travers un langage plus suggestif et corrosif. L'accompagnement des questions des fidèles plutôt que des condamnations sommaires. Davantage de tolérance doublée d'une sorte d'hymne à la joie... Si le Pape est directif, son Église l'est moins, presque désinhibée, elle respire certainement mieux. Plus « intégrateur » qu'« excluant », bousculant les codes, François se moque aussi volontiers de son administration figée qui, à ses yeux, multiplie « les péages », « les droits de douane »... Il semble obnubilé par les risques de mondanité et de carriérisme et préfère déjeuner avec des amis de passage ou souffler les soixante-dix-sept bougies d'anniversaire d'un gigantesque gâteau en compagnie d'enfants soignés dans le dispensaire de Sainte-Marthe[1] qu'avec un digne aréopage de *Monsignori* car au fond les compliments le mettent mal à l'aise. Il dénonce ces derniers sans indulgence quand il évoque les trop pâles prélats de la Curie ; ils sont pour lui des moutons noirs qui auraient tendance à rester calfeutrés dans leurs « bergerie » plutôt que d'aller vers les « périphéries ». Il leur rappelle que « le confessionnal n'est pas une salle de torture » et leur donne l'exemple des prêtres de son diocèse de Buenos Aires confrontés tout le long de l'année à la délinquance, à la drogue, à la violence... et qui eux partagent sur le terrain la vie des gens. À force de répéter cela, d'instruire un procès en règle contre la puissance de l'économie libérale qui

1. Dans l'enceinte du Vatican.

« tue », de provoquer un séisme sur tous les fronts, de conventionnels Cardinaux et une frange importante du clergé américain voient en Bergoglio un Pape trop marqué à gauche, socialiste, soupçonné même d'être marxiste. D'où de saines et récentes précisions du père Lombardi. « Il est impossible de donner au Pape François une étiquette de droite ou de gauche. L'Évangile échappe à ces classifications. Certes, Jésus avait une préférence pour les pauvres et cette image forte incite les croyants à ne pas rester indifférents aux victimes d'un système inhumain. Ce n'est qu'à travers la fraternité et la solidarité que nous pourrons changer ce qui ne marche pas dans notre monde et notre société. » Cela n'empêche pas certaines « robes rouges » de faire de la résistance. Elles se sentent soudain moins protégées par leur hiérarchie et leur administration poussiéreuse, en passe de devenir plus pastorale que juridique. Elles sont même désorientées d'être invitées parfois à s'exprimer sans réserve, elles d'ordinaire si prudentes et habituées à conjuguer prudence et diplomatie. Néanmoins d'autres Cardinaux, notamment certains étrangers, jusque-là souvent tenus à distance par le milieu des Éminences italiennes, maintenant davantage pris en considération, jouissent d'une plus grande écoute dans cette atmosphère de changement. Le Pape vient de plus de créer dix-neuf nouveaux Cardinaux, dont seize électeurs, provenant surtout du Nouveau Monde. Quelques prélats aux manières feutrées auraient-ils du mal à cerner ce Pape déroutant par sa complexité et sa simplicité qui brouille leurs repères ? Lequel a voulu cette année pour lui-même et la Curie une forme de « dépouillement » spirituel par une retraite en début de Carême prêchée exceptionnellement à l'extérieur de Rome par Monseigneur Angelo De Donatis, prêtre du diocèse de Rome. Il a envoyé par ailleurs un de ses proches, Monseigneur Konrad Krajewski, célébrer dans la chapelle de l'Université pontificale urbanienne de dignes obsèques pour un sans-domicile fixe retrouvé mort de froid dans un parking à quelques pas de Saint-Pierre ou bien a invité à Sainte-Marthe trois sans-abri vivant avec Harley leur chien dans les parages du Vatican au petit déjeuner de son anniversaire.

Car « faire Pape » signifie pour lui faire à sa manière sa révolution, tenir un discours très social, se démarquer instinctivement du passé jusqu'à comparer son Église actuelle « à un hôpital de campagne au milieu d'un champ de bataille », soit occuper d'abord l'espace public. Ainsi a-t-il fait bénir le 21 janvier, jour de la fête de sainte Agnès[1], deux agneaux immaculés dont la laine devrait en théorie servir, comme le veut une tradition très ancienne, à la confection du pallium[2] des nouveaux Archevêques. La stupeur est venue ce matin-là quand des Gardes suisses et le personnel de Sainte-Marthe ont entendu bêler dans le vaste hall de marbre les moutons décorés de roses blanches et rouges Une pre-

1. Vierge et martyre romaine du début du IVe siècle après J.-C.

2. Souvent tissé par les sœurs bénédictines de Sainte-Cécile, dans le quartier du Trastevere, le pallium est une sorte d'écharpe blanche sur laquelle sont habituellement brodées six croix qui symbolisent les plaies du Christ.

mière, car ces ovins n'étaient pas comme auparavant présentés dans la chapelle Urbain VIII du Palais apostolique mais bien là où demeure le Pape François ! Une autre occasion dans la même semaine de respirer l'« odeur des brebis » se produisit sur la place Saint-Pierre aménagée une journée entière en ferme géante pour fêter saint Antoine patron des éleveurs. Cette ambiance de Salon de l'agriculture éphémère dans ce décor grandiose avant une messe dans Saint-Pierre fit la joie des pèlerins. Joie encore lorsque le Saint-Père a béni une crèche vivante dans la périphérie romaine, ou baptisé trente-deux enfants dans la Chapelle Sixtine, dont, événement nouveau, ceux d'une mère célibataire et d'un couple marié civilement uniquement.

Il se passe désormais toujours quelque chose au Vatican, et les audaces du 265e successeur de Pierre ont fait qu'il s'est imposé comme celui de tous les trophées : plus de 6,6 millions de personnes depuis le début de son pontificat ont pris part aux audiences, aux célébrations liturgiques ou à la prière de l'Angélus. Chiffres impressionnants fournis par la Préfecture de la Maison pontificale qui ne tiennent pas compte des cinq visites de l'Évêque de Rome dans son diocèse[1] ou sur le sol italien, à Lampedusa, Cagliari, Assise et aussi à l'étranger, comme on l'a vu avec

1. Alors que Benoît XVI (2005-2013) se rendait deux fois par an dans des paroisses romaines, pendant le Carême et l'Avent, le Pape François semble vouloir accélérer le rythme de ses visites. Jean-Paul II (1978-2005), dès les débuts de son pontificat, avait lui aussi pour habitude de visiter de nombreuses paroisses de la ville.

l'immense rassemblement des JMJ au Brésil. Lui, l'aumônier du monde, s'aperçoit que s'il voyage relativement peu, sa parole porte très loin. Cet activisme pastoral entraîne également d'autres effets collatéraux sur le plan touristique puisque quelque cinq millions et demi de personnes ont visité les musées du Vatican en 2013[1].

Ses incontestables succès peuvent engendrer quelques grincements chez certains *Monsignori*, qui véhiculent notamment avec un humour décalé qu'après tout l'appartement privé vide de Sa Sainteté, dont les fenêtres donnent sur la place Saint-Pierre, pourrait à l'avenir servir à loger quelques sans-abri. Il n'en a cure mais en garde mémoire. C'est pourquoi, lors de ses vœux le 21 décembre aux membres de la Curie romaine, le Primat d'Italie les a remerciés de leur dévouement, puis a soudain égrené quelques qualités nécessaires si l'on veut travailler auprès de lui : « Professionnalisme, compétence, sainteté de la vie ». Il a ajouté sur un ton ne souffrant guère d'ambiguïté : « Dans la Curie, sainteté signifie aussi objection de conscience. Oui, objection de conscience aux bavardages. » Un ange passe dans le ciel romain… D'aucuns, même s'ils savent que le diable se loge dans les détails, ont sans doute mal supporté qu'il s'en prenne au carriérisme dans l'Église et qu'il ait de surcroît décidé que le titre honorifique de « Monseigneur » ne serait plus donné à des prêtres de moins de 65 ans. Seuls ceux ayant dépassé cet âge pourront être nommés « chapelains de Sa Sainteté ». En outre, les titres de « protonotaire

1. Parmi les dix plus grands musées du monde.

apostolique » et « prélat d'honneur de Sa Sainteté » sont abolis. *Vanitas vanitatum !* Plus de narcissisme donc même si les miroirs ne s'usent pas quand on s'en sert. Certains milieux ecclésiaux romains, critiquant ce qu'ils qualifient de « vedettariat », se désolent en silence d'une attitude peu charitable, quasi anticléricale, à leur égard. On lui reproche en somme de s'exprimer sur tout, à tout moment, tel un « tapis roulant de paroles », comme si ce « populiste latino-américain » voulait en permanence « caresser » les foules. Cette volonté prêtée au Pape de scénariser chacune de ses actions s'est encore manifestée récemment lorsqu'un dimanche de janvier deux colombes papales lâchées par des enfants depuis la célèbre fenêtre du Pape place Saint-Pierre ont été violemment attaquées par une mouette et un corbeau sous le regard horrifié de milliers de pèlerins[1]. Là il a créé malgré lui l'événement. Ce fut aussi le cas avec la vente de sa moto Harley-Davidson[2] offerte au profit d'un foyer *Caritas*. Signée par lui sur le réservoir, plus concrètement estimée à 15 000 euros, elle s'est envolée aux enchères à 241 500. N'a-t-il pas aussi plaisanté devant des clowns après l'audience générale du mercredi en se collant un faux nez rouge sur la figure ou encore en laissant un perroquet vert emmené par des pèlerins se poser sur son bras. Toutes ces manifestations semblent parfois excessives aux yeux des austères membres du

1. Décidément il y aurait encore des corbeaux au Vatican !
2. Un modèle Dyna Super Glide, vendu à Paris au Grand-Palais par la maison de vente Bonhams le 5 février à l'occasion de Retromobile.

Sacré Collège et peu conformes à la dignité d'un successeur du Prince des Apôtres et ils se réjouissent que le Pape ait au moins refusé que le Vatican collabore à un film de fiction sur lui qui aurait été produit par le très catholique metteur en scène Ettore Bernabei[1]. Selon eux, toute cette exposition médiatique ôterait de la sacralité, voire du mystère à son rang. D'aucuns prétendent que, peu soutenu à ses débuts en Amérique latine, l'ancien Cardinal Archevêque de Buenos Aires, qui aurait dû partir à la retraite dans un lieu perdu d'Argentine, se complairait désormais dans les vanités propres aux pouvoirs. Une éminence ajoute même *sotto voce* : « Ce Pape est plus unique que rare. » Phrase sibylline qui en dit long sur les critiques et les rumeurs qui commencent à se répandre sur lui dans la Ville éternelle. De plus, il serait féroce, colérique. Ses commentaires plongent dans une forme de perplexité nombre d'ambassadeurs près le Saint-Siège. Souvent mal à l'aise, ils se réunissent discrètement par groupes d'affinités, hispaniques, anglophones, francophones, pour tenter de saisir le sens profond des messages de ce Pape plus singulier et difficile à analyser qu'il ne paraît. Habile manipulateur mais se sentant encore impopulaire sur place dans le milieu clérical, Jorge Mario Bergoglio s'est constitué un cercle rapproché avec ses hommes de confiance et ceux qui ont les mêmes réflexes que lui. À ses côtés,

1. Grand producteur de télévision italien qui, à travers la société Lux Vide, a notamment produit *La Bible et Jésus* et une série sur les actes des Apôtres, l'Ancien et le Nouveau Testament.

on trouve d'abord son Secrétaire d'État, Monseigneur Pietro Parolin, qu'il vient de créer Cardinal et qui exerce la fonction de Premier ministre, sans être pour autant devenu « vice-Pape ». Ce n'est pas aisé pour lui car ce Pape talentueux qui peine à respecter les horaires improvise, s'écarte régulièrement des textes qui lui ont été préparés, avec le risque que lui reviennent en ricochet des interprétations multiples et contradictoires de ses propos. Grand stratège – c'est inscrit dans son ADN –, l'ancien Archevêque de Buenos Aires, qui dans son pays se frottait à de multiples adversaires politiques, a depuis le 13 mars 2013, jour de son élection, une idée très claire de ce que signifie pour lui « Servir ». De fait, le 19 mars 2013, lors de la messe inaugurale du Pontificat, face aux cent trente-deux chefs d'État et altesses régnantes présents sur la place Saint-Pierre, il a proclamé : « Le vrai pouvoir est le service et, pour l'exercer, le Pape doit pouvoir entrer toujours plus dans ce service dont le sommet lumineux est la Croix. » Un message à l'époque peu lisible, mais dont chacun a depuis commencé à mesurer la portée. Elle vient d'un Souverain Pontife dont la tâche écrasante au fil de ces douze mois semble imprégnée d'une quotidienne humilité. Ne se contente-t-il pas simplement d'écrire au dos de son courrier pour s'identifier : « F. Casa Santa Marta. Città del Vaticano ».

En petit comité, le 265e successeur de Pierre ne résiste pas au plaisir de raconter à ses amis une jolie fable vaticane. Elle se déroule en bordure du petit bois situé derrière le monastère *Mater Ecclesia*, où vit désormais Benoît XVI. La Gendarmerie pontificale postée en faction sur ces lieux aperçoit parfois à la tombée de la nuit des renards sauvages sortir des terriers. À la fin de son récit, le Pape observe en souriant la mine étonnée de ses interlocuteurs. Or nul n'a oublié qu'il s'est lui-même qualifié comme *furbo* dans son interview aux revues jésuites. Rusé, le Pape ? Non, simplement *furbo* !

Caroline Pigozzi

DIALOGUE
ENTRE CAROLINE PIGOZZI
ET HENRI MADELIN

Caroline Pigozzi est grand reporter à *Paris Match* où elle suit les évolutions du Vatican depuis près de vingt ans. Très vite elle a compris l'importance des racines jésuites du nouveau Pape pour l'avenir de l'Église.

Le père Henri Madelin a été pendant six ans Provincial des Jésuites de France. Le père Bergoglio a occupé les mêmes fonctions en Argentine. Nul ne peut observer avec plus de pertinence « la manière de faire » du premier Jésuite élu à la tête de l'Église catholique.

« Partout dans l'Église même, dans les champs d'activité de pointe et les plus difficiles, aux carrefours des idéologies, dans les secteurs sociaux, là où les exigences brûlantes de l'homme et le message permanent de l'Évangile ont été ou sont confrontés, il y a eu, il y a les Jésuites. »

Le Pape Paul VI.

9
Un Pape hors les murs

Caroline Pigozzi : Cette élection du Pape François vous a-t-elle étonné ?

Henri Madelin : C'est une vraie surprise pour l'ensemble des observateurs et donc d'abord pour les Jésuites. Cependant on parlait aux États-Unis et en Europe de cet Archevêque, remarqué par certains Cardinaux et par la presse lors du précédent conclave. Des médias internationaux avaient repéré son style de vie particulièrement tourné vers les pauvres. Son nom était régulièrement évoqué depuis plusieurs années, mais personne ne croyait qu'il avait de réelles chances d'être élu au conclave d'avril 2005. D'ailleurs, un vieil adage romain prétend qu'arriver en deuxième position à un conclave vous élimine pour le suivant : pronostic maintes fois vérifié... Pour Jorge Mario Bergoglio, l'âge, l'éloignement de Rome, le fait qu'il ait déjà été *papabile*[1] auparavant sont autant de surprises qui ont sans doute

1. Terme couramment utilisé par les médias internationaux pour désigner les Cardinaux qui ont le plus de chances d'être élus Pape lors d'un conclave, c'est-à-dire l'assemblée

étonné aussi l'actuel Supérieur général des Jésuites, le père Adolfo Nicolás[1].

« Un Pape venu presque du bout du monde... » ?

Ainsi s'exprime ce Pape argentin ! Les Cardinaux électeurs sont allés le chercher par-delà les mers, dans un continent fragile sur les plans politique et économique, mais qui demeure un lieu de grands espoirs pour le catholicisme[2]. Ce choix montre qu'il était difficile de se tourner une fois de plus vers un Européen ou *a fortiori* vers un Américain du Nord... La qualité des hommes n'est pas en cause, mais il n'est guère opportun d'élire un candidat venant d'un des pays dominants de la planète. Comment penser qu'un Pape nord-américain ne serait pas soupçonné dans le contexte actuel d'avoir des liens trop forts avec sa propre nation ? Un pays puissant comme les États-Unis ne peut, sur le plan religieux, prétendre en plus à l'omnipotence pour la foi. Quant à l'élection d'un Pape africain, considérée de nos jours comme politiquement correcte et souvent orchestrée par la presse anglo-saxonne, elle se situe encore dans le domaine de l'utopie. Le Cardinal ghanéen Peter Turkson[3] n'avait-il pas

des Cardinaux de moins de 80 ans votant pour élire le futur Souverain Pontife.

1. Padre Adolfo Nicolás, né le 29 avril 1936 à Palencia en Espagne, il a été élu à la tête de la Compagnie de Jésus le 19 janvier 2008.

2. Les catholiques dans le monde sont estimés à 1,2 milliard et l'Amérique latine en représente le tiers.

3. Peter Kodwo Appiah Turkson, né le 11 octobre 1948 au Ghana à Wassaw Nsuta, créé Cardinal le 21 octobre 2003

déclaré qu'il serait bon de songer à un Pape issu du continent noir et qu'éventuellement il se sentait capable d'assumer cette charge ? Malheureusement pour lui, c'était une parole de trop que de se montrer ouvertement candidat. Quelques interrogations demeurent, on le sait, lorsqu'est évoquée la possibilité d'un Pape africain : le rapport ambigu à l'argent, la tentation de fonder une famille, la liberté, pour s'affirmer face aux puissants… L'Europe n'a-t-elle pas mis près de dix siècles à imposer la nécessité de la chasteté aux clercs ?

Un Pape dans l'air du temps ?

Le soir même de son élection, le Pape François a imploré les fidèles : « Priez pour moi. » Dès ce 13 mars 2013, une sorte de chaîne de prière insolite entoure la planète et remonte vers le Pape. Cet appel très personnel et cette inspiration lui viennent de loin. Quand il était encore l'Archevêque de Buenos Aires, le futur Pape a raconté comment, au cours d'un grand rassemblement populaire, il avait été marqué par une rencontre stimulante avec plusieurs milliers de protestants évangélistes : « La première fois que les évangélistes m'ont invité à l'une de leurs réunions, c'était dans un stade plein. Ce jour-là, un prêtre et un pasteur ont pris la parole. Chacun a fait son intervention avec une petite pause pour le déjeuner. À un moment, le pasteur a demandé à l'assistance de prier pour moi et pour mon minis-

par le Pape Jean-Paul II. Ancien Archevêque émérite de Cape Coast d'octobre 1992 à octobre 2009. Il est président du Conseil pontifical Justice et Paix depuis octobre 2009.

tère. Il m'en avait parlé à l'avance et j'avais acquiescé bien évidemment. Pendant la prière, je me suis agenouillé sans me poser de question puisque je devais recevoir les prières et les bénédictions de sept mille participants. C'est un geste normal pour un catholique. » Or, quelques jours plus tard, un titre peu flatteur faisait la une d'un journal local influent : « Buenos Aires : poste vacant à la cathédrale. L'Archevêque a commis le crime d'apostasie[1] ! Comment le Primat de l'Église catholique argentine peut-il se mettre sous la bannière des hérétiques ? » Surprenante réaction qui range les protestants parmi les hérétiques et qui refuse d'en appeler à leur prière. Elle va gagner jusqu'au cœur de Rome puisque ce geste « argentin » sera rejoué sur une immense échelle, le soir de son élection, au balcon de Saint-Pierre. Avec autant d'émotion que de simplicité, le Pape François s'incline pour recevoir la bénédiction et la prière de dizaines de milliers de fidèles.

Vous semblez sous-estimer ses racines argentines !

En Argentine, j'ai mieux compris que l'Église de ce pays est une réalité complexe dans laquelle il est difficile de s'enraciner en raison des différents courants qui la traversent : vagues successives d'émigrations et clivage entre le milieu urbain et l'espace rural. Le Pape François est d'abord argentin et il aime Buenos Aires qu'il

1. L'apostasie consiste à renier ou à abandonner son ancienne foi religieuse. Les apostats deviennent de ce fait des hérétiques.

appelle « ma ville ». Fier comme les siens d'avoir réussi son intégration, il évoque souvent ses origines piémontaises qui lui tiennent à cœur. Il a appris le patois de ses ancêtres auprès de sa grand-mère... De son ascendance italienne, il a hérité un esprit de décision et un certain sens de l'autodérision. Il sait garder en mémoire des événements marquants. Capable de saisir les opportunités et de tracer de nouvelles voies, Jorge Mario Bergoglio est un homme d'action qui se laisse guider par une sorte d'instinct.

Pour devenir Pape, le milieu d'origine joue-t-il un rôle ?

Je suis frappé de voir que, depuis l'origine, l'Église est une des grandes institutions mondiales où le choix des plus hauts responsables est encore largement ouvert quant aux origines sociales ; Jean XXIII en est l'un des exemples récents. L'essentiel pour être choisi demeure la profondeur de la vie intérieure et le dynamisme de la foi. Les couches pauvres qui constituent la majorité de la population mondiale sont sans doute rassurées d'avoir à leur tête un Pape issu d'un milieu simple et ayant fait tôt l'expérience du travail. Comme Jean-Paul II, le Pape François a été un employé salarié, d'abord dans l'affaire où son père était comptable[1], puis dans une entreprise chimique. Il a côtoyé le monde professionnel. Comme émigré, il a appris, affirme-t-il, à s'intégrer dans la société et à ne pas dévier de sa route, « ne pas faire l'Amérique »,

1. À la Compagnie ferroviaire argentine.

comme il aime dire. Expression typiquement argentine pour caractériser ceux qui s'installent dans un matérialisme sans véritables issues. Il n'apprécie pas non plus les paresseux et les théoriciens qui dénigrent le chemin qu'ils ont parcouru. À l'inverse, cette force acquise sur le terrain l'aide maintenant à s'adresser au monde entier, et même à bousculer ses innombrables auditoires.

Mais comment peut-il s'adapter au décorum du Vatican ?

A priori, un Jésuite a un style de vie modeste même s'il habite parfois dans un imposant palais hérité du passé... Ce qui est voulu en fait ne vise pas la pauvreté en soi mais un usage rationnel de l'argent avec cette règle d'or : évitons de dépendre de la puissance et de la richesse d'autrui si nous voulons rester libres. La parole proférée ne doit souffrir d'aucune forme de soumission. Avoir une approche « spirituelle » et une logique rationnelle de l'existence implique aussi de séparer le lieu où l'on vit de celui où l'on travaille. Telle est la conception du Pape François, en symbiose avec ce qu'il a pu connaître chez les Jésuites pour lesquels il n'est pas bon de mélanger les deux. Ainsi le Pape François a-t-il pris ses distances avec la solennité désuète des grandioses appartements privés qui sont réservés au successeur du « Prince des Apôtres », selon l'un de ses titres officiels. Dans le jargon d'un ordre religieux, cela s'appelle séparer la communauté de l'œuvre.

Que de surprises depuis le 13 mars 2013 !

Dans les années qui ont précédé son élection, Jorge Mario Bergoglio n'aimait guère se rendre à Rome. Il est issu d'un pays difficile, traversé de tensions, en quête d'une unité problématique. Cette situation le poussait à s'impliquer quasi au quotidien dans le champ politico-social de l'Argentine. Et ce n'est pas, pensait-il, en se déplaçant fréquemment à l'étranger qu'on y parvient. Il n'apprécie guère les « Évêques d'aéroport ». De plus, aller à Rome revêtu de la pourpre cardinalice n'était-ce pas pour Jorge Mario Bergoglio poursuivre d'abord une gloire éphémère qui vient des hommes au lieu de rechercher la gloire de Dieu ? Dans sa réflexion et sa mémoire, s'il n'a pas tout assimilé en un soir, l'ancien Archevêque de Buenos Aires mesure chaque jour davantage l'immensité de sa tâche... En Jésuite pragmatique et rationnel, arrivant dans un pays presque nouveau pour lui, il a vite repéré ce qui devait être changé en priorité. Quant aux Éminences chamarrées en habits de cour, il s'en est méfié dès les premiers jours, comme le prouve son discours sévère de mai 2013 adressé à l'ensemble des Évêques italiens. Dans la basilique Saint-Pierre, il critique leur arrogance, leur intolérance ; il dénonce « celui qui se laisse séduire par la perspective d'une carrière, les flatteries liées à l'argent et les compromis avec l'esprit du monde... ». Cette sévère mise en garde du Pape a été considérée comme une bombe par les trois cents Évêques des deux cent vingt-six diocèses de la péninsule venus clôturer la 65e Assemblée générale de l'un des plus puissants épiscopats du monde. Arrivés dans d'élégantes limousines sombres devant leur Cardinal Angelo Bagnasco, ils étaient surtout préoccupés par la situation politique nationale et l'implication de l'Église italienne dans ce contexte.

N'est-ce pas déstabilisant de changer de nom à 76 ans ?

Ce qui arrive aujourd'hui au Pape, les femmes mariées le connaissent aussi, mais elles sont généralement plus jeunes quand elles prennent un autre nom... C'est un dédoublement de personnalité dont elles ne semblent pas toutes souffrir. D'ailleurs, beaucoup adoptent les deux patronymes comme la loi le permet dans de multiples pays. Le Pape François paraît en être heureux. Cette joie semble en contraste avec le côté distant ou réservé que la tradition attribue parfois aux Jésuites. Pourtant, on ne perçoit pas de tels traits dans son style de vie dépouillé. L'étonnement vient du fait qu'un Jésuite ait choisi le nom de François. Il aurait pu en effet se tourner vers l'héritage de François-Xavier, un des premiers compagnons du fondateur de l'Ordre, ou vers François de Sales, élève des Jésuites, jadis Évêque de Genève[1]... Sans doute a-t-il pensé qu'il était bon de rééquilibrer son appartenance à la Compagnie de Jésus par une ouverture franciscaine au monde et à sa beauté, à la création dans toutes ses composantes. Embrassade généreuse. Ambiguïté sainte !

1. François de Sales, issu d'une famille noble, Évêque de Genève et fondateur de l'ordre religieux de la Visitation, est saint et docteur de l'Église catholique.

Le nouvel élu ne risque-t-il pas de verser dans l'autoritarisme ?

Agir en monarque absolu est contraire à son style, à ses aspirations. En ce sens, quelque chose a vraiment bougé depuis son arrivée. D'abord l'idée que le Souverain Pontife règne sans partage. C'est pourquoi le successeur de Pierre consulte, rencontre des personnalités fort différentes pour mener à terme une réforme de la Curie dont on attend une orientation plus collégiale à laquelle aspire la majorité des Cardinaux électeurs. Elle vise également une réorientation des rapports entre le Pape et les épiscopats de chaque pays afin de donner aux conférences épiscopales[1] plus d'autonomie.

Quant au gouvernement de l'Église universelle, le Pape entend désormais réunir régulièrement ses « ministres » et ses collaborateurs proches, ce qui arrivait peu sous le pontificat de Benoît XVI. Pietro Parolin, son nouveau Secrétaire d'État, pourra le suppléer dans ses tâches. Chef du gouvernement de l'Église, ce diplomate de carrière âgé de 58 ans coordonne l'action de ses chefs de dicastère[2] et de ses

1. La Conférence épiscopale ou Conférence des Évêques est une institution à caractère permanent. Elle est la réunion des Évêques d'un pays ou d'un territoire. Ceux-ci exercent ensemble certaines charges pastorales pour les fidèles de leur espace géographique. Les Évêques et Archevêques œuvrent en collégialité afin d'assurer des tâches d'intérêt commun.

2. Le dicastère dans la Curie romaine représente les différentes institutions spécialisées qui ont reçu une délégation de pouvoir papal. On peut comparer les dicastères de l'Église catholique aux ministères d'un État laïc.

proches collaborateurs, mais il ne tient pas le rôle de « vice-Pape » comme précédemment. Il en allait tout autrement avec Benoît XVI qui déléguait presque toute son autorité à son Premier ministre Tarcisio Bertone. C'est la confirmation de l'exercice d'une souveraineté forte mais plus éclairée et mieux informée... Un art de gouverner davantage en phase avec notre époque. Le Pape doit être un pasteur tenant compte de la diversité des pensées et des sentiments qui traversent le catholicisme, lequel n'est pas une religion de caserne où chacun devrait s'aligner sur un seul modèle. Je comprends bien sûr le désir des papes de maintenir une unité toujours menacée par les tensions religieuses, politiques, sociales, culturelles, etc., qui s'accentuent sur tous les continents. Ajoutons que de nos jours un Souverain Pontife doit se familiariser avec les graves questions qui agitent notre planète tout en étant capable de s'adresser autant à ses propres fidèles qu'au reste du monde... La question qui se pose désormais est celle de savoir si le tempérament autoritaire du Pape François et les résistances qu'il va rencontrer sur le terrain vont en faire un homme arc-bouté sur ses convictions mais impuissant à changer le cours des événements ou bien un homme de compromis capable d'opérer de vraies mutations.

Un Pape magicien ?

Vous exagérez ! Le Pape doit être un passeur de la foi pour les fidèles, mais il lui faut trouver également un langage combinant spiritualité et morale politique. Au XXIe siècle, les huit milliards d'hommes qui peuplent la Terre ont besoin de le voir s'investir dans l'écologie, le réchauffement climatique, la biodiversité, la bioéthique, mais avant tout se préoccuper du sort de ceux qui sont contraints de quitter leur terre natale... Un exemple très marquant de ses priorités demeure son déplacement hors les murs le 8 juillet 2013 sur l'île italienne de Lampedusa au sud de la Sicile. Cette terre d'exode où affluent chaque année sur des embarcations de fortune des milliers de migrants[1] est devenue la principale « porte de l'Europe ». Pleurant sur les vingt mille morts anonymes qui ont payé de leur vie leurs odyssées maritimes, le Pape a fustigé la « globalisation de l'indifférence ». Guide moral sur les questions capitales de l'humanité, il devient une source d'inspiration chrétienne et un appui pour épauler des hommes politiques d'envergure. Sans doute se rendra-t-il un jour à Bruxelles et à Strasbourg pour découvrir les institutions européennes. Huit cents millions d'Européens représentant entre 15 et 20 % de l'humanité sont confrontés à cette poussée des pauvres vers leurs propres territoires.

Est-il heureux d'être Pape ?

Sûrement, et il le sera, j'imagine, de plus en plus. Sa seule limite est l'âge. Il est né en décembre 1936 et n'ignore pas ses problèmes de santé. Il souffre d'arthrose lombaire. Elle est res-

1. Depuis 1999, quelque 200 000 migrants, venus principalement d'Erythrée, de Somalie, de Libye, d'Égypte, de Gambie, du Mali et de Syrie ont abordé l'Europe *via* Lampedusa.

ponsable d'une sciatique dont il a été victime dès son élection. On lui a enlevé la partie supérieure du poumon droit, suite à une pneumonie aiguë à l'âge de 21 ans – à l'époque il y avait encore peu d'antibiotiques. Comme religieux, il se rappelle que les échéances sont à respecter et que tout mandat a une fin. N'a-t-il pas été pendant six ans seulement Provincial des Jésuites d'Argentine… ? À notre époque, les prouesses de la médecine sont étonnantes, un Pape n'a toutefois pas vocation à devenir pour l'exemple une Jeanne Calment en soutane !

Perdre le pouvoir, est-ce difficile aussi pour les gens d'Église ?

Quitter des fonctions, partir à la retraite sont de douloureuses réalités pour les hommes politiques, les grands patrons tout autant que pour le commun des mortels, et aussi lorsqu'on exerce le « métier de Pape » ! Regardez, par exemple, avec quel zèle les dictateurs s'emploient à faire reculer le moment si pénible pour eux du départ. J'espère que ce Pape, en raison de son parcours religieux, est habité par l'idée qu'il y a un temps pour chaque chose et qu'un jour il faudra savoir tourner la page… C'est ce que j'appelle le « syndrome de Jean-Baptiste » : les disciples qui étaient initialement autour de lui sont soudain partis avec Jésus, laissant le prophète à sa solitude. Le pouvoir est comme un aimant qui attire toute la limaille de fer. Lorsque vous quittez brutalement vos fonctions, vous voyez ceux que vous aimez, que vous avez aidés et même totalement « portés » s'éloigner de vous et se tourner vers le nouveau pouvoir. Un choc qu'il faut être capable de surmonter car il est très violent !

Le Pape François a-t-il des faiblesses ?

Il évoque souvent la fréquence de ses hésitations. L'Évêque de Rome demande donc beaucoup à la prière. Il est habitué à se méfier de ses colères, de ses jugements trop rapides. Possède-t-il l'esprit d'équipe ? On ne le sait pas encore, il a en tout cas une veine populiste que certains Cardinaux lui pardonnent mal. C'est un personnage de contraste. Le soir de son élection, à la loggia de Saint-Pierre, il offre au début une image figée, presque mélancolique. Mais, dès qu'il s'adresse à la foule qui attend, impatiente, ses premières paroles, le voici soudain à la fois empreint de gravité et rayonnant.

Quelle frontière chez lui entre humilité et orgueil ?

L'humilité, c'est s'appliquer aux tâches requises et avancer avec courage tout en reconnaissant ses failles. L'inquiétude de l'âme est saine car elle chasse les bouffées d'orgueil et de vanité. Le Pape François est conscient qu'au milieu de toutes les intrigues Dieu l'a appelé ; ce n'est pas lui qui s'est poussé politiquement pour être installé sur le siège de Pierre. Comme dans toutes les vocations religieuses, sacerdotales, épiscopales et papales, c'est le Seigneur qui fait signe, mais dans cet appel demeure une part d'objectivité et de subjectivité. L'objectivité signifie « On vous a choisi », l'entourage peut dire : « Oui, c'est bien toi ! » ; la subjectivité, ce sont les sentiments intérieurs : « Suis-je vraiment appelé ? », « Serai-je capable de remplir cette tâche ? » Benoît XVI semblait les derniers temps en douter. Ne faisait-il pas des déclarations dans lesquelles il expliquait sa « méfiance à l'égard des loups » autour de lui et sa sensation d'« aller à la guillotine » ? Tout l'art consiste à faire coïncider l'objectif et le subjectif. Le sceau final pour le Pape François provient de la miséricorde de Dieu. Sa devise épiscopale en témoigne : « Appelé et sauvé par la Miséricorde. »

10

Il est des Nôtres

Dites-vous en parlant du Pape François : « Il est des Nôtres » ?

Comment répondre ? Aujourd'hui, je ne dis pas « Il est des nôtres », mais « Nous sommes de lui » ! Ce Pape ne veut pas paraître comme « l'homme des Jésuites », il a raison et ce scrupule l'honore…

Priez-vous pour lui ?

Je prie pour lui comme je prie pour un frère jésuite, mais en sachant que ce frère est pape. Membre de la Compagnie de Jésus ayant, je vous le rappelle, fait le vœu spécial d'obéissance au Pape, je prie aussi pour sa mission de Pasteur universel. Je le vois comme un pontife, c'est-à-dire un bâtisseur de ponts…

Comment le père Adolfo Nicolás a-t-il reçu cette élection ?

Dès le lendemain de l'élection, le père Adolfo Nicolás, Supérieur général de la Compagnie de

Jésus, a écrit au nouveau Pape. Après avoir reçu un appel du Souverain Pontife, il est allé lui rendre visite à Santa Marta. C'est un signe qu'il mesure la chance et la complexité de la situation. Le contre-pouvoir serait que le père général exprime ses réserves à l'égard du nouveau Pape. On voit mal de nos jours *La Civiltà Cattolica, Études* ou une autre revue jésuite influente partir en guerre contre ce qu'elle a le devoir de faire connaître. Après cette rencontre, le Supérieur général s'est exprimé en des termes clairs. « Au nom de la Compagnie de Jésus, je rends grâces à Dieu pour l'élection du nouveau pape, le Cardinal Jorge Mario Bergoglio SJ, qui ouvre pour l'Église une étape pleine d'espérance. Tous les Jésuites accompagnent par la prière notre confrère et nous le remercions pour la générosité avec laquelle il a accepté la responsabilité de guider l'Église dans ce moment crucial. Le nom de François, par lequel nous le connaissons désormais, évoque pour nous l'esprit évangélique de sa proximité envers les pauvres, son identification avec le peuple des petits et son engagement pour le renouvellement de l'Église. Dès le premier moment où il s'est présenté devant le peuple de Dieu, il a témoigné de façon visible de sa simplicité de cœur, de son humilité, de son expérience pastorale et de sa profondeur spirituelle. La caractéristique propre de la Compagnie est donc d'être tout en même temps une société religieuse, apostolique, sacerdotale liée au Pontife romain par un lien très particulier d'amour et de service. C'est pourquoi nous partageons la joie de toute l'Église et nous désirons en même temps renouveler notre disponibilité à être envoyés dans la “vigne du Seigneur” selon l’esprit de notre vœu spécial d’obéissance au Pape qui nous lie particulièrement au Saint-Père. »

Quelle a été la réponse du Pape François ?

Trois jours après son élection, le nouvel élu envoie une réponse au Supérieur général qu’il convient de décrypter avec attention. « Avec la joie la plus vive, j’ai reçu la chaleureuse lettre que, à l’occasion de mon élection au siège de saint Pierre, en votre nom personnel et en celui de la Compagnie de Jésus, vous m’y exprimez votre prière pour moi-même et mon ministère ainsi que votre entière disposition pour continuer à servir de manière inconditionnelle l’Église, selon les préceptes de saint Ignace de Loyola. Je vous remercie cordialement de cette disposition qui manifeste estime et proximité. J’y réponds à mon tour avec joie en demandant au Seigneur qu’il illumine et accompagne tous les Jésuites afin que, fidèles au charisme reçu et marchant sur les traces des saints de notre ordre bien-aimé, ils puissent être, par l’action pastorale mais surtout par le témoignage de vie entièrement livrée au service de l’Église, épouse du Christ, un ferment évangélique dans le monde, cherchant sans relâche la gloire de Dieu et le bien des âmes. » Le Pape poursuit : « Habité de ces sentiments, je demande à tous les Jésuites qu’ils prient pour moi et qu’ils me recommandent à la protection pleine d’amour de la Vierge Marie, notre Mère du Ciel ; en même temps comme signe des abondantes faveurs divines, je leur adresse avec une affection particulière la bénédiction apostolique en l'étendant à toutes les personnes qui collaborent avec la Compagnie de Jésus dans ses activités, bénéficient de ses œuvres bonnes et vivent de sa spiritualité. »

Cette conclusion a pu agacer un certain nombre de responsables d'autres ordres religieux. De fait, ils n'auront pas tort de penser que la bénédiction papale s'étend non seulement aux Jésuites, mais également à tous ceux et celles qui partagent les idéaux de la Compagnie, soit un nombre de religieux, religieuses, prêtres et fidèles laïcs non négligeable de par le monde !

Comment le Pape François est-il devenu Jésuite ?

Une première étape marquante dans l'histoire de Jorge Mario Bergoglio est, à l'âge de 17 ans, l'appel à la vocation. Un jour, en allant à la campagne avec des amis, le jeune homme passe devant une église et aperçoit un prêtre. Il est impressionné par son allure. Se sentant en confiance et bien qu'il n'ait pas de « gros péchés » sur la conscience, il décide de se confesser à ce prêtre au lieu d'aller prendre le train avec ses camarades. Il ressort bouleversé du confessionnal. Sa conscience le travaille et finalement il entre quatre années plus tard au séminaire, puis s'oriente vers le noviciat des Jésuites qui est situé dans les mêmes lieux. Depuis, on lui a souvent demandé la raison de ce choix. Il a avoué qu'il ne savait pas bien alors quelle direction prendre. Il se sentait attiré par la Compagnie de Jésus qui représente, affirme-t-il, « le bras armé de l'Église », si l'on veut adopter un langage militaire. Sans doute avait-il besoin d'ordre, de rigueur et de sécurité. Il voulait rejoindre un ordre fondé sur l'obéissance, la discipline. Il était séduit par la vocation missionnaire planétaire des Jésuites et par leur aptitude à être présents aux quatre coins de la Terre. Bergoglio rêvait d'être missionnaire au Japon, à l'instar du père Pedro Arrupe, 28e Supérieur général des Jésuites de 1965 à 1983. Mais cela lui fut déconseillé en raison de sa santé fragile. D'ailleurs, rappelle-t-il parfois avec humour : « D'aucuns auraient aimé que je parte car cela les aurait débarrassés de moi ! Je ne suis pas un homme facile ! Si l'on m'avait envoyé là-bas, certains auraient été “soulagés” de mon absence ! » De fait, comme le confient des Jésuites proches de lui avant qu'il soit élu au Poste suprême, Jorge Mario Bergoglio ne passait pas pour un haut prélat « souple » mais pour un homme plutôt brutal dans ses façons de faire. Il réfléchit assez longuement, mais, quand sa décision est prise, elle est implacable. Ce religieux d'une incroyable détermination n'est pas un spéculatif ni un grand théoricien. Il n'aime pas ces postures parce qu'il a l'impression qu'elles tiennent autrui à distance. C'est en revanche un pragmatique. Avoir une tête bien faite et s'engager dans de longues études est important mais n'est pas l'essentiel de notre vocation. Un Jésuite doit agir pour Dieu, en demeurant au plus près des autres.

Alors pourquoi s'engager dans de si longues études ?

De nos jours, les études peuvent parfois dépasser quinze ans, mais la moyenne est de dix années. Rédiger une thèse de doctorat, apprendre une langue comme l'arabe, le japonais ou le chinois demande du temps... Des formes d'alternance entre études et apostolat sont précieuses mais elles allongent les délais de formation. Vu la diversité et la complexité des missions généralement confiées aux Jésuites, la caractéristique principale est de privilégier une formation continue.

Êtes-vous tous prêtres ?

Chez nous comme chez les Bénédictins, les Dominicains, les Salésiens, les Capucins..., certains sont dans un ordre religieux sans être passés par la prêtrise. On les appelle les frères lais[1] ou convers pour les moines et converses pour les moniales, et dans la Compagnie de Jésus coadjuteurs temporels. Ces frères ont de vrais métiers. Les missions en Afrique, en Amérique latine, au Japon, en Chine..., ne peuvent s'expliquer sans leur présence. Ils sont médecins, infirmiers, professeurs, architectes, psychologues, comptables, garagistes... Ces frères ont beaucoup aidé la Compagnie dans le passé ; aux États-Unis et en Europe, ils connaissent de nos jours une diminution sensible alors que dans les

1. Les frères lais, une catégorie séparée, sont dans les ordres religieux chargés principalement des travaux manuels et des affaires séculières.

pays émergents ils représentent encore une autre manière d'accomplir une même mission évangélisatrice.

Combien êtes-vous ?

Au 1er janvier 2013, les Jésuites comptaient 17 287 membres, dont 12 298 prêtres, 1 400 frères, 2 878 étudiants et 711 novices. Ce qui demeure surprenant est l'actuelle poussée de l'Inde. Avec un peu plus de 1 % de catholiques, le sous-continent enregistre à lui seul 20 % des effectifs mondiaux de jeunes Jésuites en formation. En attendant que la Chine prenne son envol[1]. Telle est également la réalité dans l'ensemble de l'Afrique. Quant au noviciat, puisqu'il dure deux ans, il convient de diviser les chiffres par deux... Un jour où des Provinciaux de la Compagnie étaient réunis au Vatican en audience autour du Pape Jean-Paul II dans la salle Clémentine, j'ai entendu le père Arrupe[2] dire fièrement *mezza voce* à Karol Wojtyla : « Très Saint-Père, nous avons mille novices jésuites actuellement ! » Et le Pape, un peu moqueur, de lui rétorquer avec un léger sourire : « Certes, padre Arrupe... Mais il me semble que chez vous il faut faire deux années de noviciat... Ce qui implique donc de diviser vos chiffres par deux ! »

---

1. Selon des chiffres officieux, il y aurait en Chine 30 millions de catholiques.
2. Pedro Arrupe y Gondra, né à Bilbao au Pays basque espagnol le 14 novembre 1907, décédé à Rome le 5 février 1991, fut Supérieur général des Jésuites de 1965 à 1981.

Le Cardinal Bergoglio désirait-il cette charge suprême ?

Il ne semblait pas en avoir une grande envie en 2005 et n'a pas cherché alors à « pousser les feux » à son avantage. En avait-il vraiment l'ambition ? Je l'ignore. Dans les règles de vie et les *Constitutions* des Jésuites[1], la notion d'ambition personnelle pour une élection décisive est une attitude à bannir. Nous sommes nous-mêmes tenus de « balancer » officiellement ceux des nôtres qui feraient campagne pour une charge ou une promotion en leur faveur. Comme dans la Bible racontant l'histoire de la vocation de Samuel, il faut être plusieurs fois et fortement appelé par Dieu pour consentir à répondre à un tel appel.

Et vous, êtes-vous fier d'avoir un Pape jésuite ?

Pourquoi nier ma joie de Jésuite ? C'est un phénomène inédit dans l'Histoire et il faut du temps pour s'y accoutumer ! Ce paradoxe a été résumé récemment avec talent par un compagnon jésuite américain. Voici sa prière, pleine d'humour : « Pardonne, Seigneur, aux Jésuites leur fierté d'avoir un Pape qui est un des leurs. » Saint Ignace, à la fois visionnaire et soucieux des moindres détails jusqu'à en être parfois obsessionnel, avait prévu toutes sortes de modèles, mais pas celui d'un Pape jésuite. Nous prononçons les trois vœux habituels des reli-

1. Saint Ignace, fondateur de la Compagnie de Jésus à Rome en 1540, a rédigé les *Constitutions*, règles de vie et manière de se gouverner toujours en vigueur en 2013.

gieux : pauvreté, chasteté et obéissance. Les Jésuites en ajoutent un quatrième, celui d'obéissance au Pape pour les missions. Alors, comment le nouvel élu pourrait-il s'obéir à lui-même et se conformer en tout à un modèle papal ? Lorsque vous avez interviewé le Pape en juillet 2013, il vous a précisé : « C'est une question théologique parce que les Jésuites font vœu d'obéir au Pape, mais, si le Pape est jésuite, il doit peut-être faire vœu d'obéir au Général des Jésuites… » Mission impossible !

Le Pape François va-t-il « argentiniser » le Vatican comme Jean-Paul II l'avait « polonisé » ?

Ce Pape a des attaches très diverses venant d'univers contrastés… Dans sa prière, s'inspire-t-il du tableau sur la conversion de Matthieu peint par le Caravage et qui se trouve dans l'église Saint-Louis-des-Français à Rome ? Cette œuvre est en tout cas à l'origine de sa devise épiscopale : « *Miserando atque eligendo* », « Par miséricorde et le choisissant »… Elle signifie que, lorsqu'il s'est senti appelé pour la vie religieuse, malgré sa faiblesse et ses limites, Jorge Mario Bergoglio a voulu savoir si cette vocation était profonde et si elle favoriserait sa vie intérieure. Il s'interrogeait : était-ce une aspiration passagère ou un choix sérieux ? Il décida alors de faire une retraite afin d'être certain que sa vocation n'était pas sentimentale ou cérébrale, mais inspirée par Dieu. L'austérité, avec le dépouillement qu'elle suppose, est enracinée en lui de par son histoire. Des thèmes lui deviennent chers : l'aide aux plus pauvres, les *descamisados*[1], aux victimes des violences urbaines... Pour lui comme pour les Jésuites, l'évangélisation est stérile si elle n'est pas accompagnée d'un souci de justice économique et sociale. Ils prônent la simplicité « biblique » pour que chacun puisse vous approcher. Nul ne doit avoir le sentiment que la division des classes se poursuit dans la manière même de porter l'Évangile... Lorsque, au moment de son élection, le nouveau Pape conseille aux pieux Argentins de ne pas faire le coûteux voyage de Rome, il reprend le raisonnement qu'il s'appliquait à lui-même auparavant.

Le Pape François est-il progressiste ?

Pour moi, c'est un cliché. Il est facile de coller une étiquette progressiste à tous les Jésuites. Quant au nouveau Pape, c'est d'abord un homme avec beaucoup de jugement dont on reconnaîtra sans doute plus tard qu'il a lancé rapidement les processus de changement au sein du Vatican. Si être progressiste correspond à cette image, alors il l'est, mais avec subtilité et intelligence. Il n'est pas un idéologue en soutane. Je le sens capable d'aller à contre-courant des idées qualifiées aujourd'hui par certains de modernistes et par d'autres de conformistes. Un de ses talents est sa détermination. Il sait combien des thèmes tels que la bioéthique, les questions concernant la fin de vie, les divorcés remariés, l'ouverture au mariage pour tous, l'ordination des femmes, etc., sont délicats. D'ailleurs, il a déjà évoqué

1. Les sans-chemise.

quelques-uns de ces sujets lors de sa conférence de presse dans l'avion qui, le 29 juillet 2013, le ramenait des Journées mondiales de la jeunesse de Rio de Janeiro à Rome. Ces sujets ne sont pas oubliés et stratégiquement il espère peu à peu modifier l'échelle des préoccupations dans les consciences. Pour cela, il envoie des signaux manifestant son amour pour tous afin d'essayer de dessiner un autre avenir à l'humanité. C'est habile, inventif, avec de multiples thèmes porteurs… De plus, son expérience passée, comme il l'a lui-même souligné, s'avère précieuse. « Elle m'a appris, explique-t-il, qu'avec les hommes il faut avancer avec clarté, mais bien réfléchir. On peut penser qu'un croyant devenu Cardinal a les idées claires… C'est faux. Je n'ai pas toutes les réponses, pas davantage toutes les questions, et je m'en pose sans cesse de nouvelles. » Sans doute, grâce à sa popularité qui s'est manifestée dès le premier soir et ne cesse de grandir, espère-t-il séduire aussi ses détracteurs.

Cela va-t-il demain favoriser chez lui un penchant trop populiste ?

Ses adversaires s'agitent dans l'ombre sans pouvoir vraiment créer des coalitions officielles. Ils le critiquent notamment pour sa simplification des rites liturgiques, son allégement du cérémonial et la liberté qu'il s'octroie à l'égard du protocole. On ne voit déjà plus les petites mules rouges et le bonnet bordé de fourrure blanche qu'affectionnait Benoît XVI. Dans certains secteurs ecclésiaux, on s'étonne de la sévérité de ses reproches : mondanités de toutes sortes, carriérisme, arrogance, enrichissement personnel... Avec un brin d'humour, d'aucuns se demandent si l'Esprit saint n'a pas choisi de mettre sur le siège de Pierre le plus anticlérical des Cardinaux ! Il y a, en effet, peu de chances que la Curie soit rassurée au vu des réformes qu'il annonce. Le Pape avance désormais par cercles concentriques. Il ira de l'*ad intra* à l'*ad extra*, comme on dit en théologie, c'est-à-dire du centre aux extrémités, du cœur jusqu'à ce qu'il appelle les « périphériques extérieurs ». On passera de la réforme de la Curie à l'assainissement du système financier, en exigeant le renouveau de la synodalité et l'accroissement des responsabilités pour les conférences épiscopales !

11

L'aventure jésuite : cinq siècles entre devoir et pouvoir

Quelle aventure que celle des Jésuites !

Une réelle épopée en effet qui commence au sortir du Moyen Âge en un temps où le protestantisme se répand dans toute l'Europe. Ignace de Loyola, un Basque espagnol, fonde la Compagnie de Jésus. Elle est approuvée par le Pape Paul III en 1540[1].

Ce nouvel ordre religieux, contemporain de la Renaissance, a connu des succès rapides et inespérés, et de mémorables défaites depuis plus de quatre siècles. Une telle épopée a suscité un retentissement considérable aux quatre coins de la Terre. Une forme de revanche sur l'usure du temps qui permet aujourd'hui aux Jésuites d'investir Rome avec ferveur.

Quelle richesse pour les commentateurs et observateurs ! En raison de ce quatrième vœu

1. En 1534, Ignace de Loyola, avec six autres étudiants de l'université de Paris, décide sur la colline de Montmartre de se consacrer à Dieu.

prononcé dans son Argentine natale, le Pape François devra-t-il s'obéir à lui-même ou verra-t-on renaître dans l'imaginaire de nos contemporains le souvenir de vieilles querelles entre le Pape blanc et un « Pape noir » représenté par le Supérieur général des Jésuites ? Entre les deux protagonistes, une guerre froide ne semble pourtant pas s'amorcer au cœur du Vatican. Pour l'heure, prudence et sagesse dominent. Car, selon nous, l'unité entre le service obéissant et la distance critique dans l'Église paraît moins compliquée que bon nombre d'autres missions périlleuses exercées dans le passé. Pour les spécialistes, une nouvelle page de l'histoire des religions et de l'Histoire avec un grand H va s'écrire. Des épisodes passés, les Jésuites retiennent de grandes joies mais aussi des amertumes inavouées.

Est-ce à Pascal que vous pensez ?

Rappelez-vous ! En 1656, Blaise Pascal attaque durement la Compagnie de Jésus et publie un célèbre pamphlet contre elle : *Les Provinciales*. Le petit livre connaîtra un grand succès. Les Jésuites français, déstabilisés par ces polémiques avec Pascal, philosophe, mystique et savant d'envergure, voient leur théologie et leurs principes de base dévalorisés. Pascal devient l'implacable défenseur de la cause des Jansénistes et de leurs amis, retranchés à Port-Royal-des-Champs, à faible distance de la capitale[1]. À l'opposé des Jésuites, ces derniers croient au petit nombre

1. Dans la vallée de Chevreuse.

des élus que Dieu prédestine au Salut et qu'il envoie dans ce monde menacé de damnation éternelle. Avec les Jansénistes, Pascal part en guerre contre un monde de corruption, avec lequel les Jésuites selon lui ne cessent de composer. Leur propre réponse est moins brillante et convaincante que la rhétorique de Pascal, polémiste de talent. L'opinion le ressent, mais le pouvoir royal, lui, veut fermer le foyer de rébellion que constitue ce bastion aux portes de Paris. Louis XIV appuie les Jésuites, de nouveau à l'étroit entre le pouvoir royal et la contestation de Pascal.

Comment réagissent les Jésuites ?

Fidèles aux recommandations de saint Ignace, ils veulent préserver avant tout la liberté de l'homme. La grâce, selon eux, n'agit pas comme un diktat d'un Dieu souverain. Afin de faire évoluer une morale corsetée par l'influence janséniste, ils sont réceptifs aux demandes des nouvelles couches sociales, conseillers des princes, juristes, commerçants..., qui ne veulent plus se laisser enfermer dans des oppositions sommaires. Les Jésuites perfectionnent alors une méthode nouvelle, la casuistique. Cet art original qui permet de traiter les cas de conscience afin d'apprendre à trouver son chemin propre dans le maquis du réel. Toujours selon eux, le Seigneur étend sa mansuétude à tous les hommes et les invite à des discernements qui leur soient personnels. Face aux situations concrètes de l'existence, il importe de trouver une voie qui permette au fidèle d'accorder ses intérêts temporels et les impératifs de la morale chrétienne en choisissant les chemins possibles et, parmi eux, les plus sûrs. Ces polémiques avec Pascal ont conduit à l'invention de la méthode des cas. Elle va se répandre dans la morale quotidienne et trouver une place enviable en notre temps.

Cette atmosphère belliqueuse ne s'est-elle pas amplifiée au XIXe siècle ?

Au XIXe siècle, les Jésuites sont la cible par excellence d'une France anticléricale qui leur voue une haine viscérale. Elle redoutait leur puissance acquise grâce à un réseau d'établissements scolaires et universitaires. Elle leur reprochait de se cacher dans l'ombre pour ourdir leurs éternels complots alors que c'était Clément XIV, un Pape franciscain, qui les avait supprimés en 1773 sous la pression des États « très-chrétiens ». Devant l'effet dévastateur des flambées révolutionnaires à travers toute l'Europe, la papauté changeant d'avis décide de rétablir en 1814 la Compagnie qu'elle avait supprimée sous la pression des monarchies chrétiennes. À cette même époque, pendant leurs leçons au Collège de France, des écrivains et historiens, tels Jules Michelet et Edgar Quinet, les qualifient d'apatrides revenus au pays en 1815 avec les aristocrates « dans les fourgons de l'étranger ». On les trouvait fourbes, rusés, insoumis aux autorités officielles, enrégimentant les clercs séculiers. On les voyait toujours en conflit avec les autres ordres religieux, captant une bonne partie de la jeunesse dans leur enseignement, n'en faisant qu'à leur guise, confessant les femmes pour capter les héritages et assouvir leur soif de domination.

Une sorte d'inventaire à la Prévert...

Les griefs contre eux étaient innombrables. Les nombreux partisans du gallicanisme leur en voulaient. Un certain abbé Marcet de la Roche-Arnaud, auteur d'un ouvrage à succès publié en 1826, se faisant une spécialité des pamphlets anti-Jésuites pour parler d'eux avec une candeur feinte, allait jusqu'à écrire : « Ils ne disent ni prière, ni office, ni chapelet ; ils n'ont aucune cérémonie religieuse ; point d'abstinence ; point de jeûnes, point de mortification pour eux... La seule religion qu'ils aient est cette folle et singulière ambition de faire un empire unique, soumis aux lois de leur Général ; Rome serait la capitale de ce chimérique royaume. »

Un généreux inventaire de reproches mensongers était colporté par de multiples adversaires qui ne leur pardonnaient pas leurs manières de vivre, de prier, leur ultramontanisme[1], leur internationalisme poussé à une époque où les nationalismes revenaient en force.

Deux siècles plus tard, vos règles de vie sont-elles toujours adaptées ?

Ces dernières années, nous avons assisté à une apologie permanente des nouvelles communautés. Souvent appuyées par l'Église de Rome, elles

1. L'ultramontanisme est une orientation favorable à la primauté spirituelle du Pape sur le pouvoir politique. Vient d'au-delà des monts, c'est-à-dire des Alpes.

faisaient la leçon à l'ensemble de la vie religieuse sur la nécessité de comportements inédits. Cela agaçait, mais nous forçait à rester silencieux parce que nous ne voulions pas juger en public d'autres choix missionnaires que les nôtres. De plus, critiquer aurait entraîné des réactions du style : « De quel droit les Jésuites se font-ils les arbitres de l'Église nouvelle ? »... Aujourd'hui, après avoir beaucoup bouilli dans la cocotte-minute, les contemporains du Pape jésuite que nous sommes doivent savoir user de la latitude qui nous est donnée... La vigilance s'impose dans plusieurs domaines : la sexualité hommes-hommes, les risques de pédophilie, les échanges hommes-femmes, le bon usage de l'argent, les règles de gouvernance... J'ai encore en mémoire un drame. Dix ans après avoir prononcé ses vœux solennels dans une communauté nouvelle, un consacré, père de famille, a décidé de quitter cette forme d'existence. Il avait abandonné son héritage à la communauté et entendait le récupérer. Impossible : l'argent appartenait désormais à la fraternité à laquelle il avait donné trop vite sa confiance. Quelle leçon en tirer ? Il faut être prudent et sûr de sa vocation avant de se dépouiller de tout ! Je connais des communautés charismatiques où le fondateur, très autoritaire, va jusqu'à décider de la couleur des rideaux, du nombre de tringles à poser, des menus... Lorsqu'il est à l'étranger, il contrôle à distance les achats en se faisant envoyer mails et textos ! Parfois le fondateur n'entend pas s'effacer, et sous son influence les membres de la communauté n'osent pas remettre en cause son pouvoir solitaire.

Comment situer la Compagnie parmi les grands ordres religieux ?

Avec les Jésuites, les plus nombreux sont les Salésiens de Don Bosco. Ils comptent 15 573 membres[1]. Comme nous, ils sont très présents en Inde et dans toute l'Asie. Leur force est dans l'apostolat auprès de la jeunesse, l'enseignement scolaire et technique. Quant aux Dominicains, leurs 5 947 membres sont de bons prêcheurs, mais leur répartition dans le monde est loin d'égaler celle de la Compagnie de Jésus. Les Jésuites demeurent l'ordre le plus important en chiffres et le premier ordre missionnaire[2]. Lors de son voyage en Espagne en novembre 1982, Jean-Paul II, s'exprimant devant les autorités locales de Javier[3], avait cité la Compagnie comme « premier ordre missionnaire mondial ». Ce que l'Espagnol Joaquin Navarro-Valls, directeur de la salle de presse du Vatican[4] et manipulateur hors pair, traduisit officiellement par cette affirmation réductrice : « La Compagnie est un grand ordre missionnaire dans le monde »…

Des missions lointaines ?

Bon nombre de candidats jésuites entrent avec une vocation missionnaire. Tout supérieur se

---

1. Selon l'Annuaire pontifical 2013.
2. Autres ordres non cités : les Capucins (10 786 membres), les Franciscains (14 123), les Rédemptoristes (5 338). Chez les femmes, notons 6 799 Clarisses et 2 075 Dominicaines.
3. Dans la Province natale de François-Xavier, missionnaire jésuite au Japon et en Inde avant de mourir aux portes de la Chine.
4. Joaquin Navarro-Valls est aussi un éminent membre de l'Opus Dei.

doit d'entendre ce désir. Or, souvent, il ne se réalise pas comme on le souhaite, voire de longues années après, sinon jamais. Ainsi, le père Arrupe a-t-il attendu longtemps avant de pouvoir partir comme missionnaire au Japon. La plupart des Provinces jésuites anciennes, à savoir l'Europe, les États-Unis, ont jusqu'à une époque récente envoyé environ 30 % de leurs effectifs hors de leur Province d'origine. De nos jours, ce sont des Polonais, des Indiens, des Indonésiens, des Africains… qui, grâce à la croissance de leur nombre, ont pris le relais. Jadis, les missionnaires ne rentraient presque jamais chez eux, au mieux tous les dix ans… Je pense notamment au père Pierre Ceyrac[1] quittant la France en 1939 pour commencer sa formation en Inde. Afin d'affirmer le caractère définitif de son départ, il jeta de façon symbolique dans le canal de Suez le casque colonial qu'on lui avait offert dans la panoplie du parfait missionnaire. Loin de la Corrèze de son enfance[2], immergé dans ses multiples tâches missionnaires, puis happé par son apostolat dans les camps de réfugiés, il deviendra un conférencier écouté qui livrera régulièrement en Europe un témoignage bouleversant de son étonnant itinéraire. Autre vocation missionnaire jésuite originale de cette même génération, celle de Michel Jaouen. Ce Jésuite breton, qui a aujourd'hui 92 ans, d'abord aumônier des prisons, crée en 1954 « l'aumônerie de la jeunesse délinquante ».

1. Jésuite français, missionnaire en Inde et apôtre infatigable dans les camps de réfugiés, installé en Thaïlande lors de l'arrivée au pouvoir des Khmers rouges au Cambodge.
2. La famille est de Collonges-la-Rouge.

Pendant quarante ans, il a embarqué sur le *Bel Espoir* et le *Rara-Avis*, goélette à trois mâts de 38 mètres et sur l'autre voilier plus petit, des drogués et des jeunes sortant de prison pour les aider à guérir de leur dérive. Puisque nous évoquons la mer, je pense aussi au père Frank Browne, Jésuite irlandais qui embarqua sur le *Titanic* et alla de l'Irlande à Southampton et Cherbourg. Une navigation courte qui lui permit quand même de prendre des clichés du *Titanic* en mer depuis devenus historiques. À bord, il se lia d'amitié avec un couple américain qui lui proposa de lui offrir le billet jusqu'à New York. Le Jésuite télégraphia du transatlantique à son Provincial lui demandant l'autorisation de faire la traversée. Un câble lui revint avec cette réponse sans appel « *Get off that ship. Provincial.* » (« Descends de ce navire. Signé : Le Provincial. »). Ce fut, raconte-t-on avec humour depuis dans la Compagnie, la seule fois où la sainte obéissance sauva la vie d'un homme.

Les Jésuites aiment la mer mais aussi les étoiles ?

Les Jésuites en effet depuis leur origine comptent dans leurs rangs des astronomes. L'Observatoire astronomique du Vatican est célèbre mais on sait moins qu'il est l'un des plus anciens de l'Occident. Créé en 1580 dans le but très pratique d'apporter les corrections indispensables au calendrier. Situé à Castel Gandolfo, il est de nos jours toujours entre les mains de Jésuites astronomes dont l'existence est consacrée à la recherche dans l'astronomie mais aussi dans la physique moléculaire et atomique. Par ailleurs, la Chine s'honore des savoirs et des observatoires que les Jésuites ont apportés dans ce pays après la percée réalisée par le père Matteo Ricci, mort et enterré à Pékin en 1610. Dieu est à trouver aussi dans les sciences « dures ». Il est à chercher dans les cailloux comme l'a fait le père Teilhard de Chardin ou dans les étoiles avec l'équipe de Jésuites astronomes réputés mondialement en raison de leur compétence en la matière.

Ce Pape est un religieux, ne l'oublions pas. A-t-il quelque chose à dire aux autres ordres religieux ?

Comment, ayant choisi le nom de François, pourrait-il ne pas s'intéresser au sort des Franciscains d'abord. « Nous tous, les chrétiens, petits mais forts dans l'amour de Dieu comme Saint François d'Assise, nous sommes appelés à prendre soin de la fragilité du peuple et du monde », a-t-il affirmé dans son Exhortation apostolique du 24 novembre 2013, « La Joie de l'Évangile », soit le premier document personnel signé par ce nouveau Pape et adressé à tous.

Pourquoi n'y a-t-il pas de femmes jésuites ?

Ignace ne voulait pas et n'a jamais souhaité une branche féminine. Il existe dans l'Église catholique des Bénédictins et des Bénédictines, des Franciscains et des Franciscaines, des Dominicains et des Dominicaines, rien de tel chez nous, bien qu'il y ait dans ce monde à l'heure actuelle tous ordres religieux confondus 100 000 religieux et 710 000 religieuses. Notre fondateur était-il, pour employer un mot à la mode, un « antiféministe » ? Non. Néanmoins, des femmes ont voulu entrer dans l'Ordre pour y vivre sous son autorité. Ignace fut alors forcé en quelque sorte par Paul III[1] d'en accepter. N'avait-il pas promis obéissance au Souverain Pontife ? Rappelons les deux célèbres cas : d'abord celui d'Isabel Roser. Veuve, elle avait connu et admiré à Barcelone Ignace étudiant, et voulut après la mort de son mari le rejoindre à Rome où il venait de fonder la Compagnie. Elle prononça des vœux le jour de Noël 1545, mais, au bout de trois années, de multiples problèmes compromirent à jamais cette expérience au sein de la Compagnie. En revanche, l'infante d'Espagne qui y avait été admise mourut après avoir prononcé ses vœux.

Du nouveau est apparu au XIXe siècle où bon nombre d'ordres féminins ont été créés par des femmes, s'inspirant des *Constitutions* jésuites. Celles-ci avaient souvent eu des Jésuites comme directeurs de conscience. Ils les avaient éveillées à la spiritualité propre à saint Ignace. À partir de 1830, ce fut une révolution que de voir des femmes de caractère fonder des congrégations religieuses inspirées par la spiritualité ignatienne et assurer leur pérennité ! Période bénie pour elles où les vocations féminines poussèrent comme des chanterelles ! Ces femmes, venant le plus souvent du monde rural, purent enfin, grâce à l'Église, sortir d'une condition subalterne, deve-

1. Alexandre Farnèse, né en 1468 et Pape de 1534 à 1549.

nir mères supérieures, diriger d'autres femmes, s'adresser presque sur un pied d'égalité à des hommes, s'occuper des finances de la congrégation, mais aussi franchir les océans. J'ai vu dans des cimetières en Inde des tombes collectives sur lesquelles était inscrit : « Ces vies ne peuvent s'expliquer que par l'amour de Dieu qui a conduit ces religieuses missionnaires jusque dans nos contrées. Leur existence a été courte mais comblée de grâce. » Car la plupart de ces femmes courageuses sont mortes avant 40 ans, soit moins de dix années après leur arrivée, emportées par des épidémies.

L'habit est-il important pour vous ?

Je ne m'habille en clergyman que quand cela est nécessaire ; c'est donc assez rare. Il en est ainsi quand j'assiste à une audience papale à Rome ou une réception officielle. Sinon je porte la traditionnelle petite croix argentée à la boutonnière. J'adhère au modèle nord-américain selon lequel un prêtre doit revêtir la tenue ecclésiale dans son église. Il faut pouvoir le reconnaître quand il préside des liturgies. Dans sa communauté, il n'en a pas besoin, ni dans la rue. Je compare cette attitude à celle du médecin, dont la profession n'est pas affichée d'emblée. Il n'a pas un accoutrement spécifique, mais, en cas d'accident, il décline spontanément son identité. Nous ne sommes plus au temps de Molière ! D'ailleurs même le Cardinal Archevêque de Paris, Jean-Marie Lustiger, aimait porter un pantalon de velours et un pull quand il n'était pas dans des tâches officielles. Je suis de ceux qui ont vu de grands changements dans ce domaine ; entré dans la Compagnie en soutane noire, je suis parti enseigner à Douala, au Cameroun, dans un collège jésuite en soutane blanche sur le continent africain. À mon retour dans l'Hexagone, ma famille a fait une belle photo souvenir[1] ! Il a aussi fallu se réadapter. Lorsque j'étais dans un train en soutane, les gens se croyaient obligés de ne me parler que de religion ! Ils me racontaient : « Quand j'étais enfant de chœur, je vidais les burettes », « J'ai gardé le missel de mon enfance », « Ma tante est religieuse »... En revanche, maintenant que je suis en civil, les gens ne se confient plus comme auparavant. Lorsque j'enseignais à Sciences-Po, je ne m'imaginais pas venir avec un col romain, mais je disais aux étudiants : « Je suis jésuite et même Provincial... Peut-être ne savez-vous pas ce que cela signifie ? »... Un jour, dans un petit groupe de cette école, un syndicaliste m'interpelle : « Va-t-il falloir vous appeler "mon père" ? » « Non, vous ne m'avez pas compris. Si vous m'appelez "monsieur", cela ne me choquera pas... » Ce qu'il fit ! À ce propos, j'ai apprécié une réponse de Jorge Mario Bergoglio à un séminariste qui lui demandait : « Faut-il porter la soutane ? » Il lui répondit : « Commencez par retrousser vos manches, on verra ensuite ! »

1. Il y a quelques dizaines d'années lorsqu'un missionnaire revenait de loin, on lui demandait quasi systématiquement de témoigner par des écrits, des réunions, des conférences. De nos jours, la facilité pour chacun de voyager et l'abondance des reportages ont amoindri la curiosité de nos contemporains sur ces missions.

Quelles sont vos missions essentielles ?

Les sollicitations sont nombreuses, mais l'expérience montre que les Jésuites doivent se consacrer à trois missions essentielles. La première est de trouver les manières d'annoncer la présence de Dieu dans le monde tel qu'il est. Ensuite, d'être capable de s'entourer de laïcs qui se nourrissent de cette coopération dans l'œuvre éducatrice et désirent vivre librement les chemins qu'elle ouvre. Depuis sa fondation, la Compagnie de Jésus est vouée à l'éducation en tous domaines.

Y a-t-il une pédagogie jésuite ?

La nouveauté propre aux Jésuites en matière d'éducation dans les collèges[1] a consisté dès le XVIe siècle à regrouper les élèves par niveaux de connaissance dans ce qu'on appelle les classes, depuis la sixième jusqu'à la première. L'autre innovation fondamentale prévoyait la création d'un temps scolaire fixe, scandé par la variété et la succession des matières et des apprentissages. Un temps pour chaque discipline, un pour donner un cours substantiel, un autre surtout pour les exercices pratiques, apprendre les leçons, les réciter ; du temps pour rédiger les devoirs et un autre moment pour les corriger.

De la sorte, avec ce découpage scolaire, la fameuse émulation censée être le ressort de la pédagogie jésuite n'était pas vraiment individuelle mais d'abord collective. Dans chaque classe, il y

1. Selon des données fournies par un spécialiste de ces questions, le père Dominique Salin SJ.

avait des groupes d'élèves qui se faisaient face les uns les autres dans des compétitions d'éloquence.

Le drame fut la suppression de la Compagnie, entraînant la fermeture des collèges. Lorsqu'ils rouvrirent au XIXe siècle, ils perdirent de leur spécificité en se coulant dans le modèle politique général. La scolarité gratuite grâce à l'aide des familles riches devint payante et conduisit toujours davantage à une sélection par l'argent. L'internat et le bachotage aboutirent à une réduction des activités propres aux élèves désormais surveillés par des pions. N'oublions point, en outre, que de 1880 jusqu'à la fin de la Première Guerre mondiale les Jésuites chassés à l'étranger par la république furent l'objet de lois spécifiques dérangeant leur enseignement et les obligeant à partir. Comme d'autres ordres religieux enseignants, ils n'étaient plus présents dans leurs établissements, confiés à quelques prêtres diocésains et à des laïcs de bonne volonté.

Pourquoi cette volonté éducatrice ?

Saint Ignace n'avait pas voulu au départ encourager cette tâche, car elle mobilise beaucoup d'effectifs et freine nécessairement la mobilité des Jésuites. C'est cependant cette vocation à éduquer qui l'a emporté au fil des siècles. On a vu fleurir sur les cinq continents des écoles primaires, des collèges, des lycées et des universités. L'idée de base est que rien ne touche autant les jeunes que le dévouement d'éducateurs compétents. Il permet de transmettre avec le savoir beaucoup d'autres valeurs laïques et religieuses.

L'éducation est un vecteur essentiel pour transmettre une morale pratique et une discipline de vie chez celui qui la reçoit. La religion devient alors une richesse potentielle au milieu d'autres savoirs. Si vous regardez une carte des établissements jésuites datant de la fin du XVIe siècle, vous constatez qu'ils étaient bien souvent disposés en étoile autour des Alpes afin de freiner la progression du protestantisme depuis l'Allemagne. Quand l'éducation coïncide avec le mouvement missionnaire, des écoles apparaissent aussitôt, ainsi qu'on peut le voir au Brésil, en Colombie, au Japon, au Vietnam et surtout en Inde… Comme on peut le constater, il est difficile de changer la mentalité des adultes. La solution est donc de se tourner vers leurs enfants qui eux sont curieux de connaître les mystères qu'apportent ces étrangers dans leurs bagages. Lorsque j'enseignais au Cameroun, je voyais des parents verser plus de la moitié de leurs maigres revenus annuels pour financer les études de leurs enfants. J'ai alors mesuré la situation singulière d'enfants scolarisés obéissant à des parents illettrés. Avec une certaine ironie, on prétend qu'Ignace n'a poussé à ces tâches d'éducation que pour obliger finalement les Jésuites à apprendre à être clairs et pédagogues devant n'importe quel auditoire.

Une vocation dominante ?

Cette pédagogie dans l'enseignement rejaillit sans doute sur la façon de prêcher, de donner des retraites spirituelles, d'accompagner le parcours d'enfants et d'adultes… Il est toutefois désolant que de nos jours la baisse des effectifs jésuites en Europe ne permette plus d'accomplir pleinement ces tâches. Désormais, des laïcs qualifiés s'associent à eux. Alexis Jenni, par exemple, prix Goncourt 2011 pour *L'Art français de la guerre*, est actuellement professeur de sciences de la vie et de la terre dans le Centre scolaire jésuite Saint-Marc à Lyon...

Que d'aventures !

Cette vocation éducative connaîtra en France des épisodes mémorables... Quand au début du XXe siècle les Jésuites furent en conflit ouvert avec la République à propos de leurs collèges, des laïcs de grande culture se mirent à leur disposition pour prendre le relais. Parmi eux se trouvait Henri de Gaulle, le père du Général, ainsi que le raconte son petit-fils, l'amiral Philippe de Gaulle, dans *Mémoires accessoires*. « En 1901, mon grand-père devient aussi professeur de philosophie et préfet des études dans un autre collège de Jésuites, celui de l'Immaculée-Conception, 283, rue de Vaugirard. Ses élèves les plus illustres, de Georges Bernanos au Cardinal Gerlier, de Philippe de Hauteclocque à Jean de Lattre de Tassigny ou Pierre Veuillot, futur Cardinal Archevêque de Paris, racontent qu'il portait alors, selon la mode de l'époque, le haut-de-forme, la redingote et le pantalon rayé. "Grand monsieur un peu voûté, décrivait l'un d'entre eux, aux longues mains fines, catholique pratiquant, sans fanatisme politique, et d'une grande courtoisie avec tous". » Lorsque, en 1907, les congrégations furent expulsées de France, pour subsister, le professeur de Gaulle ouvrit une boîte à bachot, « La Pension Fontanes ». Son fils Charles est alors contraint de « s'exiler » à Antoing, en Belgique, où il achèvera ses études avec les mêmes maîtres jésuites contraints de par les lois de la République à prendre le chemin de l'exil.

Comment quitter l'Ordre quand on y respire mal ?

Il y a deux sortes de vœux ; au bout de deux ans, à la fin du noviciat, on prononce les premiers vœux. Ils engagent celui qui les prononce. Ensuite, après une longue formation, on s'affirme par des vœux solennels. Si l'on choisit un jour de quitter l'Ordre, il faut en référer au Saint-Siège qui statuera après avoir examiné le dossier… Certes, celui qui quitte peut prendre son baluchon sans que soit réglée sa situation canonique. Ne pas être relevé de ses vœux, cela signifie : ne pouvoir revenir à l'état laïc et donc renoncer à un mariage à l'église.

Revenons à la question des vocations dans votre ordre…

Je prends l'exemple de l'Afrique. Pour entrer au noviciat dans la Province du Zaïre, où il y a quelque cent cinquante demandes chaque année, les responsables sont obligés d'être très sélectifs en analysant le plus sérieusement possible la candidature de chacun, car il peut y avoir des problèmes personnels, des enfants, des amours cachées… Sur le continent africain, les Jésuites sont aussi sollicités par les nonces[1] pour devenir

1. Nonce : ambassadeur du Pape qui propose les Évêques à Rome.

Évêques, ce qui prive l'ordre d'éléments précieux pour ses propres missions. L'Afrique noire est un continent qui « mord » fortement au catholicisme ; elle est stimulée par la confrontation avec l'islam et la difficile cohabitation entre les ethnies, mais la croissance démographique de l'Afrique est prometteuse. On prévoit un milliard d'hommes dans trente ans. Des chiffres intéressants pas seulement sur le plan économique, mais aussi pour l'avenir de l'Église catholique et de la Compagnie de Jésus.

Que recouvre le vœu de pauvreté ?

Je n'ai plus en effet de biens propres. J'ai prononcé mes vœux perpétuels il y a quarante ans. De ce fait, j'ai renoncé à tout héritage familial au profit de mes frères et sœurs en leur rappelant néanmoins : « L'argent ne doit pas être un problème entre nous, même si vous partagez l'héritage entre vous, peut-être pourriez-vous vous montrer généreux avec la Compagnie. » La sagesse de nos textes recommande d'éviter que les questions financières n'aggravent les tensions familiales et ne rendent la Compagnie de Jésus dévoreuse de fortune dans des milieux souvent éloignés de Dieu et de l'Église.

Les Jésuites reçoivent-ils des héritages ?

De moins en moins, surtout en raison de la diminution des vocations et d'une tradition de donner à l'Église qui se perd, notamment dans les jeunes générations. À la place d'héritages viennent souvent des legs, c'est-à-dire la transmission des biens du vivant du donateur. Les longues années de formation d'un Jésuite coûtent cher et les règles de la Compagnie ne permettent pas aux communautés de vivre des revenus de leur capital. En revanche, c'est indispensable pour financer la formation des nouvelles vocations. Lorsque j'étais Provincial, nous avons donné en ce sens un statut juridique officiel à ce qui est aujourd'hui la Fondation de Montcheuil[1].

Deux Cardinaux jésuites n'étaient pas en odeur de sainteté et ont connu des destins tragiques...

Parlons d'abord de Louis Billot, né en 1848 et mort en 1931 à Galloro, près de Rome. C'était un théologien et prêtre jésuite français ultra-maurrassien appelé à Rome pour enseigner à l'Université grégorienne et créé Cardinal par Pie X en 1911. Redoutable polémiste, il critiqua ouvertement l'attitude de Pie XI lorsque celui-ci prononça la condamnation de l'Action française. Entêté dans son refus, il fut convoqué par le Pape en personne ; leur explication fut étonnamment brève et silencieuse... Billot en ressortit dépouillé de son titre cardinalice et des insignes de sa dignité qui restèrent sur le bureau du Souverain Pontife au Vatican, lequel accepta officiellement sa démission quelques semaines plus tard...

1. La Fondation de Montcheuil, reconnue d'utilité publique, aide les Jésuites de France dans leurs travaux intellectuels et dans leurs actions auprès de la jeunesse défavorisée. La fondation a choisi d'honorer la mémoire du père Yves de Montcheuil, Jésuite fait prisonnier dans le maquis du Vercors et exécuté en août 1944.

Me parleriez-vous du décès étrange du Cardinal Daniélou…

Je n'ai pas de révélations sensationnelles à vous faire car les circonstances de la mort en mai 1974 de ce brillant intellectuel jésuite qu'était Jean Daniélou. Elles demeurent confuses. Ce que l'on sait, c'est que le Cardinal était venu apporter l'après-midi, rue Dulong, près de la place Pereire, une forte somme d'argent à une jeune femme de mauvaise vie, afin dit-on qu'elle puisse régler l'avocat de son mari alors en prison. Après avoir monté à pied les quatre étages menant à son modeste appartement, il sonne… et s'effondre sur le palier sous les yeux de la dame ! Elle appelle très vite Police-Secours. Malgré un massage cardiaque et l'arrivée des médecins du Samu, il décède – sans avoir repris connaissance… L'énigme demeure sur cette mort qui suscita beaucoup de fantasmes. Je ne vais pas en ajouter d'autres.

Pendant que nous y sommes, parlons de la mort rapide et brutale de Jean-Paul Ier…

Je suis désolé là aussi de ne pas vous apporter une réponse romanesque ou scabreuse pour la disparition subite du Pape Jean-Paul Ier le 28 septembre 1978. J'ai entendu, parmi les explications données à propos de son décès après trente-trois jours de pontificat, la théorie que les Jésuites en auraient été les auteurs… Cela fait sourire, mais après tout nous avons l'habitude d'être pris impitoyablement pour cibles dans des affaires religieuses louches ! Quant à moi, je suis quasi certain que Jean-Paul Ier est mort de sa belle mort, comme on dit dans le langage populaire, mais je pense aussi que l'imputation aux Jésuites est liée à un fait précis… En effet, le 29 septembre, le Pape, mort dans la nuit, devait faire le lendemain un exposé devant les Cardinaux sur la situation de la Compagnie dans le monde et les inquiétudes que certains avaient sur sa gouvernance par le père Arrupe. Je suis persuadé de cela car ce Supérieur général réussit par la suite à obtenir le texte de cette intervention qui n'eut jamais lieu. En revanche, ce document a beaucoup circulé dans les cercles cardinalices préparant le prochain conclave chargé d'élire Jean-Paul II. Le contenu de ce texte, plutôt critique spécialement envers les Jésuites d'Amérique latine, explique la tiédeur certaine des rapports initiaux entre le père Arrupe et Karol Wojtyla. Le fait que cette critique n'ait jamais été prononcé oralement par Jean-Paul Ier, le fait qu'il ait été assez sévère envers les Jésuites d'Amérique latine, au goût du Saint-Siège trop remuants dans cette période, enfin la mort brutale d'Albino Luciani apportaient des ingrédients macabres pour monter un amalgame insensé. Les Jésuites étaient accusés d'avoir tué un Pape qui se préparait à leur donner sans complaisance une leçon.

Avec de tels adversaires et des périodes si sombres, comment peut-on expliquer la longévité des Jésuites ?

Par leur aptitude à beaucoup étudier pour comprendre le monde tel qu'il est et non tel qu'il est rêvé, par leur ambition de le transformer avec l'aide de Dieu, plus l'énergie pour ce faire en se servant des outils ignaciens. Ajoutons l'organisation souple de leur mode propre de gouvernance, leur courage et leur capacité d'adaptation à des terrains en perpétuelle évolution. Ils peuvent souvent compter sur la sympathie, la fierté, éventuellement la générosité d'anciens élèves ayant fréquenté leurs collèges et universités jadis, de Molière à Descartes jusqu'au futur général de Gaulle, en passant par Fidel Castro, Alfred Hitchcock, Luis Bunuel… Si les Encyclopédistes les combattaient, Voltaire venait cependant encore montrer ses écrits, avant de les faire publier, à son ancien professeur de rhétorique au Collège des Jésuites, l'ancêtre de l'actuel lycée d'excellence Louis-Le-Grand à Paris.

Les Jésuites ont bien changé au fil des siècles, mais ils gardent leur cap dans les épreuves et les succès qui rythment leur étonnante aventure. Seule la mort, douce ou violente, entraîne leur exclusion. « De face ou de biais », ils ont choisi de consacrer leur vie à Dieu pour que change notre monde.

12

Pape blanc, Pape noir

Pourquoi surnomme-t-on le général des Jésuites le « Pape noir » ?

Nous ne parlons pas chez nous du « général » mais du « préposé général » afin d'éviter la connotation militaire qui persiste dans les esprits. L'aspect militaire de l'Ordre a été souligné en raison de la Réforme protestante du milieu du XVIe siècle, qui coïncide en effet avec celle de la fondation de la Compagnie de Jésus. On a vu naître alors des hommes capables de résister à l'influence protestante. Depuis la conclusion du concile de Vatican II en 1965 et à la demande des papes, nous sommes devenus d'ardents partisans de l'œcuménisme. C'est le signe que le monde religieux a changé et les Jésuites aussi. Ce qui demeure en revanche au centre de la spiritualité ignacienne est l'invitation pour chacun à lutter contre le mal et à chercher le bien. Nul n'échappe à un « combat spirituel » personnel où s'affrontent des forces contraires. Comme l'écrira plus tard Arthur Rimbaud à la fin *d'Une saison en enfer* : « Le combat spirituel est aussi brutal que la bataille d'hommes. »

Au début, les Jésuites étaient appelés *los Inigos*, ou les Compagnons d'Ignace. Ce dernier ne voulait pas personnaliser cette aventure. C'est pourquoi fut choisi le terme de « Compagnons de Jésus »... D'où le fait que les Jésuites signent leurs documents en abrégé avec un traditionnel « SJ », Société de Jésus. De même, les Dominicains, fondés en 1215, inscrivent sous leur nom « OP », parce qu'ils appartiennent à un ordre de prêcheurs, les Bénédictins OSB, Ordre de Saint-Benoît fondé en 529, qui sont des contemplatifs, ou les Franciscains, Ordre des Frères mineurs fondé en 1210, qui signent OFM.

D'autres ordres sont nés à l'époque d'Ignace, mais peu ont survécu. Un fondateur doit être d'abord capable de passer le cap de la première génération. À la mort d'Ignace, on comptait déjà mille Jésuites répartis sur les cinq continents, ce qui représentait un développement très rapide de cette nouvelle forme de vie religieuse. Le vœu spécial d'allégeance au Souverain Pontife semble avoir accéléré leur expansion. Quant à l'expression, étrange pour beaucoup, j'imagine, de « Pape noir », elle est née à la Renaissance. Les papes étaient vêtus de rouge parce qu'élus parmi les Cardinaux ; or, un jour, un Dominicain devenu Pape en 1566 sous le nom de Pie V[1] décide de garder la robe blanche de son ordre. C'est depuis l'« uniforme » des papes. Le « Pape noir » s'est vêtu de noir dès l'origine comme les clercs de son

1. Pie V, Antonio Michele Ghislieri, a été le 223e Pape, de 1566 à 1572.

époque. Derrière ce contraste des couleurs de l'habit ecclésial, un récit épique s'est développé : puissance et prestige des Jésuites, conflits de pouvoir, approche différente des réalités d'Église… et bien sûr autoritarisme chez l'un et l'autre.

Ne péchez-vous pas par fausse modestie ?

La modestie, parlons-en ! Je dirais plutôt l'humilité, car elle demande aux Jésuites de se mettre directement à la disposition du Pape, dont l'horizon est beaucoup plus large que le nôtre. Ce n'est pas pour rien qu'on parle d'obéissance. Cette attitude est contraignante pour nous, car l'Histoire montre que c'est une obéissance parfois difficile. Elle a permis aussi de magnifiques réalisations dont l'œuvre d'évangélisation de Matteo Ricci[1] en Chine à la fin du XVIe siècle, ou l'émancipation des Guaranis[2] en Amérique latine, mais aussi des échecs comme en témoignent les signes de vives tensions au fil de l'Histoire entre le « Pape noir » et le Pape blanc ! Le théologien jésuite allemand Karl Rahner[3] le souligne dans son livre *Discours d'Ignace de Loyola aux Jésuites*

1. Né à Macerata en Italie en 1552, mort à Pékin en 1610, Matteo Ricci est le premier prêtre étranger, missionnaire et jésuite, à s'être rendu en Chine et à s'être totalement immergé dans la culture chinoise. Sa langue, son écriture, son histoire et peut-être plus que tout sa culture l'ont plongé au XVIIe siècle dans l'âme de la Chine.

2. Peuplades amérindiennes des régions amazoniennes du Brésil qui s'étendaient en amont tout au long du fleuve Paraguay.

3. Né en 1904, à Fribourg-en-Brisgau, et mort en 1984. Cet écrivain et professeur de théologie est considéré comme l'un des théologiens catholiques les plus éminents du XXe siècle.

Le Pape François à l'entrée des appartements pontificaux du deuxième étage du Palais apostolique où il reçoit en audience les hautes personnalités.

Vêtu en tenue sombre,
le Cardinal Archevêque
de Buenos Aires en 2011
au micro de la station de radio
de la Villa Miseria 21,
un des bidonvilles
du centre de Buenos Aires.
Le père Isasmendi
en est le curé.

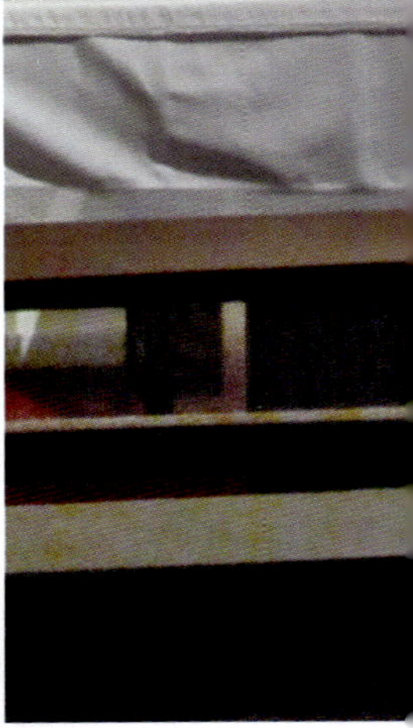

La chapelle de Jorge Mario Bergoglio à l'archevêché de Buenos Aires, au 415 de l'avenue Rivadavia. Dans la vitrine de la sacristie de sa cathédrale, sa mitre, sa calotte et d'autres ornements de cérémonie. En bas à gauche, l'immeuble moderne où il habitait dans un petit appartement de trois pièces, au troisième étage.

Le Pape à Rio pendant les JMJ de juillet 2013 où, le samedi 27, il est accueilli par les petits rats de l'Opéra au théâtre municipal. Il est venu rencontrer les représentants de la société civile.

Le dimanche 28 juillet 2013, sur la célèbre plage Copacabana à Rio une marée humai de 3 millions de fidèles accompagne le Saint-Père pour la messe de clôture des JMJ au Brésil.

Petite photo au théâtre municipal. Le Pape porte

la coiffe que les Indiens Pataxó, originaires du sud de l'État de Bahia, viennent de lui offrir.

À gauche, en bas, les officiers de sécurité se transforment en nounous et lui tendent des enfants qu'il bénit et embrasse.

À droite, en bas, le Pape déjeunant avec des JMJistes.

À l'intérieur du Vatican le Pape quittant Santa Marta, résidence hôtelière pour les visiteurs du Saint-Siège, bâtie en 1996 à la demande de Jean-Paul II. C'est ici qu'a choisi de vivre François. Il habite au deuxième étage au centre du bâtiment moderne, là où flotte le drapeau jaune et blanc du Vatican. Il est entouré de Mgr Sapienza, à sa droite, de Mgr Gänswein, à sa gauche, de Domenico Giani, le chef de la Gendarmerie vaticane, en noir à droite, et plus à gauche, d'un autre officier de sécurité. Derrière, des voitures moins flamboyantes qu'auparavant appartenant au parc automobile du Saint-Siège.

Pour l'Archevêque de Buenos Aires, sa mission consiste à aller à la rencontre des gens, « les trouver sur sa route », selon ses termes. Il célèbre ici une « messe de rue » place de la Constitution. À droite, padre Juan Isasmendi dans son église de la Virgen de los Milagros de Caacupe. À gauche, le Pape se rend le 8 juillet 2013 sur l'île de Lampedusa, au sud de la Sicile, afin de plaider pour les réfugiés qui arrivent, au risque de leur vie, sur des embarcations de fortune. À gauche, padre José Maria di Paola, qui s'occupe des drogués, et Adriana Triacà, l'une des proches du Pape, orthodontiste et bienfaitrice des bidonvilles.

Padre Carlos Mugica
Padre San Juan Bosco

al comenzar
las clases

Jorge Mario Bergoglio enseignan
au Colegio de la Inmaculada
à Santa Fe de 1964 à 1966,
il est au milieu de ses collègues
et des élèves.
En haut, avec Jorge Luis Borges
professeur dans ce prestigieux
établissement jésuite.
À gauche, des documents rares :
la couverture du bulletin
du collège et à droite le texte
original de son engagement
personnel comme jeune professeu
de littérature et de psychologie.

La expresión como meta en la formación del joven

En nuestros días somos testigos de un drama: el drama de la verdad aceptada a medias, y a esta representación lanzamos —todos los años— a nuestros alumnos. ¿Hemos pensado alguna vez si están capacitados como para hacerle frente? ¿Están realmente orientados hacia la posesión y expresión de la verdad, o fluctuarán en el vaivén de opiniones anodinas y baratas? ¿Sabrán enfrentar en la universidad, con la espada de una expresión clara y vibrante, el sonoro gorjeo de los estudiantes vitalicios, de esos grandes habladores al servicio del error, que son como grandes vasos: hacen más ruido, cuando más vacíos están?

Debemos hacernos conscientes de que el error y el compromiso personal con el error, se defienden tras el telón de una retórica brillante y halagadora, mientras que muchas veces, todo el esfuerzo hecho para transmitir la verdad a nuestros alumnos, queda en una timidez gélida incapaz de encarnar con la luminosidad de toda verdad, un mensaje a los demás hombres. Porque el problema no es simplemente de posesión de la verdad y compromiso con ella, sino también de expresión de la misma con brillantez y fecundidad.

Resumiendo: reflexión profunda, expresión definida, valiente y clara, para entregar a la humanidad el testimonio del Señor que edifique una tierra nueva. Sólo así encarnaremos de un modo más perfecto la figura de Jesús, cuya vida no fue sino un gesto: el gesto de la palabra; es decir, la Verdad totalmente poseída y generosamente entregada a los demás en una expresión de amor.

P. JORGE MARIO BERGOGLIO S.I.

Place Saint-Pierre, lors de l'audience générale du mercredi accessible à tous et qui réunit quelque 50 000 fidèles chaque semaine. La foule déborde sur la Via della Conciliazione. À gauche, le Pape dans son 4x4 avec son chauffeur et Sandro Mariotti, son majordome. À droite, en face du Pape le drapeau français déployé le 19 mars 2013, jour de sa messe inaugurale.

En haut à gauche, avril 2013,
le Pape à Santa Marta avec le rabbin Skorka.
En haut à droite, le 24 janvier 2014, Jorge Mario Bergoglio
reçoit François Hollande en visite officielle.
En bas à gauche, l'imposante mosquée de Buenos Aires
dans le quartier résidentiel de Palermo
et, à droite, le cardinal Bergoglio avec le rabbin Abraham Skorka,
de dos, et Omar Ahmed Abboud, l'imam de la grande mosquée,
dans la cathédrale métropolitaine de Buenos Aires le 22 novembre 2012.

Le Pape a gardé
sa croix d'Évêque en argent
qui symbolise l'Église catholique
dont il est le Pasteur.
Dessinée par l'artiste Antonio Vedele
et réalisée par un artisan orfèvre
de Pavie, Giuseppe Albrizzi,
cette croix qui pèse 84 grammes
vient de chez Ancora,
célèbre marchand de livres
et objets religieux, établi 64 Via della
Conciliazione à Rome.

Retour de Strasbourg
le 25 novembre 2014,
Caroline Pigozzi
interviewe le Pape.

Caroline Pigozzi remet
le 15 janvier 2015
au Saint Père
un médaillon de bronze
de Ste Thérèse de Lisieux
dans l'avion reliant
Colombo à Manille.

Le Pape François
vient parler à l'écrivain
le 12 janvier 2015,
jour du départ
pour le Sri Lanka.

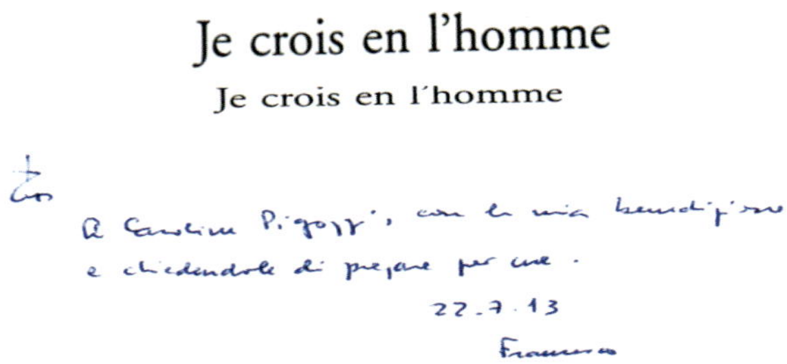
Je crois en l'homme

Je crois en l'homme

A Carolina Pigozzi, con la mia benedizione
e chiedendole di pregare per me.

22.7.13

Francesco

Deux symboles de l'humilité du Pape François : au dos des courriers de l'illustre expéditeur est simplement indiqué « F. Casa Santa Marta, Città del Vaticano » et lorsqu'il dédicace l'un de ses ouvrages d'entretiens, Conversations avec Jorge Bergoglio, *avant-propos d'Henri Madelin s.j., il demande qu'on prie pour lui. En bas à gauche, le 29 octobre, lors de la Journée mondiale des familles, place Saint-Pierre.*

Le Pape François,
le 15 mai 2013,
place Saint-Pierre.

En haut, Caroline Pigozzi au premier rang lors de la messe privée du Pape François, le 27 septembre 2013.
À gauche, dans l'avion du Saint-Père le 29 juillet, l'auteur lui pose une question sur les Jésuites.
En bas à gauche, le 24 janvier 2014, Caroline Pigozzi reçue par le Saint-Père.
À droite, en 1978, le père Henri Madelin s'incline devant Jean-Paul II en présence du père Arrupe, supérieur général des Jésuites.
En bas à droite, en 1983, le père Madelin auprès du pape Jean-Paul II.

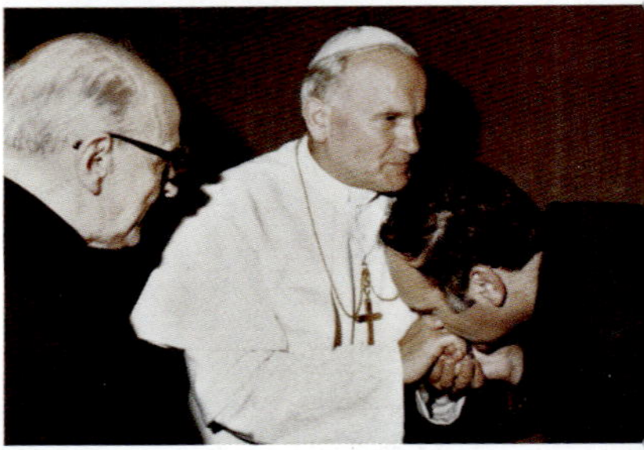

d'aujourd'hui (1978), il importe pour les Jésuites en toute situation de « faire l'unité entre le service obéissant et la distance critique envers l'autorité dans l'Église. Voilà une tâche à réaliser dans l'Histoire et toujours susceptible de réussir de nouveau ». C'est ce qu'ont vécu pendant cent cinquante ans les Jésuites dans l'aventure de la république des Guaranis, de 1610 à 1767. Leur territoire s'étendait sur 350 000 kilomètres carrés le long de trois fleuves ; Paraguay, Panama et Uruguay. Sur cet immense espace vivaient 200 000 Indiens guaranis et un peu plus de 200 pères jésuites dont près de 30 furent massacrés. Les communautés guaranis se rassemblèrent dès le début du XVIIe siècle ; elles ne portaient pas encore le titre de « réductions ». Mais c'est sous ce terme étrange qu'elles sont passées à la postérité. Ces « réductions » permettaient aux populations indigènes de se regrouper en villages autour du clocher et de la maison des pères, entourée de champs cultivés par la collectivité. Elles étaient dotées d'un cacique (chef) et d'un conseil municipal autonome. Le but principal était d'empêcher toute incursion de chasseurs d'esclaves. L'esclavage était aboli pour les Indiens convertis au catholicisme. Les Guaranis sont célèbres pour leur amour de la musique. Avec les pères, ils chantaient des opéras que grâce à des CD, l'on peut encore écouter de nos jours.

Un Pape peu romain ?

Vous avez raison. La preuve : l'Archevêque de Buenos Aires ne cherchait point à s'impliquer à Rome dans le gouvernement central de l'Église.

Il fréquentait peu les membres de la Curie et ne souhaitait guère siéger dans les commissions des divers dicastères du Saint-Siège. En fait, c'est à Buenos Aires qu'il voulait exercer le maximum de responsabilités. Comme le Cardinal jésuite Carlo Maria Martini, il aimait donner des retraites avec l'aide du livret des *Exercices spirituels* de saint Ignace.

Pourquoi ce Pape issu d'un milieu plutôt simple a-t-il choisi un ordre qu'on qualifie volontiers d'élitiste ?

En Argentine, on n'a pas cette perception élitiste des Jésuites ; ce sont des repères propres à l'Europe. Les critiques sur notre continent sont surtout liées à leur action passée... Ce qui n'est pas du tout le cas en Amérique latine où la Compagnie recrute dans des sphères plus modestes. De plus, un migrant qui réussit en Amérique latine à s'insérer sans nostalgie du pays d'origine devient un atout pour l'évangélisation d'une population si diverse. Les pays émergents reçoivent des jeunes issus de milieux populaires. Ce qui a d'abord attiré le Pape François dans la vocation jésuite est une certaine discipline avec des hommes qui refusaient de suivre tous les remous idéologiques du moment... En outre, le mot élitisme n'évoque qu'un aspect de la mission de la Compagnie car celle-ci a rassemblé et compte toujours en Europe des prêtres travailleurs sociaux, souvent proches des immigrés. Connaît-on cette ONG accompagnant les 15 millions de réfugiés à travers le monde ? Créé par le père Arrupe, ce service, appelé le Service

Jésuite des Réfugiés (« RJS » en anglais), est présent sur tous les continents. Pour ce qui est des écoles, grâce à l'Espagne, l'Amérique latine est truffée de systèmes de relais éducatifs organisés par la Compagnie de Jésus sous le nom « Fe y Alegría ». Ce sont des écoles pauvres destinées à la formation de base des chrétiens adultes, soit le contraire de l'élitisme souvent reproché ! À travers de telles écoles, de nouvelles élites populaires peuvent émerger.

Quel est l'héritage psychologique de ce Pape ?

C'est dans l'action d'abord qu'il manifeste des qualités que l'on dit propres aux Jésuites et codifiées dans les *Exercices spirituels*. Il pèse et pondère ses futures décisions. J'ai pu observer cette méthode notamment quand Jorge Mario Bergoglio a prêché une retraite en 2006 en Espagne à ses frères Évêques en s'inspirant du livret de saint Ignace.

Son héritage jésuite lui donne de la force au quotidien. Soucieux d'aborder les grands sujets, il ne donne pas le sentiment que récemment le Pape se serait transformé en suppôt caché au service des Jésuites pendant que le Préposé général serait devenu un « agent secret » à la solde du Vatican... Son schéma et son vocabulaire sont ceux des *Exercices spirituels* de saint Ignace...

Les deux protagonistes que sont le Pape François et le père Adolfo Nicolás vont s'efforcer de ne pas tomber dans un schéma où l'on verrait s'affronter le « Pape noir » et le « Pape blanc »... L'obéissance des Jésuites au Pape a cependant traversé des moments tragiques. Plusieurs grandes époques ont marqué l'histoire de la Compagnie. La première se situe au début du XVIe siècle, quand elle a connu une telle expansion dans le monde qu'elle a suscité des jalousies et sans doute pas mal d'orgueil chez les Jésuites eux-mêmes. Ensuite, une inquiétude des rois face au pouvoir que les Jésuites prenaient sur leurs territoires et dans leurs missions implantées aux quatre coins de la Terre. D'où la suppression de la Compagnie à la suite des pressions de rois « très catholiques » lors de l'élection des papes. Éliminés en 1773, les Jésuites réapparaissent en 1814, soit une bonne génération plus tard et dans une situation très différente. En France, notamment, ils reviennent dans les fourgons des émigrés de retour d'exil, ce qui fit écrire au poète Béranger en 1819 ce virulent pamphlet contre les Jésuites : « Hommes noirs, d'où sortez-vous ? Nous sortons de dessous terre. Moitié renards, moitié loups, Notre règle est un mystère. Nous sommes fils de Loyola ; Vous savez pourquoi l'on nous exila, Nous rentrons ; Songez à vous taire ! Un Pape nous abolit ; il mourut dans les coliques. Un Pape nous rétablit ; Nous en ferons des reliques. » Comment oublier que, lors de la suppression de l'Ordre par Clément XIV, le 21 juillet 1773, le Supérieur général des Jésuites, abandonné de tous, fut enfermé jusqu'à sa mort dans la prison du château Saint-Ange à Rome ? Les relations entre ces deux pouvoirs étaient d'une extrême rudesse. Le décret de suppression de Clément XIV stipulait en effet : « Ayant reconnu que la Compagnie de Jésus ne pouvait plus produire ses fruits abondants et ses avantages considérables pour lesquels elle a été instituée, nous supprimons et nous abolissons la Société de Jésus ; nous anéantissons et nous abrogeons tous et chacun de ses offices, fonctions et administrations, maisons, écoles, collèges, retraites, hospices et tous ces autres lieux qui lui appartiennent de quelque manière que ce soit et en quelque Province, royaume ou État qu'ils soient situés. C'est pourquoi nous déclarons cassée à perpétuité et entièrement éteinte toute espèce d'autorité soit spirituelle soit temporelle du Préposé général, des Provinciaux, des Visiteurs et autres supérieurs de cette société… » Ce fut le désarroi chez les Jésuites à cause du quatrième vœu, mais les cours royales d'Europe, qui avaient voulu cette suppression, obtempérèrent aussitôt. Seule Catherine II de Russie et Frédéric II de Prusse refusèrent l'application de ce décret papal, fort soucieux de garder chez eux le plus longtemps possible ce corps d'enseignants jésuites de qualité pour former leurs élites. Onze années auparavant, l'Encyclopédiste d'Alembert avait écrit à Voltaire une lettre insolente, indigne d'un philosophe des Lumières : « On dit que Jésus-Christ est un pauvre capitaine réformé qui a perdu sa Compagnie… »

Quelle belle revanche d'avoir aujourd'hui un Pape jésuite !

L'Histoire ne se répète jamais de la même manière… et s'il est exact que les Jésuites étaient puissants au temps des rois, notamment à cause de leurs collèges d'excellence et sans concurrence puisque, en France, les lycées sont nés avec Bonaparte, ils sont aussi les « confesseurs des rois ». Cela posait alors un grave problème aux responsables de la Compagnie : à qui ces confesseurs obéissaient-ils ? Au Provincial des Jésuites ou aux souverains ? Les rois et une partie du clergé de France n'aimaient pas l'allégeance des Jésuites au Pape et certains Provinciaux s'alarmaient de l'éventuelle soumission de leurs frères, tel le père La Chaise, au bon vouloir du pouvoir royal. Car les rois se montraient généreux avec leur confesseur indulgent… Ainsi, le cimetière du Père-Lachaise au nord de Paris a été bâti sur un terrain donné par Louis XIV à son célèbre confesseur.

Et vous, père Madelin, pourquoi vous êtes-vous fait jésuite ?

Je suis devenu Jésuite car j'ai découvert dans ma vingtième année l'ampleur et l'équilibre de vie que permet cette vocation. J'ai médité sur des parcours de Jésuites étonnants. J'ai vibré aux récits d'aventures missionnaires exceptionnelles comme l'épopée du père Ricci en Chine, la libération de l'esclavage des populations guaranis en Amérique latine, les souffrances endurées par des Jésuites français auprès des Iroquois au Canada… Bien que les Jésuites passent pour austères et sévères, j'ai rejoint la Compagnie qui m'a confirmé dans mon désir de transmettre autour de moi la liberté d'esprit qui la fonde. Cette vocation est une grâce. Les Jésuites m'ont attiré parce que j'ai apprécié leur façon très originale de marier les questions religieuses et culturelles, de rester ouverts à toutes formes d'humanité : croyances et incroyances, hommes et femmes…

Né dans une famille chrétienne de neuf enfants, dont j'étais le deuxième, j'ai habité à Blois où mon père était ingénieur des Forêts. J'ignorais tout des Jésuites jusqu'au passage dans l'enseignement supérieur. D'abord élève d'une école diocésaine, après droit et Sciences-Po, où j'ai côtoyé des aumôniers jésuites, à l'issue d'une retraite d'une semaine à Clamart selon les *Exercices spirituels*, j'ai frappé à la porte du noviciat. Ce fut une période d'apprentissage de la prière, de silence, de ruptures avec certaines relations antérieures. Elle a mêlé pédagogie et expériences diverses jusqu'à un « experiment », c'est le terme, dans le bidonville de Nanterre pendant la guerre d'Algérie... D'autres événements m'ont ensuite conduit à ne pas regretter ce choix qui permet d'évoluer dans des sphères diverses pour « la plus grande Gloire de Dieu ».

Les Jésuites sont-ils jugés progressistes par Rome ?

Ils sont progressistes en un sens lorsqu'ils essaient de coller à l'évolution des sociétés. L'essentiel ne serait-il pas de chercher où sont nos véritables missions dans les processus de la mondialisation ? Je ne suis pas inquiet sur ce plan. La chance est d'avoir actuellement à notre tête un homme bâti sur le même modèle évangélique que le « Pape blanc ». Il a vécu l'essentiel de sa mission en Asie, notamment au Japon... Je pense que des missionnaires de cette envergure, partis après le noviciat vers des pays si difficiles à évangéliser, sont précieux. Ils n'ont pas une vision triomphaliste de l'Église. Ils pratiquent l'« inculturation » qui est la traduction savante du savoir garder « l'odeur des brebis » dont parle le Pape François. Ils sont dans le travail sur soi que représente l'intégration dans une culture étrangère... J'ai découvert que, dans les années 1970, Jorge Mario Bergoglio n'avait pas des relations chaleureuses avec le père Pedro Arrupe. Tout montre qu'il le regrette aujourd'hui. À l'époque, notre Supérieur général le trouvait sans doute peu audacieux et trop peu impliqué face à l'imbroglio politique et économique de l'Argentine d'alors, marquée par une violence extrême à gauche et la montée en puissance d'une implacable dictature militaire à droite. Arrupe était aussi habité par l'idée qu'il fallait, sur ce continent, lier les problèmes de la foi à ceux de la justice, sans quoi les masses populaires s'éloigneraient durablement du christianisme. Comme maître des novices puis comme Provincial, le futur Pape suscitait chez lui à la fois vives critiques et louanges excessives dans son entourage. Selon moi, il a fait ce qu'il a pu dans une conjoncture fort délicate. C'est pourquoi j'ai apprécié que, au retour des JMJ de Rio, le Pape François se rende le 31 juillet 2013 à la messe en l'honneur de saint Ignace. Au terme de l'office dans l'église du Gesù, il s'est incliné devant deux icônes, celle de saint François-Xavier, jadis missionnaire au Japon et en Inde, et celle du père Arrupe, décédé il y a maintenant vingt-deux ans, avec lequel il fut souvent en conflit tout en pratiquant l'obéissance à son égard quand celui-ci l'exigeait expressément.

Quelles sont les qualités requises pour votre mission ?

Même s'il est toujours difficile de se regarder dans un miroir, livrons-nous un instant à cet exercice périlleux ! L'essentiel à mes yeux est d'être enraciné dans l'amour et la miséricorde de Dieu. Il est recommandé d'avoir une santé physique et psychique à hauteur de la tâche qui est rude ! La prière y contribue et demeure indispensable pour vivre sans clôture ni maison spéciale ou habit particulier, c'est-à-dire être au milieu du monde avec d'autres et non à côté d'autres. Il est indispensable également d'acquérir une grande indépendance d'esprit par la pratique du discernement, une méthode pour prendre des décisions de la manière la plus rigoureuse possible en analysant et en hiérarchisant le pour et le contre, une façon pour chacun de servir « Dieu pour Sa plus grande gloire » et non pour son triomphe personnel. Par ailleurs, il importe d'appartenir à une communauté. Le chrétien seul est comme un poisson rouge hors de son bocal. Chacun doit arriver à cohabiter avec des personnes qu'il n'a pas choisies. « On aime les membres de sa communauté parce qu'ils sont eux aussi "amis du Seigneur". » Un Jésuite doit bien sûr accepter la mobilité qui lui est proposée. Nous sommes régulièrement envoyés dans des lieux différents. Par exemple, sous le règne du shah d'Iran Reza Pahlavi, une demande officielle était parvenue au père Arrupe le sollicitant de faire venir une mission jésuite à Téhéran auprès des étudiants. Cela fut refusé en raison de la situation politique critique du moment.

Autre requête au père Arrupe : celle de Léopold Senghor pour l'envoi de Jésuites à Dakar. Une sollicitation repoussée car des Dominicains remplissaient déjà cette tâche avec compétence… Il est étonnant de voir des Jésuites américains missionnaires au Népal devenir témoins quelques décennies plus tard de l'ordination du premier Jésuite népalais. Ces missions signifient bien sûr accepter la rupture des attaches personnelles et se tourner vers de nouveaux horizons. Pour ma part, j'ai vécu quelques mutations, successivement membre du Centre Jésuite de recherche sur l'économie et la société (CERAS), ensuite Provincial pendant six années, puis directeur de la revue *Études*. J'ai été également professeur et directeur au Centre Sèvres, tout en enseignant à Sciences-Po pendant trente ans… Cette mobilité est liée à une autre caractéristique également fondamentale qui est… l'obéissance. C'est le modèle auquel les Jésuites doivent porter le plus d'attention. Quand on est Provincial, on voit combien il est important pour chacun d'être capable de ne pas faire passer ses intérêts personnels avant sa mission… Le résultat donne cet esprit de corps si critiqué par ailleurs.

Est-il dur de vivre chaste ?

Nous avons des problèmes comme les autres, mais nous ne voulons pas tricher. Oui, la chasteté n'est pas facile dans les conditions du monde moderne pour des hommes qui ont fait le choix de rester continents en matière sexuelle. Elle n'exclut pas une certaine tendresse… Reste à observer une limite des frontières de cette tendresse. Cela suppose une assez grande discipline personnelle et, comme perspective permanente, la renonciation à avoir une femme dans sa vie et des enfants. Cela reste un choix difficile quand on est un adulte encore jeune, mais cette forme d'ascèse, si elle est bien vécue, décuple les possibilités de dialogue et de contacts avec autrui. Ne pas fonder une famille, c'est pouvoir entrer dans beaucoup de familles... Connaissant la psychologie humaine, on sait qu'il y a peut-être des dangers à cause du célibat... Mais ce problème touche également les gens qui ne sont pas soumis au modèle de chasteté des religieux. Le tempérament et la vie spirituelle ont une grande influence sur la vie sexuelle, et ce n'est pas en prenant plus de bonbons au miel que les choses s'arrangent...

Et que faites-vous quand de jeunes homosexuels souhaitent entrer chez les Jésuites ?

Nous voulons avoir pour les homosexuels autant de respect que pour d'autres et nous tenons à nous différencier de toutes les façons dont ils sont jugés, parfois marginalisés, dans nos sociétés modernes. Je constate aussi que, parce qu'ils vivent dans un climat virant parfois à l'intolérance, ils sont profondément religieux quand ils sont croyants. Mais si l'homosexualité est une pratique régulière pour le sujet qui se présente chez nous, il faudra procéder à quelques examens psychologiques afin de voir si notre forme d'existence est une exigence possible pour celui qui veut l'adopter. Or, comme pour les hétérosexuels, tendance ne veut pas automatiquement dire pratique. L'une ou l'autre forme de continence sont donc recevables si le sujet est capable de la vivre.

La Compagnie de Jésus est-elle riche ?

Nous détenons des biens immobiliers dans les quatre-vingt-quatre Provinces qui constituent la Compagnie de Jésus, mais ils sont quasiment invendables parce qu'ils ont une finalité culturelle, sociale, éducative : chapelles, églises, écoles, collèges, universités, centres pour retraités, communautés, maisons d'édition, radios et stations de télévision… La France est plus démunie sur ce terrain que le reste du monde. De plus, ses richesses ont été confisquées régulièrement dans l'Histoire. Lorsque l'Ordre a été persécuté au temps des révolutions, ses bâtiments ont été saisis par l'État. Il a fallu reconstituer tout le patrimoine au XIXe siècle. Ensuite, en 1905, avec les lois de séparation de l'Église et de l'État, il a été interdit aux Jésuites d'enseigner dans les collèges. Ils y ont été remplacés par des laïcs, et plusieurs établissements ont été contraints de déménager à l'étranger pour conserver leurs éducateurs jésuites. Cet « exil » hors de l'Hexagone a concerné également les maisons de formation des Jésuites. Le père Teilhard de Chardin, par exemple, fut obligé de partir en Angleterre pour faire son noviciat, puis sur l'île de Jersey pour suivre des études de philosophie et de théologie. C'est pourquoi la solidarité internationale entre les Provinces du monde est indispensable pour contrer ce genre d'opération. Pendant la période de la Guerre froide, les Européens de l'Ouest ont beaucoup donné pour financer les études des jeunes Jésuites de l'Europe de l'Est. Autant de signes que la formation dans chaque Province et la collaboration avec d'autres sont d'une importance capitale pour se développer sur les cinq continents.

Avez-vous des défauts ?

Hélas, beaucoup, comme les autres, et cela nous a coûté cher au fil des siècles ! Volonté de puissance jadis, vanité, orgueil collectif peut-être, les Jésuites sont généralement assez bien organisés, avec un grand souci d'efficacité, ce qui peut les rendre intolérants.

Vous n'avez rien à dire sur le mensonge ?

On trouve le mot « Jésuite » dans des manuels de préparation au sacrement de pénitence : « Je m'accuse d'avoir été pharisien, jésuite et hypocrite. » Après sa fondation, notre ordre est souvent qualifié d'hypocrite. En réalité, l'hypocrisie jésuite signifie ne pas dire toute la vérité, c'est-à-dire faire preuve de restriction mentale. À savoir : « Je dis cela mais je ne peux pas en dire plus ! » Ce que dans le langage courant on appelle volontiers mentir par omission. Toute vérité n'est pas bonne à dire dans l'immédiat. De nos jours encore, les dictionnaires français, tel le Larousse, nous définissent comme « Membre de l'ordre religieux de la Compagnie de Jésus. Au figuré, personne hypocrite, astucieuse... » Description reprise jusque dans le Grand Dictionnaire de la langue turque. Pour ma part, je ne sens pas trop d'hypocrisie particulière chez les

Jésuites de mon époque quand je nous compare à d'autres milieux. Ce mot chargé d'Histoire reste dans la mémoire collective. Rien de moins hypocrite que le gouvernement du père Arrupe, qui s'est exprimé avec clarté face aux graves conflits en Amérique centrale et latine dans des pays dont les responsables politiques étaient alors très peu réceptifs à notre cause et nos divers engagements. Nous avons eu dans ces batailles des martyrs qui disaient vrai. L'hypocrisie régnait ailleurs. Soulignons pour finir que cette image négative est propre à l'Europe occidentale. Aux États-Unis, les Jésuites jouissent d'un réel prestige et ne sont pas du tout critiqués à la manière européenne.

Père Madelin, est-on plus gentil avec vous depuis que François est Pape ?

Les gens, me semble-t-il, sont plus attentifs à ce que nous sommes et à ce que nous faisons. Ils posent davantage de questions sur ce qui constitue le centre de notre existence. Il faut reconnaître qu'un Pape jésuite qui s'entretient avec le Supérieur général des Jésuites entraîne toutes sortes de fantasmes... Voilà pourquoi avoir choisi un Jésuite qui décide de s'appeler François et de se rendre en pèlerinage à Assise[1], preuve qu'il sait l'importance de François d'Assise dans un XXIe siècle davantage désireux de mêler écologie et fraternité ! Comme le Pape l'a lui-même raconté après son élection, un Cardinal féru d'Histoire lui a finement demandé : « Quel

1. Le 4 octobre 2013.

prénom vas-tu choisir... ? Clément XV ? » Allusion perfide à Clément XIV, Conventuel, qui signa le bref pontifical supprimant en 1773 la Compagnie de Jésus ! Le tout nouveau Souverain Pontife, le regardant en coin, les yeux espiègles, lui sourit sans répondre... Un silence significatif ! Les Jésuites ont une manière de penser et d'agir plutôt franche contrairement à la légende. Cela ne vous aura guère échappé, je suppose !

13

Provincial : une autre forme de pouvoir

Le Pape François a été Provincial à 36 ans. Pour quoi faire, ce « métier » de Provincial ?

Les Jésuites sont répartis en quatre-vingt-quatre Provinces à travers le monde. Celles-ci sont des rassemblements délimités géographiquement sous l'autorité d'un Provincial[1]. Sous ce titre, il s'occupe localement de l'Ordre. Lorsque j'ai été nommé Provincial de France, le Maroc, l'Algérie, La Réunion, l'île Maurice et la Grèce faisaient, à l'époque, partie de la Province de France. Or, maintenant, les pays du Maghreb sont rattachés à la Province du Proche-Orient qui regroupe Liban, Syrie, Égypte, Jordanie et Turquie. La grande majorité des Jésuites de cette dernière Province est née dans ces pays. Ils ne dorment pas dans des lits de roses. Ils ont à faire face aux violences actuelles et à œuvrer pour des réconciliations.

---

1. Provincial : Jésuite en charge pendant trois années renouvelables une fois de gérer une Province. La France, par exemple, correspond de nos jours à une seule Province.

Est-on élu ?

Non, on est choisi. Quand arrive l'heure de la succession, après diverses consultations, le Provincial en place envoie au Supérieur général à Rome trois noms, ce qu'on appelle une « terna ». C'est à partir de cette liste que celui-ci décide. Quant à Jorge Mario Bergoglio, il est devenu maître des novices argentins pour dix-huit mois, puis il a été choisi comme Provincial en 1973 à 36 ans, cette fois-ci pour six années. Comme il l'a lui-même raconté par la suite, il était très jeune dans ces fonctions, ne connaissait pas grand monde et devait faire face pourtant à une situation politique alarmante. La Province d'Argentine était divisée. Bergoglio ne se sentait pas en accord avec la « théologie de la Libération ». Il la trouvait trop théorique, trop idéologique. Elle signifiait surtout pour lui abus de grands discours et peu d'actions concrètes. Le jeune Provincial avait un entourage plutôt partisan de cette théologie engagée, alors que lui se sentait proche intellectuellement d'un prêtre diocésain argentin, le padre Lucio Gera. Ce dernier préconisait une « théologie du Peuple ». Il ne s'agissait pas tant de faire pour ce peuple mais de faire avec lui, de partager son quotidien, de l'aider à survivre dans l'urgence...

Être Provincial, est-ce d'abord avoir de l'autorité ?

Lorsque l'actuel Pape exerçait cette responsabilité, la Province d'Argentine comptait une centaine de membres. Lorsque j'étais Provincial, j'avais la charge de 700 personnes. Aidé par des vice-provinciaux, je traitais de multiples questions : la formation, les finances, le rapport à la société civile, les liens avec les autorités officielles, l'épiscopat français et les relations avec Rome, bien entendu. Ma situation était moins complexe que celle de mon homologue à Buenos Aires. Je me trouvais avec des effectifs plus nombreux et j'habitais surtout dans un pays en paix. Avant d'exercer ces responsabilités provinciales, je résidais à Vanves dans une communauté qui s'appelait alors « L'Action populaire ». Là, je me suis habitué à traiter de sujets politiques, sociaux, à me rendre à des congrès divers, à rencontrer des journalistes. De plus, j'enseignais à Sciences-Po ce qui me permettait de rester en contact avec le milieu universitaire et étudiant.

Le Provincial doit-il être populaire ?

Il est important d'être reconnu et respecté dans ses choix, mais, si l'on veut obtenir des résultats durables, il faut se montrer visionnaire et ferme. Dans ce travail de contacts réguliers, le Provincial a l'obligation de recevoir longuement au moins une fois par an tous les membres de sa Province. C'est un moment très important dans l'existence d'un Jésuite. On l'appelle dans notre jargon le « compte de conscience ». Chacun a le droit, et même l'obligation, de dire ses déboires et ses réussites dans l'apostolat qui lui a été confié, ce qu'il a sur la conscience et porte en négatif et en positif au fond de son cœur. C'est une forme exigeante de dialogue religieux. Chacun explique au Provincial comment il vit, quels sont ses torts, ses réussites, ses manques, ses désirs profonds et même ses aventures affectives... « J'ai connu beaucoup de prénoms féminins durant ces années-là... » C'est moins direct que d'avouer « Je suis tombé amoureux » ! Cela veut dire que les Jésuites ne séjournent pas dans un monastère classique mais sont envoyés en plein monde et ne peuvent donc pas être indifférents à celles qui constituent la moitié de l'humanité. Se garder dans la chasteté est un « combat spirituel plus dur que la bataille entre les hommes ». Notre langage est prudent mais n'aime pas la dissimulation. L'admirable, c'est de réussir à communiquer avec tact sur ces sujets complexes. La parole échangée dans le respect mutuel joue un vrai rôle chez nous. Commencée dès le noviciat, elle se termine avec la mort.

Et si l'un d'eux vous annonce : « Je suis père »...

Cela arrive très rarement. La conclusion logique : il faut partir. C'est toujours difficile. Il convient alors d'aider financièrement et psychologiquement celui qui prend un autre chemin. C'est toujours douloureux d'avoir un enfant avec un prêtre, un religieux... Un « accident » peu fréquent chez nous, mais j'ai pourtant eu à traiter l'un ou l'autre cas. Comme le souligne Jorge Mario Bergoglio, fort de son expérience argentine : « Il vaut mieux devenir un bon chrétien qu'un mauvais prêtre. La double vie ne vaut rien de bon. »

Comment quitter alors la vie religieuse ?

On peut croire que sortir de l'Ordre soit pour un Jésuite moins dramatique que pour un séminariste classique. Rien n'est évident car, aujourd'hui, nous entrons au noviciat plus tard, généralement après avoir fait de grandes expériences et poursuivi des études supérieures : médecine, grandes écoles, Arts et Métiers, l'Ena parfois, lettres classiques, droit, écoles de commerce, métiers artistiques ou manuels... et avoir travaillé dans le monde associatif en France ou le plus souvent à l'étranger. La Compagnie donne ensuite une formation intellectuelle assez complète et la possibilité d'expériences diverses. Le futur métier à trouver si l'on sort n'est donc pas le problème clé. Il n'est pas bon d'imposer à un Jésuite de le rester sa vie durant s'il ne supporte plus cette forme d'existence. L'expérience pénible en a été faite en 1968 et les années qui ont suivi dans tous les ordres religieux – contemplatifs et actifs. Il est toujours difficile de se remettre rapidement de tels bouleversements. En Europe, les sorties, moins nombreuses qu'avant, confirment que la formation donnée de nos jours n'est pas coupée des cultures ambiantes. De fait, quand certains partent et réussissent à s'insérer dans l'univers professionnel, leurs nouveaux employeurs reconnaissent souvent que le bagage qu'ils ont reçu chez nous est un atout précieux pour leur future carrière. Ce n'est donc pas du temps perdu ! Quand j'entends Jorge Mario Bergoglio affirmer « j'étais trop jeune, je ne connaissais pas grand monde », je me dis que j'étais un Provincial plus chanceux.

Comment se fait le rapport avec Rome ?

Sous forme de mails, d'échanges épistolaires, de rencontres en divers lieux, de déplacements, d'échanges par écrit et de face-à-face. Ils sont nombreux et précieux. Un Provincial et, *a fortiori*, le Supérieur général sont assez bien renseignés et bien sûr gardent une absolue discrétion. Un atout important sans doute par rapport à un Pape qui reçoit souvent une information trop filtrée et par conséquent biaisée à travers de fidèles serviteurs trop zélés. Comment ne pas penser aux entourages de Benoît XVI... Il y a longtemps, rencontrant Jacques Chaban-Delmas, alors que je me présentais à lui comme Jésuite devenu Provincial, il s'était exclamé : « Ça c'est intéressant ! Qu'est-ce qui se passe dans votre tête ? » À cette époque, je suis devenu membre d'un cercle influent, Le Siècle[1], qui souhaitait faire entrer des femmes et des religieux... À table, cela entraînait des discussions sur la religion sous toutes les formes... On me lançait : « Alors, mon père, comment ça marche avec le Pape... ? » « En tant que Provincial pourquoi fermez-vous les collèges... ? » On écoutait « pieusement » mes réponses ! D'aucuns m'ont critiqué de fréquenter ainsi un cercle fondé par des francs-maçons. J'ai toujours répondu, et on

1. Le Siècle a été fondé en 1944 par Georges Bérard-Quélin. Choisies par cooptation, les élites de l'*establishment* sont cooptées dans tous les milieux influents, y compris les membres des divers cultes.

le comprenait dans ce milieu-là, qu'il y avait incompatibilité entre une vocation jésuite et une appartenance à la franc-maçonnerie. Cette franchise réciproque ne m'a pas empêché de m'y faire de vrais amis. Ces années-là ont été précieuses, car j'ai vraiment compris que j'appartenais à un ordre fondé sur la liberté individuelle et collective qui ne pratique pas l'obéissance à la hussarde, ouvrant les mains plutôt que serrant les poings !

Dans son interview aux revues jésuites, le Pape revient-il sur son passé ?

Il parle d'abord en tant que Pape et non pas en jésuite et livre des réflexions intéressantes qui peuvent justement aider à comprendre les grandes caractéristiques de la Compagnie de Jésus et l'importance qu'elle accorde au discernement. Le Pape François nous explique comment il applique le principe ignacien « Voir Dieu en toutes choses ». Ce sont de nouvelles clés pour mieux saisir les contours de la personnalité de Jorge Mario Bergoglio. Habitant sur les cinq continents, les Jésuites cherchent à donner sens à ce qu'ils appellent l'« inculturation » : ce qui signifie annoncer l'Évangile en se coulant dans les cultures locales. « Nous courons toujours des risques que les Églises les plus jeunes se sentent autosuffisantes, alors que les plus anciennes veulent imposer aux plus jeunes leur modèle culturel. Mais le futur se construit ensemble. » L'existence est parfois difficile pour ces évangélisateurs, car « la Compagnie » est une institution toujours radicalement en tension. La

Compagnie est elle-même décentrée : son centre est le Christ et son Église. « Par conséquent, si la Compagnie maintient le Christ et l'Église au centre, elle a deux points fondamentaux d'équilibre lui permettant de vivre en périphérie. En revanche, si elle est trop tournée vers elle-même, si elle se met au centre en se considérant comme une structure solide, très bien "armée", elle court alors le risque de se sentir sûre d'elle-même et autosuffisante ». Une telle présentation permet de refuser les images d'Épinal la concernant. Le Pape signale aussi des déficits possibles dans les comportements : « Le Jésuite doit être un homme à la pensée incomplète, à la pensée ouverte. Il y a eu des époques dans la Compagnie durant lesquelles la pensée était fermée, rigide, plus instructive et ascétique que mystique. » Il ne craint pas d'affirmer qu'il a lui-même étudié la philosophie dans des manuels de « thomisme décadent ».

Ce Pape « politique » a-t-il passé quelques messages particuliers pour les Jésuites ?

Vous devinez la réponse ! Il a, en effet, à deux reprises fait passer des messages ciblés aux Jésuites. D'abord à l'occasion de son interview à *La Civiltà Cattolica* en septembre, en évoquant alors la mission des Jésuites, et ensuite en présidant une messe d'action de grâce le 3 janvier « au Gesù », l'église confiée aux Jésuites à Rome, pour la canonisation du Savoyard Pierre Favre en la fête du Très saint Nom de Jésus. Le Pape François a d'abord demandé à son ordre religieux d'origine « de se laisser surprendre par

Dieu », ce sont ses termes, « en baignant dans une sainte et bonne inquiétude ». Être jésuite, selon lui, signifie être un homme à l'esprit ouvert. Il a exhorté « chacun » de ses compagnons à être disposé à « sortir » de lui-même. Car, affirme-t-il, les Jésuites ne doivent pas vivre centrés sur eux-mêmes car, au cœur de la Compagnie, il y a le Christ et son Église, comme il l'avait déjà souligné dans l'entretien aux revues jésuites. Les moments d'affaiblissement de la Compagnie dans l'Histoire correspondent à des périodes où ils étaient trop préoccupés par leurs œuvres propres, c'est-à-dire les collèges, universités, recrues, organisation des lieux de vie… qui ont pris le pas sur l'ouverture mystique prônée par leurs Pères fondateurs. « Seule l'inquiétude donne la paix au cœur des Jésuites », ajoute le Pape en invitant ses « pairs » à ne pas cesser d'« évangéliser avec courage ». « C'est l'inquiétude qui nous prépare à recevoir le don de la fécondité apostolique. Sans inquiétude nous sommes stériles. » De fait, le père Favre était traversé par une perpétuelle inquiétude. Lui, ce compagnon de Jésus toujours habité par de grands désirs. Dans son journal, connu sous le terme de *Mémorial* et préfacé par le père Michel de Certeau (1925-1986), autre Savoyard, théologien français auquel le Pape François fait parfois référence, on découvre sous sa plume de nouveau saint des accents, une dynamique, une ouverture sur le monde que l'on retrouve aujourd'hui dans les propos du Saint-Père. Depuis Mayence, où il réside, il écrit alors dans son journal daté du 26 octobre 1542 : « Levé vers 3 heures du matin, je trouvais beaucoup de dévotion... à prier pour les besoins des autres en évoquant successivement les chrétiens, les juifs, les Turcs et les païens, les hérétiques, et aussi les morts. J'avais à l'esprit toutes les misères des hommes. Leurs faiblesses, leurs péchés, leurs endurcissements... Leurs désespoirs et leurs larmes. Les désastres, les famines, les épidémies, les angoisses... » Étonnante ouverture spirituelle, cette canonisation d'un Jésuite français marque sa troisième visite dans cette Église. D'abord le 31 juillet pour la fête de Saint-Ignace, puis le 10 septembre lors d'une visite au Centre Astalli[1], lieu d'accueil pour les réfugiés installé à côté du Gesù, et enfin en ce début d'année.

Pourquoi parle-t-il du père Arrupe qui l'a choisi pour être très jeune Provincial d'Argentine ?

À décrypter l'interview, on comprend mieux les difficultés qu'ils ont affrontées. Le Pape François loue le goût de la prière du père Arrupe et ses recommandations afin de toujours partir de l'expérience en évitant les théorisations en chambre ou « en laboratoire ». La réflexion doit partir du vécu. L'insertion directe dans un lieu précis est indispensable, « mais, ajoute-t-il, certains religieux l'ont pris comme un slogan et des catastrophes sont arrivées par manque de discernement ». Comment ne pas sentir ici le poids d'une histoire personnelle et douloureuse au temps de son provincialat dans une Argentine en ébullition ? Il souligne les « incompré-

1. Centre Astalli. Jesuit Refuge Service.

hensions et les problèmes » durant cette période. On le sent encore maintenant remué par ces épisodes. D'où son besoin d'expliquer ce qui lui est arrivé pour être en paix avec lui-même et se réconcilier en profondeur avec la mémoire du père Arrupe, à l'époque Supérieur général de la Compagnie : « Au départ, ma manière de gouverner comme Jésuite comportait beaucoup de défauts. C'était un temps difficile pour la Compagnie : une génération entière de Jésuites avait disparu. C'est ainsi que je me suis retrouvé Provincial très jeune. J'avais 36 ans : une folie [*"una pazzia"*] ! Il fallait affronter des situations difficiles et je prenais mes décisions de manière brusque et individuelle... Ma manière autoritaire et rapide de prendre des décisions m'a conduit à avoir de sérieux problèmes et d'être taxé d'ultra-conservatisme. » Nous sommes prévenus, mais le Pape François a expliqué depuis qu'il a changé dans sa façon de décider. Désormais, il consulte volontiers, s'entoure de sages, croit en la synodalité et la nécessité d'une certaine décentralisation dans l'Église. Le conseil des huit Cardinaux appelés à l'aider à réformer la Curie en est un exemple. Il veut aller de l'avant en repensant aux propos sévères des Cardinaux à l'égard de la Curie lors du pré-conclave. Il y aura, a-t-il annoncé, des rééquilibrages, des hiérarchies nouvelles, des changements de perspective, de nouvelles préoccupations pastorales. En veut-on des exemples ? « L'amour salvifique de Dieu est premier par rapport à l'obligation morale et religieuse. Aujourd'hui, il semble que prévaut l'ordre inverse. » Les thèmes concernant l'éthique sexuelle ne doivent pas constamment être mis en avant dans l'opinion. « Nous ne pouvons pas seulement insister sur les questions liées à l'avortement, au mariage homosexuel et à l'utilisation des méthodes contraceptives. » Il convient de les prendre au sérieux et de croire d'abord en un Dieu qui est miséricorde. Si de tels repositionnements n'ont pas lieu à temps, « l'édifice moral de l'Église catholique risque aussi de s'écrouler tel un château de cartes ». De fait, « les réformes structurelles ou organisationnelles sont secondaires. La première réforme doit être celle de la manière d'être ». Quant aux fervents de toutes formes d'intégrisme, ils finissent par « instrumentaliser » leur foi en se réfugiant dans des angles morts de l'histoire. Car « la manière de lire l'Évangile en l'actualisant est absolument irréversible ». Ce programme inattendu et fondé sur l'expérience répond à de grandes attentes mais ne suscitera pas que des louanges…

Pour un journaliste, l'aspect fascinant de cette interview est que rien n'a fuité !

C'est vrai, d'autant que seize pays ont publié ce texte simultanément. Ce qui signifie qu'au moins cinquante personnes étaient au courant, dont les Américains. On prétend que les Italiens sont de nature bavarde, mais lorsqu'ils sont jésuites, ils deviennent silencieux… comme vous pouvez l'observer. Par ailleurs, personne à la Secrétairerie d'État n'était au courant de cette interview. Enfin, à l'ère des tweets et d'Internet, cela prouve une fois encore une réelle discipline.

D'autant que cette interview choc aurait pu inciter non pas les membres de la Compagnie mais des personnes autour d'eux à parler, à gaffer peut-être volontairement, à lâcher quelques bribes. Et là, il n'y aurait plus eu l'effet surprise souhaité !

14

Le Diable et le bon Dieu

Y a-t-il un style jésuite ?

D'autres seraient mieux placés que moi pour en parler, mais ce qui me frappe chez les Jésuites est leur manière fréquente de marier à la fois un grand engagement et une certaine retenue. Nous sommes des passionnés avec une émotivité forte mais cachée. Nous ne la scénarisons pas et cela se traduit par un mélange étrange qui donne l'impression d'une certaine distance.

Quel est le fameux secret des Jésuites qui revient en boucle depuis l'élection du Pape François ?

Chacun ne fantasme pas sur les mêmes sujets quand on parle du secret des Jésuites. L'histoire du « Pape blanc » et du « Pape noir » en est l'une des illustrations majeures. Fruit au XIXe siècle des visées de certains, elle affirme que les Jésuites voulaient prendre le pouvoir dans l'Église et la société. À partir de la Révolution française, une littérature spécifique apparaît sous forme d'une trilogie très présente dans les réflexions de l'époque. Elles ne sont qu'un tissu de mensonges, mais elles alimenteront l'imaginaire des peuples. On parle essentiellement de trois groupes suspects : les Jésuites, les francs-maçons et les Juifs, étiquetés comme sectes et sociétés secrètes, cachées certes mais néanmoins cataloguées comme puissantes minorités agissantes. Des légendes prétendent que les Juifs se réunissent clandestinement, vouent les chrétiens aux gémonies et procèdent à des sacrifices d'enfants... Les francs-maçons font l'objet depuis leur origine de beaucoup de travaux qui les accusent de réunions secrètes, de collusions abusives et d'initiations rituelles. Les Jésuites eux sont perçus tels des comploteurs au service des rois et des princes voulant tuer dans l'œuf toute velléité révolutionnaire. Ils confessent des femmes riches pour capter des héritages... Comme pour les Juifs et les francs-maçons, le secret des Jésuites reste un mythe fondé sur l'ignorance. On leur reproche de ne pas dire quelles sont leur origine, leur règle de vie et la finalité de leurs réunions. C'est dans leurs sources consultables par tous que se trouve la clarté de leur origine : une audace missionnaire qui ne désarme jamais, mais pour le comprendre faut-il d'abord connaître Ignace de Loyola !

Qui était-il justement ?

Ignace est né à Azpeitia, dans la Province de Guipuzcoa au Pays basque espagnol, près de San Sebastián. Dernier d'une fratrie de treize enfants, issu de la petite noblesse, il perd sa mère à l'âge de 7 ans et son père huit années plus tard. Il part comme page à la cour du vice-roi d'Espagne. Là il mène une existence mondaine, se lance dans la poésie, fréquente des femmes, s'accuse à mi-mot d'avoir commis des actes graves… Aurait-il tué quelqu'un en duel ou brûlé d'amour pour une infante ? Qui sait… Il rentre dans son pays, le défend contre l'invasion des Français. Blessé aux jambes par un boulet de canon, il est alors transporté dans la demeure familiale de Loyola où il met une année à se rétablir. Mais il boite. Il se fait opérer sur place… sans anesthésie ! L'intervention chirurgicale échoue. Alité, il demande de la lecture : outre des romans de chevalerie, on lui donne une *Vie du Christ* de Rudolph le Chartreux et un recueil de *Vie de saints*… Ces ouvrages le poussent à la méditation. Il désire imiter saint François d'Assise et saint Dominique sur les chemins de l'amour de Dieu. Cela l'entraîne à une sorte d'autoconfession, prélude à sa conversion. Il commence à jeter les bases des *Exercices spirituels* pour lui, d'abord, avant de s'en servir comme « outil » spirituel pour la conversion de beaucoup d'autres. C'est le début de la rédaction du « livre du maître » qu'il mettra trente années à parfaire, tout en se passionnant pour le service des autres.

Mais pourquoi ?

Parce que c'est un vaillant combattant de la foi dans un contexte difficile où, à travers toute l'Europe, la révolte gronde. À la différence de Luther, Ignace veut un ordre religieux capable de lutter contre la désagrégation de son Église minée par des abus manifestes. Il réunit de saintes gens autour de lui, mais, suspecté par l'Inquisition, il est conduit en prison à plusieurs reprises. Il se lance dans l'accompagnement spirituel. S'apercevant de sa méconnaissance des bases de la théologie, il part passer une licence de théologie à l'université de Paris. C'est là qu'il commence à recruter des compagnons, dont François-Xavier[1]. La Compagnie de Jésus, grâce à l'ardeur d'Ignace et de ses premiers compagnons, verra le jour le 15 août 1534 à Paris sur la colline de Montmartre. Le projet des Jésuites sera reformulé des siècles plus tard par le père Arrupe : devenir, à la suite du Christ, « un homme pour les autres ».

Peut-on être Juif converti, franc-maçon et jésuite ?

C'est beaucoup ! Juif et converti, comment ne pas penser à Jean-Marie Lustiger… Franc-maçon et jésuite, je n'en ai jamais rencontré. En revanche, depuis les tout débuts, saint Ignace a accueilli dans la Compagnie des Juifs venus notamment d'Espagne, dont Juan de Polanco, son secrétaire particulier qui l'aidera beaucoup pour sa correspondance. Ajoutons que Diego Lainez, son successeur comme Préposé général des Jésuites, était marrane[2]. Enfin, dans les

---

1. François-Xavier est le sixième enfant d'une grande famille de la noblesse espagnole. Il est né au château de Javier, près de Pampelune, en Navarre.
2. Terme utilisé à partir du XVe siècle en référence aux Juifs de la péninsule ibérique convertis au catholicisme, souvent de force, et qui étaient accusés de continuer à pratiquer le judaïsme en secret.

années 1950, le Jésuite français très connu Michel Riquet avait répondu à l'invitation d'une loge maçonnique de Laval[1]. De ce fait, certains le soupçonnaient d'être franc-maçon, mais après sa mort un message de cette obédience a fait taire tous les bruits en déclarant : « Le père Riquet a reçu dans la Compagnie de Jésus une initiation qui valait bien la nôtre. »

Un Jésuite peut-il être gourmand ?

La façon dont on mange reflète des tensions qui traversent notre propre existence. Nos textes en parlent. Autrefois, lors des grandes fêtes solennelles, les repas se déroulaient à la manière des banquets. Ils ont depuis disparu. On appelait cela les « fêtes de première classe ». Il reste encore des manifestations fraternelles avec apéritif, plats raffinés et bons vins. Aucune règle ne nous interdit la consommation d'alcool ou de vin… Dans ce domaine, la liberté de comportement est totale. La question de la nourriture n'est pas seulement matérielle mais aussi spirituelle. Le jeûne, les privations associent le corps à une manière de vivre et sont le lieu où s'exprime en bien ou en mal l'unité de l'âme et du corps. Quand j'étais dans une maison de formation en Haute-Loire, j'ai remarqué que les gens en milieu rural venant demander un confesseur dans la résidence où j'habitais se heurtaient à un portier qui les interrogeait : « Quel genre de père voulez-vous ? » « Pas un maigre… un gros ! », répondaient-ils. C'est le modèle « pas revanchard » ! Les maigres

1. Dans le département de la Mayenne.

font peur ! Dans nos maisons, pas de règle ou d'interdiction, mais une surveillance discrète et fraternelle pour éviter un possible abus d'alcool. Un mal qui fait quelques ravages dans les communautés d'outre-Atlantique… Quant aux repas pris dans la salle à manger, ils sont simples mais corrects. On y reçoit des invités et les échanges sont animés. Chacun prend son petit déjeuner à partir de 6 h 30. On s'y rend à une heure qui dépend de son temps d'oraison du matin. Quelques voitures de petite cylindrée sont à la disposition des nombreux conducteurs qui doivent apprendre ainsi à gérer au mieux un bien collectif. Pas de télévision ni de machine à café individuelle dans les chambres, aucune sonnette ne retentit pour annoncer les moments communautaires. Une concélébration est prévue chaque jour avant le déjeuner. Le dimanche, nous suivons la même règle, mais quand on est prêtre on est occupé ce jour-là par des ministères à l'extérieur… Pour ceux qui ont choisi de vivre dans le monde séculier et pas dans un monastère aux règles particulières, cela veut dire cumuler les activités propres à la semaine et au dimanche ! C'est pourquoi une bonne santé est essentielle dans une telle existence, elle est le « silence des organes »…

Croyez-vous que le Pape François soit gourmand ?

Vous devriez le lui demander ! D'aucuns prétendent que le vœu de chasteté rendrait gourmand… Je remarque que, chez les religieuses, les boîtes de chocolats circulent beaucoup en communauté ! Joueraient-elles un rôle compensatoire ?

Le Diable se cache-t-il au Vatican ?

N'est-ce pas au Vatican que circule cette sentence accusatrice : *Diabolus fecit hoc*, « C'est le Diable qui l'a fait » ? Je pense qu'il se loge dans les détails, comme l'ont écrit les mystiques. Je ne crois pas à un Diable personnalisé avec des cornes, des pieds fourchus et une longue queue. Il n'est pas une personne ; mais existent des diables… Des influences maléfiques parcourent la Terre… S'agit-il d'une personne ou d'une force ? À mes yeux, c'est une force au travail dans la sphère des hommes. Certaines théologies, le manichéisme persan par exemple, mettent sur le même pied dans la création le Bien et le Mal, Dieu et le Diable. La tradition juive et chrétienne est aux antipodes de ce modèle : dans le récit biblique de la Genèse, Dieu a créé l'homme et lui a donné la liberté. Ce n'est qu'après cette entrée dans l'autonomie qu'on voit apparaître le mauvais génie appelé aussi Satan ou le démon, Lucifer, Belzébuth, Méphisto… Il n'est donc pas au même niveau que Dieu, mais une créature pervertie dont la qualité la plus sournoise est de faire croire qu'il n'existe pas. Et cette ruse ne fonctionne pas si mal dans le monde qui se dit moderne. Quand je lis la Bible, je vois que le Diable sous forme de serpent est ensuite qualifié de menteur, tueur, calculateur. Le plus important pour le caractériser est qu'il ne peut rien créer de lui-même mais simplement défaire ce qui a été fait par Dieu ou les hommes, « il est d'abord un décréateur ».

L'Église y croit puisqu'il y a des prêtres exorcistes dans les diocèses... ?

C'est frappant chez Jorge Mario Bergoglio : il croit fort à une personnalisation du Diable. On le constate en lisant le contenu de la retraite qu'il a donnée en Espagne en 2006 à des Évêques espagnols. On sent là chez lui un certain durcissement des formules de saint Ignace, lorsqu'il parle du Diable, de son omniprésence et de son « leadership » dans l'« antirègne ». L'exorcisme se veut une pratique pour faire reculer le Mal et les puissances mauvaises chez l'autre. Quand vous allez voir un médecin, un psychanalyste, des forces, des croyances s'exercent en vous... « Vous êtes invité à en parler... » On raconte que, un jour, un prêtre trop indulgent et distrait au confessionnal écoutait un homme qui venait pour avouer. « J'ai tué mon père... » « Combien de fois ? », interroge à mi-voix le confesseur instinctivement dans la mécanique de la répétition !

15

Les Jésuites : combien de divisions ?

Combien y a-t-il de Jésuites dans le monde ?

Pour le savoir, il convient de s'intéresser d'abord aux noviciats sur tous les continents. La Compagnie de Jésus est présente dans cent douze pays. Autrefois, un tiers des entrants venaient du tiers-monde et deux tiers d'Europe et des États-Unis. Aujourd'hui, c'est le contraire : deux tiers sont issus des pays émergents et un tiers seulement des pays du premier monde.

En Argentine et Uruguay, réunis désormais en une seule Province, les Jésuites sont actuellement 192 et on y compte 7 novices. À la même période, on recense en Italie 518 membres et pour la France 437, dont seulement 6 novices. Si l'on observe maintenant les chiffres concernant les 28 pays de l'Union européenne, on arrive à 5 000, ce qui représente un chiffre impressionnant par rapport à d'autres congrégations, mais leur moyenne d'âge est nettement au-dessus de 60 ans, signe d'une présence déclinante. Les entrées dans les noviciats du premier monde ne compensent pas suffisamment les disparitions dans les rangs plus âgés.

Les Jésuites d'Amérique latine sont plus jeunes, mais ils ont été aussi secoués par les événements politiques et sociaux au cours des cinquante dernières années, notamment en Argentine, en Uruguay, au Brésil, au Chili, au Mexique et en Colombie. Mais le pays phare reste le Brésil avec 648 membres.

Peut-on parler de « succès » pour la théologie de la Libération ?

La plupart des nations au sud des États-Unis ont été confrontées au développement des théologies qui ont surgi dans les années 1960. Elles se sont imposées tant dans les chaires universitaires que dans les communautés de base. Ces théologies se voulaient une lecture actualisée de l'asservissement des peuples sous des dictatures économiques et politiques. La tâche était de faire naître une Église du peuple de Dieu capable de s'affranchir de cet « esclavage » pour entrer dans une nouvelle Terre promise. Ce modèle d'un courant de pensée chrétienne a été applaudi et a cependant suscité de nombreuses polémiques dans différentes sphères de l'Église latino-américaine et centrale. Dès le début des années 1970, les réserves se sont multipliées, venant surtout à Rome des futurs papes Joseph Ratzinger et Karol Wojtyla. Cette théologie ne rencontrait pas les suffrages de tous les Jésuites, mais est restée un horizon indispensable pour tous les religieux de ce continent.

La donne a beaucoup changé avec l'effondrement en 1991 de l'Union soviétique qui a soudain tari la source des références à l'héritage marxiste. Dans ce domaine, l'Argentine a connu une histoire singulière en raison des dictatures qui s'y sont succédé. Elle a d'abord subi le régime ouvert, démagogue et très autoritaire de Perón. Plus tard s'est imposée une dictature militaire impitoyable… Ce pays a en permanence balancé entre ces deux extrêmes. Avec un épiscopat souvent divisé, des communautés locales en butte à la persécution des militaires quand elles étaient trop chaleureuses envers les pauvres. La théologie voulait accompagner l'évolution politique du pays, permettre aux chrétiens une lecture actualisée de la Bible. En la méditant, des croyants peuvent s'assimiler à l'histoire du peuple juif prisonnier en Égypte parti vers une Terre sainte, conduit par Dieu pour sa propre libération… Les dictatures en place sont l'incarnation du Mal, c'est-à-dire de Pharaon. Tout changera lorsque les chrétiens seront armés pour le combat libérateur et conduits par des Moïse locaux. Bergoglio, on s'en souvient, privilégiait la nécessité d'un accompagnement des pauvres dans leur histoire quotidienne. Dans sa pastorale, il réfléchissait et agissait en fonction d'une « théologie du Peuple ». Il pensait, et il n'avait pas tort, qu'il y avait un horizon de revendications culturelles et religieuses que les pouvoirs en place ne pouvaient satisfaire.

Y a-t-il en Argentine une compétition entre les religions ?

L'Argentine compte très peu d'orthodoxes, qui sont surtout des fils d'immigrés sans véritable zèle missionnaire. Les religions les plus récentes sont issues des branches dynamiques du protestantisme. Les Évangélistes connaissent un succès considérable en Amérique centrale et du Sud. Au Brésil, en effet, 95 % des croyants recevaient le baptême catholique il y a encore peu. Ils ne sont plus maintenant que 50 %. Ces nouveaux venus disposent de gros moyens financiers et sont aidés par des pasteurs et des *missi dominici* nord-américains. Les Pentecôtistes, une autre branche, prêchent de leur côté une morale saine et exigeante pour les pauvres : ni tabac, ni drogue ou alcool. Leurs célébrations sont chaleureuses et leur optimisme contagieux. En bon Latino-Américain, Jorge Mario Bergoglio a une parfaite connaissance de ces courants et y trouve une partie de son inspiration…

On garde en mémoire sa consigne lors d'une de ses premières déclarations papales : « Il faut baptiser plus vite. » Une allusion certaine à des évangélistes efficaces qui baptisent sans tarder et séduisent toujours davantage de chrétiens. Le Pape ne craint pas de s'affirmer comme un pasteur habitué à se rendre dans des bidonvilles revêtu de ses ornements liturgiques traditionnels et prêchant avec des paroles simples…

L'Amérique latine porte en elle des chances héritées de l'Histoire. Elle a reçu jadis des missionnaires venus de l'Europe du Sud. Les Jésuites ont contribué à cet effort extraordinaire avec les « réductions du Paraguay[1] » qui ont duré cent

1. Les « réductions jésuites » (*reducciones*) sont des missions catholiques construites et gérées par les Jésuites du début du XVIe siècle jusqu'au milieu du XVIIIe.

cinquante ans pour défendre contre le Portugal, puis l'Espagne, des peuples guaranis recherchés comme esclaves. L'Uruguay, le nord de l'Argentine, une partie du Chili et de la Bolivie, le sud-ouest du Brésil et le Paraguay formaient un ensemble de « réductions Jésuites » où les peuples, logés et protégés dans des villages autour d'une église, cultivaient des champs en commun. Pour le Pape François, l'évangélisation signifie conforter et reconquérir des croyants.

Pourquoi le catholicisme a-t-il perdu de son attraction ?

Le Pape François est conscient de ces éloignements. Il l'a d'ailleurs déclaré publiquement aux Évêques du Brésil lors des JMJ le samedi 27 juillet. Les Charismatiques et les Évangéliques ont rempli les églises, mais d'autres, nombreux, les ont quittées. C'est un mouvement de retrait qui touche la planète entière. Jorge Mario Bergoglio, Pape stratège, n'approuve pas ce retrait mais cherche à comprendre les motivations qui conduisent à cette politique de la chaise vide. Il évoque pour cela « le mystère difficile de ceux qui quittent l'Église... qui s'en vont par les chemins seuls avec leurs désillusions »... Les questions affleurent sur ses lèvres et se bousculent. « Peut-être l'Église est-elle apparue trop faible, peut-être trop éloignée de leurs besoins, peut-être trop pauvre pour répondre à leurs inquiétudes, peut-être trop froide dans leurs contacts, peut-être trop autoréférentielle, peut-être prisonnière de ses langages rigides ; peut-être le monde semble-t-il avoir fait de l'Église comme une survivance du passé, insuffisante pour les questions nouvelles ; peut-être l'Église avait-elle des réponses pour l'enfance des hommes mais non pour son âge adulte. » Une analyse que ne renieraient pas des spécialistes en sciences humaines.

Si l'on veut retrouver une dynamique missionnaire, il convient de s'interroger aussi sur l'avenir problématique des « Légionnaires du Christ » qui comptent aujourd'hui plus de 700 prêtres et 3 000 séminaristes dans le monde. Leur forte présence en Amérique latine suscite de sérieuses réserves depuis qu'a été révélé au printemps 2004 le double jeu de son fondateur mexicain, le père Marcial Maciel Degollado, dont les révélations sont tombées en 2009, un an après sa mort. Le fondateur de la Légion était accro à la morphine, polygame, pédophile, et a abusé d'au moins une cinquantaine d'enfants. Il est aussi père de plusieurs enfants. Cette congrégation catholique, désormais contestée à Rome, doit subir une réorientation fondamentale si elle veut continuer de s'occuper de l'avenir du christianisme en Amérique latine.

À propos, y a-t-il eu des cas de pédophilie chez les Jésuites ?

Malheureusement… Dans les années 1970 et 1980, l'Allemagne a été le pays le plus touché par ces drames. Ce sont des enseignants qui ont été impliqués dans ces affaires à la suite de plaintes d'une vingtaine d'anciens étudiants, notamment du prestigieux collège berlinois Canisius, mais aussi de Sankt Blasien dans la

Forêt-Noire… Quand ces scandales ont éclaté en 2010, le recteur de Canisius, Klaus Mertes, a adressé une lettre d'excuses à cinq cents anciens élèves pour ces comportements sexuels inappropriés. Il a réagi très sévèrement et publiquement, ce qui a obligé à un débat non feutré dans toute l'Église allemande. Il y aurait eu aussi des cas individuels à Hambourg et en Forêt-Noire, voire en Chine, en Espagne et aux États-Unis, mais en petit nombre, des cas que les Provinciaux ont traité humainement et avec des réparations financières pour les victimes. Ce douloureux sujet chez les Jésuites est limité et n'a rien de commun avec les comportements qui ont été révélés dans certaines communautés nouvelles.

Sujet fort différent : Jorge Mario Bergoglio connaît-il également les musulmans ?

De nos jours, l'émigration arabe, tant musulmane que chrétienne, fait en Argentine de l'islam la troisième religion dans le pays. La communauté la plus nombreuse est la syrienne, suivie de la libanaise, sans oublier les Irakiens et les Palestiniens, soit 3 millions et demi en comptant une importante proportion de chrétiens. Pour s'en convaincre, il suffit de visiter l'imposante mosquée érigée au centre de la capitale. Les observateurs ont noté que, à la fin du ramadan en juillet 2013, l'Évêque de Rome avait adressé un message aux musulmans du monde entier, qu'il appelle « Chers amis », et avait précisé : « J'ai décidé de signer moi-même le message traditionnel comme expression d'estime et d'amitié envers tous les musulmans, spécialement envers les chefs religieux. » Une amitié qui s'est manifestée notamment lors du drame de la Syrie à l'égard du Grand Mufti de Syrie, Ahmad Badreddin Hassoun.

Il veut donc multiplier les ponts ?

À peine élu, dans un discours aux représentants du corps diplomatique salle Clémentine, le Pape François a déclaré : « Un des titres de l'Évêque de Rome est "pontife", c'est-à-dire celui qui construit les ponts » – un joli symbole. Suit une recommandation qui fait une place spéciale à l'islam : « Il est important d'intensifier le dialogue entre les différentes composantes religieuses. Je pense surtout au dialogue avec l'islam et j'ai beaucoup apprécié la présence, durant la messe du début de mon ministère, de nombreuses autorités civiles et religieuses du monde musulman. »

Grand leader religieux du monde, le Pape François s'inquiète de possibles durcissements envers l'islam. Il conçoit les religions comme facteurs de paix et il sait qu'il est scandaleux de couvrir du nom de Dieu des actions violentes et meurtrières.

Avec les protestants – luthériens, anglicans et calvinistes –, tout est différent, car la vieille Europe est responsable de la fracture entre protestants et catholiques. Sur ce continent s'est jadis produite une cassure et, comme toujours, l'exportation de cette division outremer par les missionnaires a élargi le fossé et durci le ton.

Comment susciter un authentique dialogue interreligieux ?

En 1995, la Compagnie de Jésus a réfléchi sur la mission et le dialogue interreligieux. Selon elle, être religieux aujourd'hui, « c'est être interreligieux ». Avoir une relation positive avec les croyances des autres, c'est reconnaître « l'existence dans le monde du pluralisme religieux ». Un document interne recommande en ce sens de favoriser un quadruple dialogue recommandé par l'Église...

1. Le dialogue de la vie où tous s'efforcent de se retrouver dans un esprit d'ouverture, de voisinage, de partage de leurs problèmes, de leurs peines, de leurs préoccupations humaines...

2. Le dialogue de l'action dans laquelle les chrétiens et les autres collaborent au développement de chacun et à l'élaboration d'œuvres communes.

3. Le dialogue de l'expérience religieuse, où des personnes enracinées dans leur propre tradition partagent leur richesse spirituelle. Par exemple, pour tout ce qui touche à la prière, à la recherche de l'absolu, de Dieu...

4. Le dialogue des échanges idéologiques où des spécialistes tentent de préciser le contenu théologique de leurs héritages respectifs sur leurs concitoyens.

Un Pape proche aussi des Juifs argentins ?

Depuis la fin du XIXe siècle, des Juifs ont immigré en Argentine. Ils sont venus d'Europe centrale, en plusieurs vagues et ont vite su se mêler aux aspirations de l'Argentine moderne. On l'a notamment constaté après l'attentat du 18 juillet 1994 dans la capitale argentine qui a fait 85 morts, 300 blessés et détruit le bâtiment de l'AMIA[1] qui abritait le siège des principales organisations et associations juives du pays et contre l'ambassade d'Israël où moururent vingt-neuf personnes et où deux cent quarante-deux blessés furent recensés. Un grand élan de solidarité s'est manifesté. Grâce à une pétition, dont l'un des premiers signataires a été l'Archevêque de Buenos Aires Jorge Mario Bergoglio, proche depuis de longues années du rabbin de Buenos Aires Abraham Skorka, avec lequel il a écrit un livre. Avec l'appui d'un financement international, un monument a été érigé sur le lieu de ce drame où sont gravés les noms de toutes les victimes. Buenos Aires, aux côtés de New York, Miami, Londres, Paris..., est à classer parmi les grandes métropoles ayant une communauté juive très importante. Les Juifs argentins sont bien assimilés et comptent dans ce pays. Par ailleurs, la capitale est la ville où exercent proportionnellement le plus de psychanalystes au monde... Une profession qui séduit beaucoup de Juifs !

1. Association mutuelle israélite argentine.

16

Des réformes dans l'urgence

Quelles sont les fonctions de l'Évêque de Rome ?

Quand on parle de l'Évêque de Rome, c'est-à-dire du Pape, on doit revenir aux sources : le ministère de Pierre. Car le Pape ne se tient pas dans une sorte de nuage au-dessus de toutes les réalités que connaissent les Évêques dans leur diocèse respectif. Enraciné dans une Église particulière, celle de Rome, il accède par elle à l'universel. Ainsi parle-t-il d'égal à égal avec les autres. Il peut les appeler Cardinal Évêque ou Cardinal prêtre, car, en qualité de Cardinal, il est titulaire, comme ses frères Cardinaux, d'une église à Rome[1] : San Roberto Bellarmino, paroisse au cœur des Parioli, quartier bourgeois. Cet édifice religieux moderne sans beaucoup de style à être érigé par le Pape Paul VI en 1969 en mémoire du Jésuite et théologien San Roberto Bellarmino.

1. Comme Cardinal de la Sainte Église romaine, chacun d'eux est titulaire d'une paroisse ou d'une église romaine car ces Cardinaux forment la plus haute sphère de l'Église romaine.

Une des tâches du nouveau Pape sera donc de s'occuper de son nouveau diocèse de Rome et, à l'exemple de Jean-Paul II, d'aller célébrer et de rencontrer les fidèles dans les paroisses de cette ville. L'Évêque de Rome ne flotte pas dans les airs au-dessus de ses « frères ». La tradition, héritée des premiers siècles de l'Église, fait de lui le *Primus inter pares*, c'est-à-dire le Premier parmi ses pairs. Les textes de l'Église catholique ne lui recommandent-ils pas de « présider à la charité » et non d'être le chef par excellence, mais bien celui dont la tâche est de garder des liens forts de fraternité ? Toutes ces questions peuvent éclairer ce qui touche à la synodalité (soit une manière de dialoguer entre égaux) et aux liens de l'Église catholique avec les Églises séparées. Dans *Ut Unum Sint*, une encyclique datée du 25 mai 1995, Jean-Paul II avait interrogé les Évêques catholiques et les responsables de toutes les Églises chrétiennes. Il leur demandait comment ils comprenaient cette expression « présider à la charité », car c'est à cette condition que l'autorité de l'Évêque de Rome peut être un jour pleinement acceptée par d'autres Églises chrétiennes que la sienne.

Le nouveau Pape va-t-il abolir le titre de « Prince de l'Église » ?

Je n'en sais rien, mais ce titre n'est pas indispensable et, de toute façon, ce n'est pas un terme théologique ! Il lui faut trouver des expressions qui ne soient pas prises dans le vocabulaire aristocratique des cours alors qu'il est question de s'adresser à des pasteurs de l'Église catholique…

Ce titre, « Prince de l'Église », je ne l'ai pas lu sous sa plume et je l'entends plutôt évoquer en référence à François d'Assise dans la manière dont l'Église doit se dépouiller. Pour ma part, j'ai cette expression en horreur. Quand on évoque le successeur du Prince des Apôtres, ce n'est pas le prince avec une couronne fermée sur la tête, c'est l'homme du « Princeps » qui vient du latin *Princeps senatus*, littéralement « premier du Sénat ».

Le Pape François pourrait-il supprimer les armoiries des Évêques ?

Il faudrait d'abord réduire le nombre des Évêques ! De 3 500 lors du Concile de Vatican II en 1962, ils sont maintenant 5 200... Pourquoi tant d'Évêques ? Il y a deux raisons à cela : quand le nombre de catholiques se réduit, on a tendance à reporter vers l'Évêque toutes les responsabilités ecclésiales. Lorsqu'il n'y a pas beaucoup de prêtres, on constitue dans une ville moyenne un évêché assez petit dont l'Évêque devient en quelque sorte le curé. Le dimanche, tous les fidèles – peu nombreux – sont invités à aller à la messe que célèbre l'Évêque du lieu. Quand on est dans des diocèses de mission, ou dans des pays en voie de développement, on ne tarde pas à ériger un nouveau diocèse. L'expression exacte est une « érection papale », ce qui est une manière de faire grandir l'Église...

... et de multiplier les problèmes !

Se trouver face à de tels chiffres risque de rendre quasi ingérables la transmission et l'application des directives venues de Rome. On compte quelque 120 Évêques en France, dont nombre d'émérites. En Italie, avec une population catholique quasi équivalente, le chiffre est le double de l'Hexagone. Le Pape François va tenter d'assouplir les relations complexes entre diocèses particuliers, conférences épiscopales et administration centrale du Saint-Siège. On comprend que le souci premier du Vatican soit de préserver l'unité de l'Église. Mais comment ne pas percevoir aussi l'urgence d'une plus grande décentralisation ? C'est ce que j'entendais dans le diocèse de Buenos Aires quand Bergoglio en était Archevêque...

Êtes-vous courtisés par les hommes politiques ?

Non, pour la simple raison qu'ils ne nous connaissent pas trop. En règle générale, même avec une certaine culture, ils en savent fort peu sur ce que sont et font les religieux, et spécialement les Jésuites. C'est plutôt nous qui nous intéressons à eux parce que nous savons leur mission difficile, les haines et les enthousiasmes qu'ils suscitent. Quand ils sont croyants, mon oreille se fait plus attentive car j'ai la conviction qu'ils n'aiment pas trop fréquenter les hommes d'Église. Ils trouvent souvent leurs discours à des années-lumière de ce qui fait la substance de leur existence. Et pourtant, pour eux aussi, l'Évangile est un glaive, et une source dont ils pourraient s'inspirer. Une de mes missions est d'apprendre comment faire route avec les hommes et les femmes engagés en politique.

17

Entre Bible et Internet : de sacrés défis

Que signifient ses premiers pas ?

Le Pape François travaille beaucoup et s'implique personnellement dans les dossiers. À juste titre, les médias le montrent d'abord comme un homme de rencontre qui se concentre sur des questions essentielles pour préparer ses rendez-vous et ses discours, et qui réussit à conjuguer communication et communion, soulignent vos confrères... Il a besoin de réfléchir seul, même s'il n'apparaît pas d'emblée comme un intellectuel, ce qui lui est reproché dans certains cercles universitaires. Il veut rester maître de son temps. Ayant beaucoup à apprendre, il tient à gérer ses priorités lui-même, ce qui implique de recevoir, de se renseigner directement en posant des questions sans complaisance... Il attend des réponses dépourvues de toute convenance, il ne craint pas les critiques, préférant des collaborateurs francs à des courtisans. Par ailleurs, ce Pape a besoin d'une vie au milieu des autres, comme il l'a précisé à plusieurs reprises. Réflexe hérité de son passé de religieux pour s'alléger d'un flot ininterrompu de demandes. Tel un chef d'État qui ne peut échapper à son image, il ne veut surtout pas se trouver déraciné, isolé dans une enceinte protégée avec des rituels particuliers et pesants. Il mesure combien on peut être coupé des réalités, même dans un milieu « saint », entouré de gens qui tous s'adressent à vous avec déférence. Exigence difficile à faire accepter lorsqu'on est le Pape qui a choisi d'habiter la maison Sainte-Marthe et de ne se rendre au palais pontifical que pour y travailler !

Depuis plusieurs décennies, les Jésuites se sont habitués à tirer profit de la séparation entre communauté et travail. C'est une forme de respect pour la vie privée et ce qu'elle permet dans le domaine de la prière, du vécu, de la fraternité et des contacts personnels. Nous avons besoin de tels lieux de gratuité où peuvent se vivre ensemble loisirs, contemplation, échanges, à distance du travail spécialisé et hiérarchisé qui régule le monde professionnel. Prenons l'exemple des collèges. Les Jésuites aspirent de nos jours, pour bien mener leur tâche, à une coopération intense et confiante avec des laïcs, hommes et femmes. Ces formes d'associations nouvelles ne peuvent fructifier que si les pères n'habitent pas là où ils enseignent, sinon ils ne sauront pas bien partager leur pouvoir, assumer leur rôle propre et coopérer avec d'autres.

Singulier pour un Pape !

À Sainte-Marthe, derrière les murs du Vatican, le Pape François n'habite tout de même pas en communauté. Il vit dans un appartement de quatre-vingt-dix mètres carrés au deuxième étage avec une chapelle et une salle à manger privées. Célébrant généralement l'eucharistie quotidienne au milieu de fidèles laïcs, il prend la plupart de ses repas dans la salle à manger commune du rez-de-chaussée. On croise dans cet « hôtel » des prêtres, des Évêques, des Cardinaux étrangers, quelques laïcs de passage, des collaborateurs sur place et des employés civils. Ainsi n'est-il pas pris pour « le Pape » à tout instant. Ce choix personnel lui donne de la distance. Il évite de cette façon le lourd cérémonial de tous ceux qui s'inclinent, baisent avec componction son anneau, s'adressent à lui avec l'immense respect dû depuis des siècles au successeur de Pierre. Malgré cela, on devine à quelques-unes de ses réactions que ce retrait quotidien qu'il s'impose ne lui permet pas d'échapper complètement à la raideur ambiante.

Que vous inspire la manière de vivre du Pape ?

Le Pape François a une perception de la pauvreté probablement plus jésuite que franciscaine. Il a besoin d'avoir un quotidien austère, pas trop compliqué ni fastueux. Il ne prend pas de vacances et ne tient pas à aller à Castel Gandolfo, car là encore il est mal à son aise dans ces grandioses demeures pontificales. À la manière du dépouillement intérieur vécu par une minorité de religieux, en Argentine déjà, il n'avait pas l'habitude de prendre de repos et ralentissait alors son rythme de travail. Ses réflexes jésuites font qu'il n'a pas peur d'user des moyens techniques de communication modernes. Je pense qu'il est sans état d'âme sur cette question. Le Pape excelle dans ce genre littéraire bref mais efficace des tweets : au bout de deux mois, 6 millions de personnes lisaient déjà sa prose[1] ! Qu'en sera-t-il dans deux ans ? En cas de grave crise mondiale, le Pape François pourrait très vite transmettre des messages à la fois politiques et religieux inspirés de ce que souligne Ignace de Loyola dans les *Constitutions*[2] : « Le bien est d'autant plus divin qu'il est plus universel. » En analyste averti, il ne manie pas seulement des raisonnements intellectuels, mais est attentif aussi à ce qu'on appelle dans le vocabulaire religieux de saint Ignace « des motions intérieures » : « Telle décision à prendre suscite-t-elle de la joie ou apporte-t-elle de la tristesse ? Suis-je en paix ou dans l'agitation quand je pense à cette solution ? » En même temps qu'il est un novateur, l'actuel Pape veut montrer qu'il est un successeur de Benoît XVI. Il entend par là manifester la continuité entre les deux pontificats dont l'encyclique *Lumen Fidei*, « Lumière de la Foi », publiée le 5 juillet 2013 et jouée à quatre mains est la manifestation. Une première, surtout

1. Il faut cependant se rappeler que c'est Benoît XVI qui le premier a envoyé un tweet le 12 décembre 2012 depuis un iPad. Le compte, à cette date, démarrait avec un million d'abonnés. Avant son départ, le 28 février 2013, le Pape émérite avait déjà envoyé trente-huit tweets et gagné trois millions de *followers* ! Cette nouveauté avait alors été très médiatisée.

2. *Constitutions* de la Compagnie de Jésus, chapitre VII.

parce que deux papes l'ont écrite ensemble, bien que seul le Pape François l'ait signée. À la lire de près cependant, on voit que le plus gros travail a été accompli par Benoît XVI, mais on sent la griffe de son successeur dans les premières pages et à la fin du document. Le Pape émérite doit être satisfait de voir son document publié officiellement. Son « retrait » l'empêche de cosigner une encyclique par définition « pontificale », et le Pape François est trop absorbé actuellement pour avoir le temps de rédiger un texte majeur. Telle est l'image sereine du « bipapisme » latent.

Et que dire alors de l'héritage financier ?

Lors d'une audience générale, le Pape a qualifié l'IOR, la banque du Vatican, de « nécessaire jusqu'à un certain point ». Tout démontre qu'il n'aura pas peur de prendre des sanctions comme le renvoi et même la prison en cas de fautes lourdes. Pour ce faire, le Pape a créé une commission pontificale consultative et non décisionnelle de huit Cardinaux afin de l'épauler et de lui servir d'écran, car il n'est pas sage pour un Pape d'être constamment en première ligne dans ce domaine comme dans d'autres. Traduisant un souci de collégialité, avec ses huit Cardinaux, issus des divers continents.

Son état-major comprend d'abord son Secrétaire d'État[1] Monseigneur Pietro Parolin en remplacement du Cardinal Tarcisio Bertone. Cet

1. Premier collaborateur des papes, le numéro deux du Vatican s'occupe de politique ecclésiastique et de l'activité diplomatique du Saint-Siège, jusqu'à représenter parfois le Pape

Archevêque italien respecté dans les milieux de la haute diplomatie du Saint-Siège a déjà eu l'occasion de suivre maints sujets délicats dans les relations internationales. Il connaît bien l'Amérique latine et a joué par ailleurs un rôle important dans le traitement de dossiers complexes entre le Vatican et le Vietnam, le Vatican et la Chine... Certains hauts prélats du Vatican ne sont pas enthousiastes de ces nominations. Les corps constitués acceptent toujours à contrecœur de devoir changer d'habitudes... Ils se croient incontournables pour l'éternité.

Un Pape très politique, en somme !

Ce n'est pas moi qui vais lui reprocher d'être un grand stratège ! C'est clair, il aime occuper cette place. On reconnaît aux Jésuites le talent de savoir s'adapter en toute circonstance ! Il a par ailleurs dans son entourage des personnages d'envergure, et un Pape a le privilège de pouvoir consulter les plus éminents spécialistes de la planète sur les sujets sensibles. Le Pape est un acteur politique dans tous les sens du terme à l'image de Jean-Paul II. Et il garde sans doute en mémoire le comportement de Jean XXIII au moment de la crise des fusées à Cuba en 1962, dialoguant en direct avec John Kennedy et Nikita Krouchtchev pour éviter une conflagration mondiale.

à l'extérieur. C'est lui qui traite avec les ambassadeurs près le Saint-Siège et reçoit les hauts dirigeants à l'issue de leur audience chez le Pape. Il peut convoquer des réunions des membres de dicastères. La Secrétairerie d'État se divise en deux sections : l'une pour les affaires générales, l'autre pour les relations avec les États.

Des voyages ont déjà été annoncés. Aurait-il oublié l'Europe ?

De futurs déplacements se dessineront à coup sûr dans l'avenir car, sur le plan diplomatique, il serait opportun que le nouveau Pape argentin aille rencontrer les responsables et les élus des institutions européennes (les 28 pays de l'Union européenne et les 47 pays du Conseil de l'Europe). Se rendre quasi en voisin à Bruxelles et à Strasbourg, c'est vouloir renforcer un continent où le dialogue interreligieux est riche. C'est inviter les Européens à davantage de solidarité entre eux et avec le reste du monde, dans le partage des biens et l'accueil des migrants. De plus, quand on la compare à d'autres grands ensembles, l'Europe est le seul continent où cohabitent en nombre catholiques, protestants, orthodoxes, musulmans, juifs. Après tout, les États-Unis ont seulement 9 millions de musulmans sur leur territoire... Une telle visite offrirait une image précieuse d'un Pape attentif à la justice et à la paix. Enfin, pour un homme de 76 ans qui, confient ses proches, n'apprécie que modérément les voyages, en un seul déplacement à l'étranger, il pourrait ouvrir le dossier de l'Europe. N'en est-il pas déjà un éminent citoyen de par sa responsabilité propre d'Évêque de Rome, un petit joyau ancré sur le Vieux Continent ?

Le Pape joue-t-il de réflexes populistes ?

Le Pape François utilise avec beaucoup d'agilité des formules du type « L'Église n'est pas une ONG », « Dans l'Église, nous sommes tous égaux et personne n'est inutile », « Saint Pierre n'avait pas de compte en banque »… Ce qu'à *Paris Match* on qualifie, me semble-t-il, de « poids des mots ». Il prononce ses messages avec éloquence et « galvanise », j'ose employer ce terme, non seulement les foules mais aussi la presse internationale. Avec un langage direct qui ressemble fort à du populisme papal, le voilà poussé à sélectionner des thèmes porteurs et à user de formules chocs et d'images fortes pour parler d'un Dieu qui frappe à notre porte.

Cette forme de familiarité paraissait beaucoup plus naturelle dans l'ambiance argentine que dans le décorum de Saint-Pierre ou dans l'écriture d'une encyclique. On entend déjà certains Cardinaux murmurer. Après une année, ils aimeraient le voir « plus Pape… enfin ! » « Il ne peut, confie l'un d'eux, continuer à répéter les mêmes rengaines, ni passer éternellement pour un homme susceptible d'user de ses facilités sur tous les sujets… À quel moment le caractère "sacré" de sa tâche va-t-il apparaître ? »

En revanche, ce qui n'est pas du populisme est d'appeler chacun à prendre ses responsabilités, à avoir le courage de susciter des initiatives, même dans des situations embarrassantes, sans se défausser sur les autres. L'Évêque de Rome est un décideur qui a le sens de l'opportunité : une fois que vous avez fait votre choix – cela n'est pas valable seulement pour le Pape ! –, vous devez éviter de l'imposer tout de suite mais réfléchir à la façon dont il va pouvoir passer dans l'opinion publique… Comme Ignace, le Pape François est un fin stratège qui médite sur la façon de franchir un gué. Vous êtes sur votre monture d'un côté de la rivière et vous voulez passer sur l'autre rive. Votre décision est prise. Ce n'est pas en vous lançant dans l'eau avec fougue que vous allez réussir à traverser ! Remontez, redescendez la rivière, revenez sur vos pas et soudain vous apercevrez un endroit où vous allez pouvoir passer… Saisissez cette opportunité car l'occasion ne va pas se représenter de sitôt !

Le Pape François s'est construit selon ce modèle. Ce style nous change de la majesté de ces papes hiératiques, distants, à l'allure compassée et sévère. Celui-ci a déjà modifié l'image traditionnelle du Souverain Pontife. Le successeur de Pierre était jusqu'ici quelqu'un qui devait avoir le dernier mot sur tout parce qu'il représentait la souveraineté par excellence. Si l'on suit l'annuaire pontifical, il est « Vicaire du Christ », Évêque de Rome, successeur du Prince des Apôtres, Pontife suprême de l'Église universelle, Primat d'Italie, Archevêque métropolite de la Province de Rome, Souverain de la Cité du Vatican et Serviteur des serviteurs de Dieu… Quelle incroyable concentration et quel contraste avec l'apôtre Pierre au bord du lac de Tibériade quittant la barque de son père et son métier de pêcheur pour suivre Jésus de Nazareth et mourir en martyr dans la Rome païenne ! Notre Pape, semble-t-il, a perçu un changement de mentalité dans notre société moderne, à savoir que l'Église et donc les chrétiens n'auront une réelle présence au sein du monde contemporain que si leur comportement est capable d'épouser une tournure plus démocratique qu'auparavant. Il est fini le temps où l'on disait *Roma locuta est*, le Pape a parlé, chacun doit maintenant se taire.

Que dire des Lefebvristes ?

Figés dans une sacralité surannée, adversaires de toute démocratie dans l'Église, sceptiques quant à l'œcuménisme, les Lefebvristes ont commis une grave erreur en refusant de signer ce que proposait Benoît XVI pour tenter de les réintégrer dans l'Église de Rome, à savoir accepter l'essentiel des principes de Vatican II. Faute d'avoir accepté à temps, ils se retrouvent devant un Pape imprévu. Peu en phase avec les thèses intégristes, ce dernier a fait le choix de s'occuper des fidèles qui sont dans l'Église ou l'ont quittée et cherchent à y revenir, plutôt que de se tourner de nouveau vers les nostalgiques d'une institution qui, avec eux, court le risque de se fossiliser.

Vous n'évoquez guère sa spiritualité...

J'y viens. La prière est une merveilleuse cristallisation de l'invisible dans le visible. C'est un colloque singulier entre deux êtres. J'aime la formule, finalement très jésuite, du théologien et pasteur protestant Karl Barth[1] : « Le croyant doit avoir la Bible dans une main et le journal dans l'autre. » Je sais que le Pape François passe beaucoup de temps dans la prière et dans la lecture de l'actualité. Il suit des chemins que l'on apprend dans les *Exercices spirituels* : commencer la prière quand on est entré dans une zone de paix intérieure, faire le vide à la manière bouddhiste, éviter l'envol de l'imaginaire, s'imprégner lentement de la Parole que Dieu nous adresse dans les Écritures. C'est pourquoi

1. 1886-1968. Suisse et théologien fort respecté.

il est indispensable d'observer une certaine discipline ! Beaucoup de gens prient dans le métro, moi y compris... mais je connais de meilleurs endroits ! De toute manière, le Pape, j'imagine, ne prendra plus beaucoup de transports en commun... ou alors ce serait vraiment un scoop pour vous. En revanche, un Préposé général des Jésuites peut se le permettre encore parce que son visage est peu connu... J'ai un jour attendu le père Peter-Hans Kolvenbach, prédécesseur du père Adolfo Nicolás, à la gare de Marseille, en provenance de Rome. Il avait voyagé incognito en couchette, personne ne l'avait repéré !

J'ai été frappé par le talent du Pape François lors de sa première conférence de presse salle Paul VI juste après son élection. Comme l'assemblée était composée de journalistes de multiples religions, voire sans appartenance religieuse, il a déclaré qu'il ne procéderait pas à une bénédiction collective. Aux hommes, il donne des accolades chaleureuses. Avec les femmes, il se comporte en Sud-Américain familier des mœurs où tout le monde s'embrasse sur les deux joues. De mémoire de Cardinal, on n'avait encore jamais vu un Pape embrasser une femme en public... Jean-Paul II, qui avait un sens inné de la communication, n'osait pas encore le faire car, à l'époque, il pensait que le Pape n'avait pas à se comporter avec une telle familiarité. Il embrassait uniquement les enfants. Son successeur le Pape François, lui, est au-delà de ces barrières. Il partage avec aisance les codes hommes-femmes d'une société décomplexée, sur ce plan-là au moins...

Son succès est-il fragile ?

Le Pape François n'est pas seulement dans la contemplation, mais aussi dans une tension quotidienne entre le gouvernement de l'Église et les aspirations d'une partie de l'intelligentsia. Celle-ci risque de le faire entrer demain dans une zone de turbulences. On juge toujours les papes sur les interdits qu'ils prononcent à propos de l'avortement, du contraceptif, de la fin de vie, de l'euthanasie active et passive, du mariage entre gens du même sexe, du célibat des prêtres, de l'ordination des femmes, de l'accès à l'eucharistie des divorcés remariés… Si vous n'adhérez pas à ces « modèles permissifs », vous risquez d'être rangé dans le camp des rétrogrades impénitents. Ces aspirations sont davantage celles des pays occidentaux que pour l'instant celles du tiers-monde. Cette vision n'est pas partagée par toute la Terre, bien qu'elle gagne peu à peu du terrain. Le Pape François n'ignore pas que c'est sur ces sujets délicats qu'il va être interpellé sans complaisance pendant son pontificat, au risque d'être épinglé à tout jamais comme un antimoderne ! Politique, il se prépare sûrement à cette épreuve. Sur ce terrain miné se jouera une partie de son aura. Sera-t-il un jour moins populaire ? Son art de la rhétorique va l'entraîner à invoquer des thèmes qui lui sont chers et qui ont un écho dans toute conscience : la patience et la miséricorde de Dieu, car ce Dieu qui n'est pas le produit de notre imaginaire regarde non les apparences mais le fond des cœurs…

18

Le Pape François : un an déjà

Après une année de ce nouveau pontificat, quelle impression avez-vous du pape François ?

Ce qui me frappe chez lui, c'est la joie et le courage qu'il manifeste dans son nouvel engagement. Parti « tel Abraham » des lointains horizons du sud de la planète avec un simple bagage, Jorge Mario Bergoglio est maintenant bien installé à Rome. Son élection au Poste suprême s'est faite à une heure où beaucoup de ses contemporains sont dans le « premier monde » déjà à la retraite... Son parcours est le contraire de celui d'Ulysse chanté par Joachim du Bellay : « Heureux qui, comme Ulysse, a fait un beau voyage et puis est retourné, plein d'usage et raison, vivre entre ses parents le reste de son âge ! » Envoyé vers un pays très loin du sien, tel le voyageur sans bagage, il sait que désormais il ne reviendra plus sur sa terre natale. Sinon pour une visite papale en 2016, à l'occasion du bicentenaire de l'indépendance de l'Argentine et d'un congrès eucharistique mondial. « L'Évêque de Rome », comme il souhaite qu'on l'appelle, est en train d'inventer une autre manière de « faire pape » avec une joie qui se propage au-delà de l'univers catholique. Les foules veulent le voir et se pressent à Rome. Il passe ses journées à recevoir non seulement des hommes d'Église, mais aussi grands et petits acteurs de la planète.

Le train des réformes est sur les rails. Plusieurs audits sont en cours, notamment sur la gestion de deux institutions hospitalières du Saint-Siège : l'Hôpital pédiatrique du Bambino Gesù et la Fondation *Casa Sollievo della Sofferenza*, naguère créée par Padre Pio. Autre audit capital : la réforme des finances du Saint-Siège, c'est-à-dire de la banque du Vatican, l'IOR, l'*Instituto per le Opere di Religione*, dans le but de l'aligner sur les standards internationaux. Cette réorganisation des structures financières semble la plus avancée. On y remarque une surprenante collaboration entre une poignée d'experts de la Compagnie de Jésus, quelques membres de l'Opus Dei, laïcs, dont une femme, Francesca Chaouqui, et le Cardinal Schönborn, un Dominicain, entré dans ce circuit comme membre de la commission de contrôle[1]. Mais l'organisme le plus puissant et le plus doté est *Propaganda Fides* : la Congrégation pour l'évangélisation des peuples demeure pour l'heure une structure du Saint-Siège encore totalement autonome. D'ailleurs, le Cardinal à sa tête est surnommé le « Pape rouge »... Cela illustre bien son importance ! Au sein de *Propaganda Fides* tout le monde paraît trembler pour la suite !

1. Cinq Cardinaux ont été nommés pour cinq ans à cette commission de vigilance de l'IOR.

Comment le Pape François a-t-il au fil des mois manifesté son esprit missionnaire ?

Sur ce point, l'ambition du Pape est claire comme en témoigne son texte de l'exhortation apostolique[1] *La Joie de l'Évangile* : « J'imagine un choix missionnaire capable de transformer toute chose, afin que les habitudes, les styles, les horaires, le langage et toute structure ecclésiale deviennent un canal adéquat pour l'évangélisation du monde actuel, plus que pour l'autopréservation. La réforme des structures, qui exige la conversion pastorale, ne peut se comprendre qu'en ce sens : faire en sorte qu'elles deviennent toutes plus missionnaires, que la pastorale ordinaire soit plus expansive et ouverte. » Elle doit mettre « les agents pastoraux en constante attitude de "sortie"... ». Comme l'expliquait déjà Jean-Paul II aux Évêques d'Océanie : « Tout renouvellement dans l'Église doit avoir pour but la mission, afin de ne pas tomber dans le risque d'une Église centrée sur elle-même. »

Cette année 2014 est aussi marquée par une vaste consultation des conférences épiscopales de tous les pays sur les sujets difficiles : la bioéthique, le mariage pour tous, le divorce, le début et la fin de la vie... Les Évêques du monde entier sont mobilisés dans ce but afin d'enquêter le plus largement possible sur leur territoire et également au-delà des cercles catholiques. Il est demandé aux diocèses de répondre à un ques-

1. Une exhortation apostolique à la différence de l'encyclique est un texte émanant du Pape, écrit pour actualiser et stimuler la foi des fidèles du monde entier.

tionnaire élaboré à Rome, matériel précieux qui servira ensuite de base de réflexion. Certaines conférences, dont celle des Évêques belges, ont déjà envoyé une première synthèse. Par ailleurs, les dicastères concernés, tel le Conseil pontifical pour la famille, cherchent à s'associer à ce travail méticuleux. Des éléments de réponse arrivent de partout. Ils proviennent de particuliers et de nombreux mouvements ou associations. L'Assemblée extraordinaire du synode des Évêques du 5 au 19 octobre 2014 consacré aux défis de la pastorale familiale statura sur cet important dossier planétaire.

Quelle place pour la vie religieuse dans cette grande mobilisation ?

Le Pape a reçu récemment quelque cent vingt supérieurs des ordres religieux masculins. Il a passé trois heures avec eux. C'est le signe de l'importance qu'il attache à leur mission, car il n'est pas aisé pour lui de consacrer autant de temps à un groupe, si important soit-il. Ce fut en fait un échange fructueux dans lequel le Pape François s'expliqua longuement sur la place et le rôle de la vie religieuse dans le monde actuel et sur la formation que cela suppose. Il leur a aussi parlé du rapport des religieux avec l'autorité épiscopale, en mentionnant la réaction courageuse de Benoît XVI face aux affaires de pédophilie au sein de l'Église catholique. Lors de cet entretien, l'Évêque de Rome a vivement incité les religieux à « réveiller le monde », à fuir un centralisme néfaste, à se garder d'approches trop idéologiques, afin de voir aussi la réalité depuis la « périphérie ». Il leur a rappelé avec une certaine fierté digne d'un jésuite qu'ils étaient les piliers de l'éducation. Leur devoir, dans ce domaine, est de transmettre la connaissance, les valeurs et les façons de faire puisque à travers les éducateurs passe la foi. Les religieux doivent être proches de ceux dont ils ont la charge et souvent s'interroger sur la manière d'annoncer le Christ à une génération qui évolue rapidement. Car la tâche éducative est aujourd'hui une question clé. Le Pape n'a pas non plus résisté à pimenter son intervention de métaphores : « Pensons à ces religieux qui ont le cœur acide comme du vinaigre. Ils ne sont pas faits pour le peuple. En somme, nous ne devons pas former des administrateurs, des gestionnaires, mais des pères, des frères, des compagnons de route. » Quant à la question des novices, il a invité les Supérieurs généraux à avoir les yeux ouverts sur des situations de « traite des novices » que l'on peut constater. Il s'agit de l'arrivée massive de congrégations étrangères qui ouvrent des maisons religieuses aux Philippines par exemple afin de recruter une nouvelle « main-d'œuvre » pour leurs couvents d'Europe. Une note d'optimisme est apparue cependant à propos des religieux non prêtres, c'est-à-dire les congrégations de frères. Il ne pense guère que ce type de vocations soit dépassé. Au mieux, a-t-il conclu sur le sujet, nous devrons lors du IIIe synode extraordinaire des Évêques sur la famille nous efforcer de comprendre ce que Dieu dans la période actuelle est en train de nous demander.

Que penser de la séduction que ce Pape exerce au-delà de l'Église romaine ?

Séduire ne signifie pas évangéliser. Toutefois, ce nouveau Pape rencontre une oreille attentive auprès de franges de chrétiens non catholiques. Il reprend souvent la formule chère à Jean-Paul II : trouver pour le Pape une « forme d'exercice de la Primauté ouverte à une situation nouvelle mais sans renoncement aucun à l'essentiel de sa mission ». Sur ce thème, les paroles de Jorge Mario Bergoglio sont en harmonie avec celles de Karol Wojtyla. Il parle même d'une « conversion de la papauté »... « Il me revient comme Évêque de Rome de rester ouvert aux suggestions orientées vers un exercice de mon ministère qui le rende plus fidèle à la signification que Jésus-Christ entend lui donner et aux nécessités actuelles de l'évangélisation. » Il ajoute, dans *Evangelii Gaudium* (n° 244-246) : « Étant donné la gravité du contre-témoignage de la division entre chrétiens, particulièrement en Asie et en Afrique, la recherche de chemins d'unité devient urgente. » Les missionnaires locaux reprennent sans cesse les critiques, les plaintes et les moqueries qu'ils reçoivent comme « salaire » du scandale des chrétiens divisés. « L'engagement pour l'unité ne peut être pure diplomatie. Les signes de division entre les chrétiens dans des pays qui sont brisés par la violence ajoutent d'autres motifs de conflit de la part de ceux qui devraient être un actif ferment de paix. »

Un Pape influencé par la culture française ?

Je le crois spécialement à travers quatre jésuites : Henri de Lubac, grand théologien ; Jean-Yves Calvez, éminent penseur et réformateur de la doctrine sociale de l'Église que Jorge Mario Bergoglio recevait chaque année chez lui à Buenos Aires lorsqu'il venait donner les « exercices spirituels » à des hommes politiques argentins ; Michel de Certeau[1], historien, qui a préfacé le *Mémorial* de saint Pierre Favre ; ainsi que l'œuvre de Pierre Favre lui-même. Comment par ailleurs ne pas être frappé que le Pape François, tout juste élu, ait cité Léon Bloy[2] dans sa première allocution aux Cardinaux, ou encore par son éloge d'un écrivain catholique français, Joseph Malègue[3]. De ce dernier auteur, on a retenu un passage où apparaît un père jésuite que les Français avaient d'ailleurs eux-mêmes oublié.

Le Pape François n'aime guère voyager, il va cependant se rendre en août de cette année en Corée du Sud. Pourquoi ce choix ?

Ce déplacement est important. Après une année et demie, ce sera son troisième saut hors d'Italie, de surcroît dans un pays asiatique où les catholiques progressent et représentent déjà

1. Henri de Lubac (1896-1991), Jean-Yves Calvez (1927-2010), Michel de Certeau (1925-1986), Pierre Favre (1506-1546).

2. Léon Bloy (1846-1917). Écrivain, essayiste dont les deux œuvres les plus connues sont *Le Mendiant ingrat* et *Le Pèlerin de l'absolu*.

3. Joseph Malègue (1876-1940).

quelque 10 % de la population, soit environ 5 millions de personnes[1]. Sur cette terre où s'était rendu Jean-Paul II en 1989, on constate une forte poussée religieuse évangélique[2], et Jorge Mario Bergoglio mesure quelle est leur puissance en Corée. La Corée du Sud « exporte » même ses missionnaires évangélistes. On n'a pas oublié la tuerie de plusieurs Coréens missionnaires évangélistes au cours de la guerre en Afghanistan. Ce Pape argentin, très au fait de ces questions, a par le passé manifesté dans son pays natal une incontestable proximité avec les Évangélistes. À l'occasion de sa venue se dérouleront les 6e Journées de la jeunesse asiatique et une célébration pour la béatification de cent vingt-quatre martyrs coréens liés à l'expansion du christianisme dans ce pays d'Asie. Souvenons-nous aussi que, lorsqu'il est entré au noviciat des Jésuites à Buenos Aires, Jorge Mario Bergoglio voulait devenir missionnaire au Japon. Nostalgie ? Qui sait, ou, pourquoi pas, une autre forme de connivence secrète entre ce Pape et les Jésuites. En tout cas, l'ombre du père Ricci, illustre pionnier qui a amené l'Église jusqu'en Asie, plane sur l'histoire de la Chine et sur celle de la Corée. Car les Coréens jadis vassaux de l'Empire du Milieu devaient chaque année payer un tribut à l'empereur de Chine. Pour ce faire, ils se rendaient en délégation officielle à Pékin[3].

1. Pays dont le nombre de baptisés croît d'environ 3 % par an.
2. Les Évangélistes sont quelque 585 millions de croyants dans le monde.
3. Pékin considère aujourd'hui clandestins les Évêques et prêtres catholiques qui refusent de clamer officiellement leur

Afin de rompre l'ennui, avance-t-on, les lettrés passaient beaucoup de temps dans les bibliothèques impériales. C'est là qu'ils trouvèrent des ouvrages du père Matteo Ricci dont bon nombre étaient consacrés à la confrontation entre christianisme et confucianisme. Lettré de la Renaissance italienne, né dans les Marches non loin de Lorette, il devint le premier missionnaire jésuite évangélisateur de la Chine. Une fois parvenu à la cour de Pékin, il fut un remarquable précurseur des échanges des savoirs entre la Chine et l'Europe. À la lecture de ces récits captivants, certains Coréens voulurent devenir des fantassins de la foi catholique et l'« importèrent » dans leur pays. D'autres, influencés par leurs extraordinaires témoignages, se firent à leur tour baptiser… À cette même époque, le seul prêtre chinois qui les avait accompagnés fut arrêté et exécuté. Son triste sort entraîna l'absence de prêtres catholiques en Corée du Sud pendant une quarantaine d'années. Après cette douloureuse histoire d'une chrétienté coréenne sans prêtres et d'une Chine vidée de Jésuites à cause de leur suppression par le Pape Clément XIV, les suppliques des fidèles furent enfin entendues jusqu'à Rome. C'est Sa Sainteté Léon XII[1], au début du

---

appartenance à l'Eglise patriotique chinoise. C'est ainsi par exemple que Monseigneur Ma Daqin, Évêque de Shangaï, a été déchu pour avoir osé sortir de l'institution communiste encadrant les catholiques de Chine, et depuis les autorités chinoises guettent ses messages sur Internet.

1. Léon XII, 252e pape. Il régna de 1823 à 1829. Ce passé émouvant et ce travail de fond des Jésuites en Asie expliquent pourquoi François se rendra là-bas en août prochain. L'Asie, parmi d'autres, est devenue un nouvel horizon pour le Pape.

XIXe siècle seulement, qui demanda enfin aux « Missions étrangères de Paris » d'« envoyer des missionnaires en Corée ».

Les missions jésuites ne sont-elles pas reliées aux Exercices spirituels ?

Vous avez raison, au cœur du travail philosophique, on peut percevoir l'influence des Exercices, ce trésor entre les mains des Jésuites. Il ne s'agit pas d'un livre à lire mais d'un guide pour un parcours personnel. « Faire les Exercices », c'est, comme le préconise ce livret d'Ignace de Loyola, apprendre à « ordonner sa vie sans se décider par aucun attachement qui soit désordonné ». Le but est de se détacher de tout ce qui freine notre liberté afin de pouvoir prendre, selon Dieu, des décisions vitales. Une telle démarche suppose d'être à même de discerner entre les diverses solutions qui s'offrent à nous. On y arrive en explorant d'abord, dans la suite des moments vécus, les sentiments de notre cœur. Ils oscillent entre paix et agitation, allégresse et tristesse, joie durable et plaisir momentané, sérénité et impatience. C'est dans cette alchimie de contrastes permanents que chacun trouvera de précieux repères pour sa prière et sa vie apostolique.

Une priorité dans la formation des Jésuites ?

Lorsqu'un jeune entre au noviciat, il est assez vite plongé dans une retraite d'un mois avec ce fameux livret et un accompagnateur jésuite, qui le guide sur ce nouveau chemin. À la fin de ses études, il recommencera cette expérience. Car

Ignace pensait qu'une longue formation intellectuelle peut dessécher le cœur et l'encombrer d'un bagage idéologique peu propice pour un avenir missionnaire. Ainsi, chaque « exercitant[1] » pourra devenir peu à peu capable de donner à son tour les « Exercices ». Jorge Mario Bergoglio a vécu ce parcours commun à nous tous. Entré au noviciat des Jésuites à l'âge de vingt et un ans, puis appelé très jeune encore à devenir maître des novices, il se lance alors dans diverses formes d'accompagnement spirituel et excelle vite dans ce que nous appelons l'« Entretien spirituel ». Un art de communiquer dans la « lumière de Dieu » avec ses semblables sur tous sujets et à tous moments. À ses frères, les Évêques d'Espagne, le Cardinal Archevêque de Buenos Aires, déjà connu comme « le père des pauvres », donne en 2006 une retraite largement influencée par la dynamique des Exercices spirituels.

Après une année sur le siège de Pierre, quels autres réflexes le Pape François a-t-il gardé de son héritage jésuite ?

Il a conservé de son passé dans la Compagnie de Jésus des principes, des maximes et des façons de faire. Ce sont des sources, parfois cachées mais réelles. Je pense, par exemple, à cette maxime parmi d'autres qu'on trouve dans les *Exercices* et qui guide encore de nos jours la prière et la vie active des Jésuites sous toutes les latitudes : « Il faut présupposer, avertit saint Ignace, que tout bon chrétien doit être plus prêt

1. On appelle « exercitant » celui qui « fait les Exercices ».

à sauver la proposition du prochain, au lieu de la condamner. Si l'on ne peut la sauver, qu'on lui demande comment il la comprend et, s'il la comprend mal, qu'on le corrige avec amour ; et, si cela ne suffit pas, qu'on cherche tous les moyens adaptés pour qu'en la comprenant bien on la sauve. » Cette attitude constante chez le Pape François explique sans doute son indulgence non feinte pour autrui, sa façon de ne pas juger *a priori*, son respect de l'histoire, du vécu de chacun. Ce comportement ouvert et généreux permet de mieux comprendre déjà l'engouement populaire qui l'entoure.

On évoque quelques changements au sein de la conférence épiscopale italienne ?

Le Pape a prévenu les Évêques italiens qu'ils devaient se tenir à distance du monde politique pour être plus près du peuple. Dans ce domaine aussi il veut réformer le statut particulier de la Conférence épiscopale italienne (CEI), avec laquelle il entretient des rapports tendus, et réduire de 10 % environ le nombre des diocèses surtout dans le sud de l'Italie. La péninsule compte, en effet, deux cent vingt-six Évêques. « Au pouvoir temporel ils doivent, souligne le Pape François, privilégier le pouvoir moral. » De fait, le diocèse de Terni, par exemple, est cette année déficitaire de quelque 20 millions d'euros. Une enquête judiciaire, due à sa gestion opaque, est donc en cours, mais le Pape a prévenu que si, exceptionnellement, l'IOR va cette fois-ci renflouer les finances de l'évêché pour moitié, c'est la Conférence épiscopale italienne qui réglera le solde ! Le Saint-Père souhaite changer de modèle. Il veut que les Évêques prennent davantage leurs responsabilités, mais ces derniers ont refusé et demandent que, comme par le passé, le Pape nomme leur président. Cette singularité fait de l'Italie quasiment le seul pays dont le « chef » n'est pas élu par ses pairs. Il est vrai que depuis la fin des États pontificaux, sa désignation est restée, en sa qualité d'Évêque de Rome et de primat d'Italie, son privilège. L'Église italienne, naguère illustrée au cinéma de façon caricaturale et chaleureuse à travers *Le Petit Monde de Don Camillo*[1], est toujours trop liée à la politique du Saint-Siège pour souhaiter parvenir à un compromis satisfaisant. Elle tient à sauvegarder sa relation particulière avec le Pape.

Un exercice d'un autre ordre qui requiert beaucoup de discernement : la création de nouveaux Cardinaux !

Cet exercice, comme vous l'appelez, revient en moyenne tous les deux à trois ans. Je sens plutôt en Jorge Mario Bergoglio la capacité de mûrir ses décisions. Son premier consistoire démontre une volonté de changement dans le choix de ses dix-neuf nouveaux Cardinaux, dont seize électeurs. Rappelons que, lors du conclave qui l'a choisi en 2013, tous les Cardinaux électeurs avaient été créés par Jean-Paul II et Benoît XVI. Avec ce consistoire les Européens viennent de

1. Curé anticommuniste de la petite ville de Brescello en Émilie-Romagne et Peppone, maire communiste, sont les deux personnages que tout oppose mais finalement complices de la vie locale.

perdre la majorité au sein du Sacré Collège ! Une petite révolution au Vatican ! À l'inverse, on dénombre parmi les élus un Argentin, un Chilien, un Brésilien, un Nicaraguayen, un Haïtien, un Ivoirien, un Coréen, un Philippin… Les États-Unis d'Obama sont absents. À signaler au cœur de notre vieille Europe un Allemand et un Anglais, et quand même quatre Italiens. Pour ces derniers, ils bénéficient des nominations quasi systématiques dues à leurs fonctions de « ministre » du Saint-Siège : leurs Éminences Pietro Parolin, son Cardinal secrétaire d'État, Beniamino Stella, préfet de la Congrégation pour le clergé, et Lorenzo Baldisseri, secrétaire général du synode des Évêques. Enfin le Pape honorera trois Cardinaux émérites de plus de 80 ans, donc non votants, dont Monseigneur Loris Capovilla, ancien secrétaire particulier du pape Jean XXIII. C'est la seconde fois dans l'histoire de l'Église qu'un secrétaire privé de Pape est ainsi honoré.

Vous n'êtes pas exhaustif, car le nouveau Cardinal Capovilla a dû attendre ses 98 ans pour cela alors que Monseigneur Dziwisz, l'ancien secrétaire particulier du pape Jean-Paul II, est devenu Cardinal Archevêque de Cracovie à 66 ans ! Un vieil adage romain prétend qu'au Vatican le temps est galant homme… et l'on peut ajouter que cette fonction conserve ! Qu'en est-il des Français ?

Vous me laissez une tâche délicate. Aucun de nos concitoyens n'a été retenu cette fois-ci. Monseigneur Pontier, Archevêque de Marseille, ne figure pas sur cette liste ni Monseigneur Jean-Louis Bruguès, Dominicain à la tête des Archives et de la Bibliothèque vaticanes, c'est-à-dire bibliothécaire de la Sainte Église romaine. Le Pape a considéré et là encore sa décision est souveraine qu'avec huit Cardinaux, dont quatre électeurs, la France est assez bien lotie[1]. Dans les choix du Pape Argentin, je voudrais plutôt souligner que la moitié des Cardinaux électeurs seront européens et l'autre moitié issue du reste du monde. Au-delà de vouloir rééquilibrer l'Église, son recentrement vers les pays du Sud n'est pas à proprement parler une réforme. Car le Pape ne peut, en la matière, échapper vraiment au poids des traditions. Il faut plutôt voir, là encore, son désir de privilégier des hommes de terrain, des pasteurs, et ne plus offrir automatiquement la pourpre à des sièges jusque-là cardinalices comme Venise, Turin ou Bruxelles. D'ailleurs, pour bien marquer cette décision, le pape François, dans une courte lettre où il les tutoie, rappelle aux Cardinaux que leur fonction n'est « ni une promotion, ni un honneur, ni une décoration »... Ils doivent éviter « toute expres-

1. Les Cardinaux français sont au nombre de neuf. Bernard Panafieu, 83 ans, Albert Vanhoye, 90 ans, au Saint-Siège Roger Etchegaray, 91 ans, Paul Poupard, 83 ans, sont non votants. Les Cardinaux électeurs sont Philippe Barbarin, 63 ans, Jean-Piere Ricard, 69 ans, Jean-Louis Tauran, 70 ans, et André Vingt-Trois, 71 ans. Deux autres personnalités françaises sont importantes au Vatican : Monseigneur Dominique Mambertie, 61 ans, secrétaire pour les relations avec les États, et Monseigneur Jean-Louis Bruguès, 70 ans, religieux Dominicain, archiviste et bibliothécaire de la Sainte Église romaine.

sion de mondanité, toute fête étrangère à l'esprit évangélique d'austérité, de sobriété et de pauvreté »... Des recommandations en phase avec toutes ses paroles et ses écrits depuis un an, car après tout, rappelons-le, le cardinalat est un titre !

Conclusion

Quand l'aventure prendra fin

On disait l'Église catholique désarçonnée et affaiblie par ses difficultés à s'adapter à une planète en rapide évolution. Mais le Pape François, issu de l'univers jésuite et venu du Nouveau Monde, n'a cessé depuis son élection de surprendre par son dynamisme conquérant. Une vraie joie semble accompagner ses premiers pas. Attentif aux personnes, il est en même temps capable de s'adresser à des foules nombreuses et variées. Sa parole publique interpelle des auditeurs au-delà des cercles habituels. Sous toutes les latitudes, elle interroge les consciences d'une nouvelle façon.

Quand Caroline Pigozzi est venue me voir et m'a proposé d'écrire un livre avec elle sur le Pape François, j'ai tout de suite vu l'intérêt d'une telle collaboration. La complémentarité entre une journaliste écrivain confirmée, à la fois imaginative et rigoureuse, et un théologien jésuite allait conduire à une authentique complicité. Le nouveau Pape nous ouvrait la porte en se réclamant sans fioriture de son appartenance ignacienne. Toute forme de panégyrique était à bannir. Les Jésuites ne sont pas à placer dans des niches au milieu des statues de saints qui ornent l'intérieur de nos églises. Ils sont bien connus, mais dans des milieux assez restreints. Vous les faire découvrir devenait un défi pour nous et justifiait un travail à quatre mains. Nous venons tous les deux d'horizons différents. Caroline Pigozzi, élevée en partie en Italie, connaît bien la Rome des papes et des « robes rouges ». Pour ma part, j'ai choisi d'entrer chez les Jésuites à 21 ans. Je suis devenu leur Provincial à une période où le père Bergoglio devenait Provincial des Jésuites argentins. Ce croisement de responsabilités crée des complicités et suscite des parallèles. L'ambition de ce livre a été de renouer les fils qui expliquent d'où surgit ce Jésuite devenu Pape et vers quels horizons nouveaux ses pas nous conduisent.

Le nouveau Pape tient à son titre d'« Évêque de Rome » et entend corriger des habitudes ancestrales pour permettre, dans un premier temps, un *aggiornamento* des institutions romaines. Il paraît vouloir agir ensuite en élargissant au fil des mois l'espace de ses préoccupations. À l'image de ces pierres lancées dans une eau apparemment paisible et qui, par ondes successives, provoquent la formation de ronds de plus en plus larges.

Tout au long de cet ouvrage, nous avons voulu analyser le pourquoi et le comment de cette volonté papale émanant de ce petit État de quarante-quatre hectares qui forme le cœur d'une Église catholique dont la vocation est mondiale. Les initiatives se succèdent. Monseigneur Pietro Parolin, ancien nonce apostolique au Venezuela, est devenu le bras droit du pape, c'est-à-dire son Secrétaire d'État. Avec sa connaissance des hommes et des dossiers, il a pris en charge l'administration de la Curie romaine qui se veut au service de toute l'Église ainsi que la conduite des relations officielles qu'entretient le Saint-Siège avec plus de cent quarante-sept États. Sa tâche est de redonner du souffle à une diplomatie vaticane quelque peu chaotique ces dernières années. C'est un fait nouveau aussi que la décision du Pape de plonger dans la crise syrienne et les menaces de guerre qu'elle contient par une invitation universelle au jeûne et à la prière. Une veillée géante a été organisée place Saint-Pierre. On a aussi noté l'envoi d'une lettre personnelle du Pape au président de la Fédération russe, Vladimir Poutine, au moment de la session du G20 que ce dernier présidait le 5 septembre à Saint-Pétersbourg. Dans cette missive, le Souverain Pontife se soucie de voir les dirigeants des vingt économies les plus puissantes du monde, qui représentent les deux tiers de la population de notre planète, s'impliquer pour la promotion d'« un globe plus équitable et plus fraternel ». Parlant de la situation catastrophique de la Syrie, il rappelle à tous les responsables politiques que « la violence n'engendre jamais la paix, condition nécessaire au développement ».

L'élection de l'Archevêque de Buenos Aires au pontificat manifeste clairement que s'ouvre une nouvelle ère pour l'Église catholique. Derrière l'Argentine natale du Pape François se profile l'ombre d'un immense continent fait de nouveaux pays émergents aimantés par la puissance des États-Unis. Le président Barack Obama l'a bien compris en saluant aussitôt en sa personne le « premier Pape des Amériques ». Ce pluriel invite à élargir le regard. Les fidèles catholiques sur la planète dépassent le milliard, et l'Amérique latine à elle seule en compte plus du tiers. Dans cet espace immense, l'attraction des États-Unis se fait sentir en tous lieux. Le mouvement de migration qu'on y constate va du sud vers le nord. Les Hispaniques, en vagues successives, s'installent au-delà du Rio Grande[1]. Ils modifient peu à peu la figure de leur nouvelle patrie, comme on a pu le mesurer au cours de la dernière échéance présidentielle qui a vu la réélection de Barack Obama. Bousculant l'image reçue du catholicisme nord-américain, ils sont désormais en nombre puisqu'ils constituent déjà dans ce pays plus de 40 % des fidèles. Pauvres encore, ils se retrouvent projetés dans une société dont ils ne possèdent pas tous les codes. Plus que d'autres « entrants », ils sont happés par les courants évangélistes et les sectes qui leur offrent des services attractifs au quotidien et surtout le partage d'une chaleur affective perdue.

Ces poussées protestantes d'un nouveau genre sont également nombreuses dans cet autre sous-continent que forme l'immense Brésil. Sur cette terre chérie des missionnaires et qui a tant fasciné les Jésuites dès leur origine, le pourcentage des baptisés catholiques s'est mis à décroître d'année en année dans la dernière période, alors que grandissaient en nombre ces nouvelles Églises. Cette ébullition des croyances dans les

1. Fleuve à la frontière entre le Mexique et les États-Unis.

masses pauvres contraint les catholiques à changer leur manière de faire et à réorienter leur pastorale sur le terrain. Le Pape François connaît bien ces nouvelles configurations religieuses qu'il a côtoyées de près chez lui. Il s'en est expliqué : « Nous allons dans les parcs, nous prions, nous organisons des messes, nous baptisons des gens après une courte préparation. Nous devons éviter la maladie spirituelle d'une Église qui serait enfermée dans son propre monde. »

Parce que le nouveau Pape est un homme de l'Amérique latine, il est apte à analyser les nombreux défis auxquels doivent faire face les pays émergents. Dans ses écrits, il en privilégie un en particulier, celui de la ville telle qu'elle est maintenant dans ces contrées qui s'éveillent, et telle qu'elle pourrait devenir pour les générations montantes qui y affluent désormais. Je suis porté à croire que le souci de la ville va constituer un chapitre essentiel du combat en faveur des pauvres dont il se réclame. Il aimait Buenos Aires. Il est devenu un urbain préoccupé par le sort des mégapoles en pleine croissance. Les problèmes écologiques des cités sont pour lui aussi aigus aujourd'hui que les questions sociales et la croissance des inégalités qu'elles mettent en lumière. Cette concentration urbaine universelle n'a pas fini de nous interroger.

La pastorale dominante de l'Église catholique reste encore un peu partout celle qui a été inventée pour évangéliser les bourgs ruraux. Or nous avons aujourd'hui complètement changé d'échelle. Les paysans que les missionnaires voulaient convertir à ses débuts étaient, comme l'indique l'étymologie, des païens (« *pagani* ») habitant les campagnes. Mais les premiers fidèles dans le Bassin méditerranéen dont parle saint Paul résidaient dans des villes. Quand les émigrés irlandais ou italiens sont arrivés par vagues successives dans les ports nord-américains, ils se sont installés là où ils avaient débarqué, à l'inverse des immigrés protestants qui se sont dispersés dans les terres lointaines.

Tous les pays, riches ou pauvres, sont désormais confrontés aux nouveaux problèmes que pose le gigantisme urbain. C'est un dossier très complexe, plus explosif au sud qu'au nord de la planète. Le grossissement des concentrations urbaines est davantage marqué dans les pays démunis. Pour l'Évêque de Rome, la ville moderne, sous toutes les latitudes, est un nouveau révélateur à grande échelle pour les trafics de drogue et les capitaux gigantesques qu'ils drainent avec eux. Buenos Aires lui sert de référence : corruption sous toutes ses formes, enfermement dans de misérables prisons, chômage et exploitation de ceux qui parviennent à trouver un travail précaire, « nouvel esclavage » que connaissent les enfants abandonnés à la violence de la rue et les traitements dégradants subis par les femmes… Je pressens que le Pape François ne manquera pas demain de partir en guerre contre tous ces dénis d'humanité toujours recouverts d'un manteau de silence. C'est pour lui une question de solidarité qui ne peut laisser indifférent aucun habitant d'une métropole, d'un pays et finalement de la planète tout entière. Lourde responsabilité pour un Pape, mais il a en main plus de clés qu'un leader politique, si grand fût-il. Pour les croyants, la question, selon lui, est : qu'est-ce qu'une ville sans Dieu ? « L'imaginaire théologique peut être un ferment pour tout imaginaire social », avance-t-il. Celui qui dort dans la rue n'est plus vu comme une personne mais « comme une part de la saleté et de l'abandon du paysage urbain ». Une culture du regard vrai est à promouvoir contre la culture du rejet, de la « décharge ». La question devient politique. « Le regard de foi est le ferment d'un regard citoyen ».

Le nouveau Pape n'est pas seulement un penseur qui médite sur ses expériences du passé ; il a aussi sa manière à lui de se lancer dans l'action. Le titre de ce livre énonce cette dynamique avec clarté : *Ainsi fait-il*.

L'Évangile, source vive qui ne cesse d'irriguer le corps ecclésial, contient des reproches adressés par Jésus aux responsables religieux : « Ils disent et ne font pas. » S'ils ne vous donnent pas l'exemple qu'on attend d'eux, « agissez comme ils disent et non pas comme ils font. » Les premières interventions du Pape François réaffirment ces constats de Jésus. Les hommes d'Église ne doivent pas se contenter de donner des directives aux fidèles, mais faire ce qu'ils prêchent aux autres. Le Pape François apparaît comme disant peu à peu et parfois avec brutalité ce qu'il compte entreprendre. Ce ne sont pas des paroles lancées dans le vent, mais des exigences à mettre en œuvre. Dire « Ainsi fait-il », c'est s'obliger à changer en voulant que demain ne soit plus comme hier. C'est d'ailleurs ce que demandent à Dieu les croyants au terme de leur prière, en disant : « Ainsi soit-il ».

Il convient de répéter ici ce qu'a souligné l'introduction et qui a justifié notre approche dans ce livre. Le nouvel élu ne cache pas sa filiation : « Je me sens Jésuite, annonce-t-il dans la conférence de presse qu'il donne dans l'avion qui le ramène de Rio après les JMJ, Jésuite dans ma spiritualité, dans la spiritualité des *Exercices spirituels*, dans la spiritualité que j'ai dans le cœur. Je n'ai pas changé de spiritualité : François, franciscain, non. Si l'on cherche des modèles franciscains, non. Je me sens jésuite et je pense en Jésuite. »

L'empreinte jésuite est donc indéniable, mais que signifie-t-elle ? Il n'existe pas une unique copie conforme à ce modèle qui vient d'Ignace de Loyola. Les Jésuites, en dépit d'une légende persistante, sont des copies de ce modèle fort différentes les unes des autres. J'oserais même dire qu'il y a autant de copies que de Jésuites dans les temps actuels et dans l'Histoire. Comme tout Jésuite, ce Pape n'a rien d'un religieux qui pratiquerait un suivisme béat. C'est la marque d'une grande liberté qui lui donne ses références propres pour se guider dans l'aujourd'hui de Dieu. Mais il puise dans la spiritualité ignacienne la possibilité de faire l'expérience de la présence d'un Vivant plus grand que lui et pourtant plus intime à lui que lui-même. Sa vie spirituelle jésuite donne une coloration spéciale à ses formes de prière, à son affectivité, à ses façons de réagir, à ses manières de procéder dans l'action. Selon une maxime décrivant la vision d'Ignace, il entend « ne pas être enfermé par le plus grand, mais être contenu par le plus petit, c'est cela qui est divin ». Au milieu de ses faiblesses, il se nourrit intérieurement d'un élan qui combine recul nécessaire et engagement fort, prise de distance et proximité, force de conviction et exposition permanente aux doutes. Cet homme, pécheur comme chacun de nous, a appris de saint Ignace que le même Esprit saint habite en notre cœur et est au travail dans l'institution ecclésiale. D'où sa manière personnelle de vivre à la fois une écoute de l'intime et une volonté de trancher pour le bien d'autrui dans des réalités institutionnelles toujours complexes et souvent opaques. Comme d'autres, il reçoit jour après jour les secours de la grâce tout en se servant de ses dons personnels. La spiritualité ignacienne lui fournit pour cela des outils, et notamment un optimisme raisonné en toutes choses pour se mobiliser et persévérer dans l'action : « J'ai appris à me méfier de mes premières réactions, confie-t-il. Vous pouvez demander un conseil, mais c'est vous qui décidez. » Une spiritualité, si haute soit-elle, demeure un moyen et non une fin. Elle n'est qu'un instrument au service d'un plus grand que soi : le Seigneur.

Toutes les familles religieuses ont des traits communs, mais chacune a aussi une façon propre de mettre l'accent sur des aspects de l'héritage transmis au fil des siècles. L'Évêque de Rome aime la simplicité et le sens de l'hospitalité propres aux Franciscains ; mais il reste marqué à jamais par les insistances prônées par Ignace. Elles lui ont été transmises et il les a expérimentées depuis son entrée dans la Compagnie de Jésus. Je perçois cependant que cet homme religieux se trouve à mille lieues d'un conformisme stéréotypé et d'un mimétisme scrupuleux. J'oserais même dire, avec sans doute une pointe d'orgueil corporatiste, que cette façon d'être attaché et libre de toute servitude est le fruit accompli d'une longue maturation jésuite. Mais je connais aussi bien des itinéraires qui aboutissent à de tels résultats à partir d'autres sources initiales.

À lire les écrits du Pape François, à analyser ses interventions, je sens chez lui comme l'acquittement d'une dette cachée à l'égard du Cardinal Carlo Maria Martini, Jésuite lui aussi et longtemps Archevêque de l'immense diocèse de Milan. Pendant ces années, avec le soutien d'une presse plus admirative à son égard que certains de ses pairs, on a souvent cité le nom de ce bon connaisseur de la Bible comme celui d'un Pape possible. Ces spéculations se sont évanouies définitivement à l'ouverture du conclave de 2005. Atteint de la maladie de Parkinson, il le fit savoir. Mais le tabou d'un Pape jésuite avait pour la première fois été brisé et des voix pro-Martini commencèrent à se reporter sur Jorge Mario Bergoglio. Ce dernier, cependant, expliqua *mezza voce* qu'il ne fallait pas compter sur lui dans les difficultés de cette période. Devenu lecteur assidu du Cardinal Martini, comme des milliers de gens à travers le monde, il y a puisé sa propre inspiration. Ces ouvrages sont au carrefour d'une exégèse simple des textes bibliques croisée avec les thèmes et les pratiques propres aux *Exercices spirituels* de saint Ignace. L'Archevêque de Buenos Aires s'inspirait de ces livres pour les retraites qu'il donnait, tout en percevant l'urgence de réformes demandées avec force et finesse par le titulaire du plus important diocèse d'Europe. Lorsque le Pape parle de Martini, il le situe donc comme un grand intellectuel, ouvert au dialogue interreligieux et aux évolutions du monde moderne, un « prophète », un « homme de discernement et de paix », un « Père de toute l'Église ». Celui-ci avait créé dans sa cathédrale ce qu'il appelait la « chaire des non croyants ». Comme on le vit dans des dialogues avec le célèbre écrivain italien Umberto Eco, un habitué de ces confrontations. Elle permettait des débats larges et ouverts où étaient conviés croyants et incroyants de cette grande métropole. On retrouve cet héritage dans la lettre rendue publique que le Pape a adressée en septembre 2013 à Eugenio Scalfari, fondateur du quotidien italien de gauche *La Repubblica*, connu pour ses proclamations d'athéisme. Ce Pape à son tour juge « nécessaire et précieux » le dialogue entre chrétiens et non-croyants : « Pour ceux qui ne croient pas en Dieu, la question est d'obéir à sa conscience. » On devine dans ces hommages une admiration pour un Jésuite, Cardinal, qui a contribué à le libérer de certaines de ses maladresses de jeunesse.

Les deux Cardinaux jésuites Martini et Bergoglio ont aussi en commun une vaste connaissance des ordres religieux, et spécialement de leur gouvernance. Car ceux-ci ont une marque qui leur est propre depuis leurs origines. Certains observateurs, même non croyants, voient en eux des exemples vivants de sagesse pour la conduite des hommes. Les ordres religieux sont à certains égards les précurseurs des démocraties modernes. Leurs responsables, depuis le Moyen-Âge déjà, ne sont-ils pas élus, entourés de plusieurs sortes de conseils, notamment pour les questions économiques et la préparation des décisions à venir ? De plus, comme dans toute véritable démocratie, leurs différents mandats sont limités dans le temps. Qu'ils soient nommés ou élus, c'est *ad tempus*, c'est-à-dire que leur durée au pouvoir est fixée à l'avance, quelle que soit la qualité de ceux appelés à exercer leur charge pour un temps déterminé : trois, six, neuf, dix ans..., selon les règles propres à chaque congrégation. Et, lorsque arrive l'échéance finale, les titulaires des pouvoirs doivent se conformer à la règle commune. Ils ont l'obligation de passer la main à leurs successeurs, quoi qu'il leur en coûte. Les ordres actifs, et notamment les Dominicains, sont à la pointe de la pérennité de ces règles électorales. Dans toutes les congrégations, elle a été renforcée ces dernières décennies en raison des progrès de la médecine qui permet de vivre toujours plus vieux. On voit bien aujourd'hui que, en l'absence de règles précises sur le commencement et la fin d'un mandat, des dysfonctionnements graves peuvent apparaître. Un homme ou une femme élus dans la cinquantaine pourraient tenir encore le gouvernail à cent ans et plus, si rien n'a été codifié auparavant. La longévité des supérieurs en place est précieuse, mais le maintien d'un sain dynamisme dans le gouvernement des autres l'est plus encore. Ne pas s'en préoccuper aurait une conséquence perverse, à savoir pousser *a contrario* au choix de personnes vieillissantes pour éviter des règnes trop longs de responsables choisis jeunes et qui n'arrivent pas ou plus à se renouveler sur le tard.

Dans les *Constitutions* de la Compagnie de Jésus, saint Ignace précise que tous les mandats sont limités dans le temps, sauf celui du Préposé général. Lui seul est élu à vie. Les raisons qu'il donne de cette exception tiennent au fait que les entourages que devait fréquenter Ignace à Rome, papes et Cardinaux, étaient là jusqu'à leur mort. Depuis quelques décennies sont apparues des limites temporelles. Des retraites ou des retraits sont prévus dans la Curie à 80 ans.

Pour les Jésuites, des prescriptions nouvelles dans le droit qui les régit ont introduit la possibilité et même parfois la nécessité de la démission pour un Supérieur général. Son propre jugement et divers conseils jésuites peuvent le conduire et même l'obliger, avec l'accord de la Compagnie, à présenter sa démission. Ce fut le choix du père Arrupe, mais son initiative ne fut guère appréciée par Jean-Paul II. Lorsque le père Arrupe fut victime d'une attaque cérébrale, le Pape nomma deux délégués pour le remplacer, ce qui était contraire à notre droit. Tout finalement rentra dans l'ordre quand les Jésuites choisirent un successeur, le père Peter-Hans Kolvenbach. Celui-ci annonça à son tour sa démission lorsqu'il jugea qu'il lui fallait passer la main avec l'accord de la Compagnie car son état général ne lui permettait plus de faire face. Devenu Pape depuis peu, Benoît XVI se rendit à ses raisons et accepta sa démission. Avant qu'en 2013 il ne provoque la surprise en annonçant à son tour sa renonciation.

Logiquement, la question est désormais : que fera le Pape François quand le temps sera venu ? Il n'en dit rien, c'est normal, mais cela n'indique pas qu'il ne se sente pas concerné par ce que signifie maintenant la renonciation de Benoît XVI. Il n'ignore pas les nouvelles recommandations des Jésuites en faveur d'une démission bien préparée. Comme beaucoup, je ne peux que souhaiter qu'il reste en bonne santé physique et psychologique le plus tard possible. Il est capital pour l'Église catholique qu'il puisse conduire les réformes qu'il a lancées.

J'ai cependant l'intime conviction qu'il se retirera quand il jugera le moment venu. L'exemple de Benoît XVI vient en appui de ce qu'il a vécu lorsqu'il était Provincial de la Compagnie de Jésus. Il quitta cette fonction au bout de six années. La cote de popularité du Pape François est à un haut niveau dans les sondages actuels. Quand sera venu le moment d'arrêter, s'inspirera-t-il de l'exemple de Jean-Paul II ou de celui de Benoît XVI ? L'avenir nous le dira. J'ai pour ma part la quasi-certitude qu'il suivra l'exemple des deux derniers Supérieurs généraux jésuites et celui plus étonnant encore de Benoît XVI.

S'il ne se décide pas à temps, il fragilisera le geste historique et courageux de son prédécesseur. Il minimisera par conséquent cet acte extraordinaire qui sera alors versé au dossier des accidents de l'Histoire. Si, au contraire, comme j'en suis convaincu, il suit une ligne semblable à celle de Benoît XVI, il donnera force à cette décision antérieure et l'assurera d'un avenir. Une unique renonciation peut s'effacer des mémoires. Deux renonciations successives font entrer le processus dans l'Histoire avec un grand H dont on devient protagoniste, inauguration par là d'une autre manière de concevoir le rôle et la place d'un Pape, « Serviteur des serviteurs de Dieu ».

« *Habemus Papam.* » Nous avons un Pape jésuite, issu du Nouveau Monde. Il n'a pas fini de nous surprendre...

Henri Madelin SJ.

Épilogue

Ils sont passés chez les Jésuites

Comment parler des anciens élèves des Jésuites ? D'abord en annonçant leur nombre : quelque 3 millions au niveau mondial et 50 000 en France. On prétend qu'ils sont passés par un moule et ont de ce fait un profil type. C'est méconnaître la personnalité de leurs éducateurs jésuites et ne pas honorer l'originalité des parcours que montre notre sélection éminemment subjective.

« Fils de Jèze », tel est le diminutif emprunt d'une grande familiarité dont on les affuble souvent. Sous la tutelle des Jésuites et celle des laïcs qui s'associent à eux, marqués par un enseignement de qualité, leurs héritiers ont appris la nécessité de règles pratiques qui ne vont pas dans le sens de la facilité. « Armés pour la vie » selon leur tempérament et leur force d'âme, ils ont vécu l'apprentissage d'une liberté offerte à tous dans une atmosphère propice à leur épanouissement.

Ferdinand Foch (1851-1929). Maréchal de France. **Collège des jésuites de Saint-Étienne et de Saint-Clément à Metz**.

Hubert Lyautey (1854-1934). Maréchal de France. **Sainte-Geneviève, Versailles**.

Louis Franchet d'Espèrey (1856-1942). Maréchal de France. **Sainte-Geneviève, Versailles**.

Jean de Lattre de Tassigny (1889-1952). Maréchal de France. **Sainte-Geneviève, Versailles**.

Antoine Béthouart (1889-1982). Compagnon de la Libération. **Sainte-Geneviève, Versailles**.

Henry de Bournazel (1898-1933). Capitaine des spahis, héros de l'épopée coloniale. **Sainte-Geneviève, Versailles**.

Honoré d'Estienne d'Orves (1901-1941). Héros de la Résistance. **Sainte-Geneviève, Versailles**.

Philippe Leclerc de Hauteclocque (1902-1947). Résistant et maréchal de France. **Sainte-Geneviève, Versailles**.

Jacques Massu (1908-2002). Compagnon de la Libération, général. **Saint-Louis de Gonzague, Paris**.

Eugène Guibaud (1909-2001). Général. Directeur général du service de documentation extérieure et de contre-espionnage français. **Saint-Marc, Lyon**.

Alain de Boissieu (1914-2006). Général, compagnon de la Libération. Gendre du général Charles de Gaulle. **Sainte-Geneviève, Versailles**.

Hélie de Saint Marc (1922-2013). Résistant et déporté Participe au putsch des généraux à Alger. Fait grand-croix de la Légion d'honneur par Nicolas Sarkozy. **Saint-Joseph de Tivoli, Bordeaux**.

… ET ANTI-HÉROS

Jean Bastien-Thiry (1927-1963). Organisateur de l'attentat du Petit-Clamart contre le général de Gaulle. **Sainte-Geneviève, Versailles**.

ECCLÉSIASTIQUES

Armand Jean du Plessis de Richelieu (1585-1642). Cardinal, homme d'État. **Collège de Navarre, Paris**.

Frère Charles de Foucauld (1858-1916). Explorateur et religieux français. Bienheureux. **Sainte-Geneviève, Versailles**.

Père Pierre Teilhard de Chardin (1881-1955). Jésuite, chercheur, théologien, paléontologue et philosophe. **Notre-Dame de Mongré, Villefranche-sur-Saône**.

Son Éminence **le Cardinal Henri de Lubac** (1896-1991). Jésuite, théologien. **Saint-Marc, Lyon**.

Abbé Pierre (Henri Grouès) (1912-2007). Appartenait à l'ordre capucin des Frères mineurs. **Saint-Marc, Lyon**.

Père Pierre Ceyrac (1914-2012). Jésuite, missionnaire. **Saint-Joseph, Sarlat**.

Son Éminence **le Cardinal Carlo Maria Martini** (1927-2012). Archevêque de Milan. **Istituto sociale jesuito, Turin**.

Son Éminence **le Cardinal Roberto Tucci** (1921). Directeur émérite de Radio Vatican et de *La Civiltà Cattolica*. **Collège jésuite, Naples**.

Monseigneur Guy Thomazeau (1937). Administrateur pour le diocèse de Nice. **Saint-Louis de Gonzague, Paris**. Son Éminence **le Cardinal Bechara Boutros Raï** (1940). 77e Patriarche maronite d'Antioche et de tout l'Orient. **Collège Notre-Dame de Jamhour, Beyrouth**.

Padre Federico Lombardi (1942). Jésuite, directeur du bureau de presse du Saint-Siège et de Radio Vatican. **Faculté Aloisianum des jésuites, Gallarate**.

Père Jean-Marie Petitclerc (1953). Prêtre salésien éducateur spécialisé. **Sainte-Geneviève, Versailles**.

Monseigneur Thierry Brac de La Perrière (1959). Évêque de Nevers. **Saint-Marc, Lyon**.

Père Jacques de Longeaux (1959). Professeur de théologie morale et président de la faculté Notre-Dame à Paris. **Saint-Louis de Gonzague, Paris**.

Père Benoist de Sinety (1968). Curé de Saint-Germain des Prés. **Saint-Louis de Gonzague, Paris**.

AU FIL DES SIÈCLES

Michel de **Montaigne** (1533-1592). Écrivain, philosophe. **Collège de Guyenne, Sainte-Foy-la-Grande**.

René **Descartes** (1596-1650). Philosophe. **Collège des Jésuites de La Flèche**.

Pierre **Corneille** (1606-1684). Dramaturge et poète français. **Collège de Bourbon, Rouen.**

Jean-Baptiste **Colbert** (1619-1683). Ministre de Louis XIV. **Collège des Jésuites, Reims.**

Molière (Jean-Baptiste Poquelin) (1622-1673). Dramaturge, créateur de l'Illustre Théâtre. **Collège de Clermont, Paris.**

Jacques **Bossuet** (1627-1704). Évêque, prédicateur royal. **Jésuites de Dijon**, puis **Collège de Navarre, Paris.**

Bernard Le Bouyer de **Fontenelle** (1657-1757). Écrivain. **Collège des jésuites, Rouen.**

Voltaire (François-Marie Arouet) (1694-1778). Écrivain, philosophe. **Collège Louis-le-Grand, Paris** (devenu plus tard le lycée Louis-le-Grand).

Georges **Buffon** (1707-1788). Naturaliste biologiste. **Collège des Godrans, Dijon.**

Denis **Diderot** (1713-1784). Philosophe des Lumières. **Collège des Jésuites, Langres.**

Anne Robert Jacques **Turgot** (1727-1781). Homme politique. **Collège jésuite Louis-le-Grand, Paris.**

Nicolas de **Condorcet** (1743-1794). Philosophe, mathématicien et homme politique. A eu un précepteur jésuite. **Collège des jésuites, Reims.**

En 1764, l'Ordre fut interdit en France. Il sera supprimé dans le monde neuf années plus tard par le Pape Clément XIV et sera restauré en 1814 par Pie VII.

HOMMES POLITIQUES SOUS LA Ve RÉPUBLIQUE

Charles de Gaulle (1890-1970). Général, héros de la France Libre, président de la République de 1959 à 1969. **Collège de l'Immaculée Conception, Paris**.

Son père, le Pr Henri de Gaulle (1848-1932). Fut préfet des études de ce même collège de Jésuites du 391, rue de Vaugirard, Paris (raison pour laquelle il y inscrivit ses fils).

Louis de Guiringaud (1911-1982). Ministre des Affaires étrangères de Valéry Giscard d'Estaing. **Saint-Louis de Gonzague, Paris**.

François de Grossouvre (1918-1994). Conseiller de François Mitterrand et parrain de sa fille Mazarine Pingeot. **Saint-Louis de Gonzague, Paris**.

Michel Poniatowski (1922-2002). Homme politique, parlementaire, plusieurs fois ministre. **Saint-Louis de Gonzague, Paris**.

Raymond Barre (1924-2007). Homme politique, économiste. **Collège Bourbon, La Réunion**.

Jean François Deniau (1928-2007). Homme politique, plusieurs fois ministre, ambassadeur, écrivain. Membre de l'Académie française. **Sainte-Geneviève, Versailles**.

Bernard Stasi (1930-2011). Homme politique, plusieurs fois ministre. **Saint-Joseph, Reims**.

LE MONDE POLITIQUE ET LES HAUTS FONCTIONNAIRES AUJOURD'HUI

Jean-Marie Le Pen (1928). Fondateur du Front national, homme politique. **Saint-François-Xavier, Vannes.**

Bernard Kouchner (1939). Cofondateur de Médecins sans frontières. Plusieurs fois ministre. **Saint-François de Sales, Évreux.**

Michel Vauzelle (1944). Ancien Garde des Sceaux. Ancien maire d'Arles. Président du Conseil régional de la région PACA. **Saint-Marc, Lyon.**

Dominique Perben (1945). Ancien Garde des Sceaux. Ancien maire de Chalon-sur-Saône. **Saint-Marc, Lyon.**

Dominique Baudis (1947). Homme politique, ancien maire de Toulouse, Défenseur des droits. **Le Caousou, Toulouse.**

Olivier Blanchard (1948). Professeur d'université. Économiste en chef du Fonds monétaire international. **La Providence, Amiens.**

François Fillon (1954). Homme politique, ancien Premier ministre. **Notre-Dame de Sainte-Croix, Le Mans.**

Georges Tron (1957). Député de l'Essonne, ancien secrétaire d'État à la Fonction publique. **Saint-Louis de Gonzague, Paris.**

Charles Fries (1962). Ambassadeur de France à Rabat (Maroc). **Saint-Louis de Gonzague, Paris.**

François Delattre (1963). Ambassadeur de France à Washington (États-Unis). **Saint-Louis de Gonzague, Paris.**

Luc Chatel (1964). Homme politique. Ancien ministre de l'Éducation nationale. **Saint-Louis de Gonzague, Paris**.

Étienne de Poncins (1964). Ambassadeur de France à Nairobi (Kenya). **Saint-Louis de Gonzague, Paris**.

Valérie Pécresse (1967). Ancienne ministre de l'Enseignement supérieur et de la Recherche de Nicolas Sarkozy. **Sainte-Geneviève, Versailles**.

Emmanuelle Mignon (1968). Ancienne conseillère de Nicolas Sarkozy, membre du Conseil d'État. **Sainte-Geneviève, Versailles**.

Bruno Le Maire (1969). Homme politique. Ancien ministre de l'Agriculture, de l'Alimentation, de la Pêche, de la Ruralité et de l'Aménagement du territoire. **Saint-Louis de Gonzague, Paris**.

LES SCIENCES ET LA MÉDECINE DANS LE PASSÉ

Jean Picard (1620-1682). Astronome français. **Collège jésuite de La Flèche**.

Jacques Ozanam (1640-1718). Mathématicien. **Collège jésuite de Reims**.

Denis Papin (1647-1712). Physicien. **Collège des jésuites de Tours**.

Alexis Carrel (1873-1944). Chirurgien, biologiste, prix Nobel de physiologie ou médecine. **Saint-Marc, Lyon**.

Charles Mérieux (1907-2001). Scientifique, docteur en médecine. **Externat Saint-Joseph, Lyon**.

Bernard Pertuiset (1920-2000). Neurochirurgien. **Saint-Louis de Gonzague, Paris**.

Albert Ducrocq (1921-2001). Cybernéticien, journaliste et écrivain français. **Sainte-Geneviève, Versailles**.

Albert Jacquard (1925-2013). Généticien, statisticien. **Saint-Geneviève, Versailles**.

DE NOS JOURS

Xavier Le Pichon (1937). Géodynamicien, professeur au Collège de France, membre de l'Académie des Sciences. **Sainte-Geneviève, Versailles**.

Pr Olivier Goulet (1954). Chef du service de gastro-entérologie, hépatologie, nutrition pédiatrique à Necker. **Saint-Louis de Gonzague, Paris**.

Pr Olivier Lortholary (1962). Chef du service des maladies infectieuses à l'hôpital Necker à Paris. **Saint-Louis de Gonzague, Paris**.

Stanislas Dehaene (1965). Mathématicien et cognitiviste, professeur au Collège de France. **Sainte-Geneviève, Versailles**.

LE MONDE DES AFFAIRES ET DE L'INDUSTRIE

Fulgence Bienvenue (1852-1936). Inspecteur général des Ponts et Chaussées, père du métropolitain parisien. **Sainte-Geneviève, Versailles**.

François Ceyrac (1912-2010). Président du CNPF de 1972 à 1981. **Saint-Joseph, Sarlat**.

Edouard Michelin (1963-2006). Industriel. **Sainte-Geneviève, Versailles.**

*
* *

Alain Mérieux (1938). Ancien président de l'Institut Mérieux, fondateur de BioMérieux. **Saint-Marc, Lyon.**

Pierre Gadonneix (1943). P.-D.G. d'EDF de 2004 à 2009. **Sainte-Geneviève, Versailles.**

Louis Gallois (1944). Ancien président d'EADS et de la SNCF. **Sainte-Geneviève, Versailles.**

Jean-Louis Pignol (1947). Meilleur Ouvrier de France, pâtissier traiteur. **Saint-Marc, Lyon.**

Alain Afflelou (1948). Opticien et homme d'affaires. **Saint-Joseph de Tivoli, Bordeaux.**

Xavier Fontanet (1948). Ancien P.-D.G. d'Essilor. **Saint-Louis de Gonzague, Paris.**

Nicolas de Tavernost (1950). Président du directoire de M6. **Saint-Joseph de Tivoli, Bordeaux.**

Henri de Maublanc (1951). Coprésident et cofondateur d'Aquarelle.com. **Saint-Louis de Gonzague, Paris.**

Baudoin Prot (1951). Président du groupe BNP. **Saint-Louis de Gonzague, Paris.**

Philippe Varin (1952). P.-D.G. de PSA Peugeot Citroën. **Sainte-Geneviève, Versailles.**

Carlos Ghosn (1954). Président de Renault, Dacia et Nissan. **Collège Notre-Dame de Jamhour, Beyrouth.**

Bruno Lafont (1956). Directeur général de Lafarge. **Saint-Louis de Gonzague, Paris.**

Benoît Potier (1957). P.-D.G. d'Air liquide. **Sainte-Geneviève, Versailles**.

André-François Poncet (1959). Associé gérant chez BC Partners. **Saint-Louis de Gonzague, Paris**.

François-Henri Pinault (1962). P.-D.G. du groupe Kering et gérant de Financière Pinault et président du conseil d'administration d'Artémis. **Saint-François-Xavier, Vannes**.

Augustin Paluel-Marmont (1976). Cofondateur de Michel & Augustin. **Saint-Louis de Gonzague, Paris**.

ÉCRIVAINS ET JOURNALISTES

Georges Bernanos (1888-1948). Écrivain. **Collège de l'Immaculée Conception, Paris** (où il croisa Charles de Gaulle en 6e).

Louis Martin-Chauffier (1894-1980). Journaliste, écrivain et résistant, auteur notamment de *L'Homme et la Bête*. **Saint-François-Xavier, Vannes**.

Antoine de Saint-Exupéry (1900-1944). Pilote, écrivain. **Notre-Dame de Sainte-Croix, Le Mans**.

Hervé Bazin (1911-1996). Écrivain. **Notre-Dame de Sainte-Croix, Le Mans**.

Guy des Cars (1911-1993). Écrivain. **Saint-François de Sales, Évreux**.

Jean-Marie Domenach (1922-1997). Directeur de la revue *Esprit*, écrivain. **Saint-Marc, Lyon**.

Michel Foucault (1926-1984). Philosophe. **Saint-Stanislas, Poitiers**.

Jean-François Bizot (1944-2007). Reprise du journal *Actuel* en 1970 et cofondateur de Radio Nova. Journaliste, écrivain, homme de radio. **Sainte-Geneviève, Versailles**.

ACTUELS

Jean Lacouture (1921). Journaliste, historien. **Saint-Joseph de Tivoli, Bordeaux**.

Philippe de Baleine (1921). Écrivain, ancien rédacteur en chef de *Paris Match*. **Saint-Louis de Gonzague, Paris**.

Bernard de Fallois (1926). Éditeur. **Saint-Louis de Gonzague, Paris**.

Jean-Luc Leridon (1933). Réalisateur de télévision, notamment des débats présidentiels et de « Apostrophes ». **Saint-Marc, Lyon**.

Philippe Sollers (1936). Écrivain. **Sainte-Geneviève, Versailles**.

Jean-Louis Servan-Schreiber (1937). Journaliste. **Saint-Louis de Gonzague, Paris**.

Éric Patenôtre (1941). Sinologue. **Sainte-Geneviève, Versailles**.

Jean-Louis Chiflet (1942). Écrivain, éditeur. **Saint-Marc, Lyon**.

Pascal Bruckner (1948). Romancier et essayiste. **Saint-Marc, Lyon**.

Joseph Maïla (1948). Politologue, ancien recteur de l'Institut catholique de Paris. **Saint-Joseph, Beyrouth**.

Olivier Mille (1957). Réalisateur et producteur de documentaires (Artline Films). **Saint-Louis de Gonzague, Paris**.

François Sureau (1957). Avocat, énarque et écrivain. **Saint-Louis de Gonzague, Paris**.

Alexis Jenni (1963). Écrivain, enseignant. Prix Goncourt 2011. **Saint-Marc, Lyon**.

Thomas Hugues (1966). Journaliste. **Saint-Joseph de Tivoli, Bordeaux**.

Arnaud de Contades (1969). Directeur général du groupe Marie-Claire. **Sainte-Geneviève, Versailles**.

Olivier Bouillère, Mathias Dubois dans le civil (1970). Romancier. Prix François-Sagan 2013. **Saint-Louis de Gonzague, Paris**.

ARTISTES

Jean de Limur (1887-1976). Metteur en scène, dialoguiste, homme de cinéma. **Saint-François-Xavier, Vannes**.

Michel Galabru (1922). Acteur de cinéma. **Saint-Louis de Gonzague, Paris**.

Bernard Fresson (1931-2002). Comédien, acteur de cinéma. **Sainte-Geneviève, Versailles**.

Michel Leeb (1947). Comédien, humoriste et chanteur. **Collège Saint-François de Sales, Évreux**.

Mathieu Carrière (1950). Acteur de cinéma. **Saint-François-Xavier, Vannes**.

Christophe Loizillon (1953). Scénariste, réalisateur de cinéma. **Saint-Louis de Gonzague, Paris**.

Pascal Obispo (1965). Auteur, compositeur, interprète. **Saint-Joseph de Tivoli, Bordeaux**.

Benjamin Biolay (1973). Musicien et acteur de cinéma. **Notre-Dame de Mongré, Villefranche-sur-Saône**.

SPORTIFS

Pierre de Coubertin (1863-1937). Inventeur des jeux Olympiques modernes en 1894. **Collège Saint-Ignace, Paris**.

Yves du Manoir (1904-1928). Célèbre capitaine de l'Équipe de France de rugby à XV. **Saint-Louis de Gonzague, Paris**.

Gérard Larrousse (1940). Pilote de F1 et d'endurance (Le Mans), responsable de la F1 chez Renault Sport. **Saint-Marc, Lyon**.

Olivier de Kersauson (1944). Navigateur et écrivain. **Saint-François-Xavier, Vannes**.

Pierre Durand (1955). Champion olympique d'équitation. **Saint-Joseph de Tivoli, Bordeaux**.

Loïck Peyron (1959). Navigateur. **Saint-François-Xavier, Vannes**.

La Compagnie de Jésus compte quelque 900 établissements dans plus de soixante pays. À tout seigneur tout honneur, arrêtons-nous d'abord sur quelques élèves illustres de l'Université jésuite grégorienne où quatorze papes ont étudié, dont **Grégoire XIV, Urbain VIII, Innocent X, Clément XI, Léon XIII, Pie XII, Paul VI et Jean Paul Ier**.

APRÈS LES FRANÇAIS, VOICI LES ANCIENS ÉLÈVES DES JÉSUITES LES PLUS RÉPUTÉS DE L'HISTOIRE RÉCENTE DANS LE MONDE

Abdallah II de Jordanie, Jordanien. Règne sur son pays depuis 1999.

Abdul Kalam, Indien. Président de l'Inde de 2002 à 2007.

Edward Fenech Adami, Maltais. Président de la République de Malte de 2004 à 2009.

José Antonio Aguirre, Espagnol. Président du gouvernement autonome basque pendant la Guerre d'Espagne.

Ivo Andrić, Yougoslave. Écrivain. Lauréat du prix Nobel de littérature 1961.

Robert Altman, Américain. Réalisateur, producteur et scénariste.

Ricardo Arias Espinosa, Panaméen. Président du Panama de 1955 à 1956.

Emilio Azcárraga, Mexicain. Homme de média, propriétaire du plus gros réseau de télévision d'Amérique latine.

Manuel Barroso, Portugais. Premier ministre de 2002 à 2004, président de la Commission européenne depuis 2004.

Luis Buñuel, Espagnol. Réalisateur et scénariste.

Daniel J. Callaghan, Américain. Amiral. Médaille d'honneur de la Seconde Guerre mondiale.

Fidel Castro[1], Cubain. Président de la République de Cuba de 1976 à 2008.

---

1. Les Jésuites forment les élites latino-américaines, sans être étrangers aux débats de l'époque. En 1961, Fidel Castro ferme le prestigieux collège de Belén à La Havane et expulse des prêtres.

Raúl Castro, Cubain. Président de la République de Cuba depuis 2008.

Miguel de Cervantès, Espagnol. Écrivain.

Laura Chinchilla, Costaricienne. Première femme Président du Costa-Rica depuis 2010.

Bill Clinton, Américain. Quarante-deuxième Président des États-Unis de 1993 à 2001.

Sir Arthur Conan Doyle, Anglais. Écrivain et père de Sherlock Holmes.

David Copperfield, Américain. Illusionniste.

Alfredo Cristiani, Salvadorien. Président du Salvador de 1989 à 1994.

Manu Dibango, Camerounais. Saxophoniste et chanteur de world jazz.

Mario Draghi, Italien. Président de la Banque centrale européenne.

Vincente Fox, Mexicain. Président du Mexique de 2000 à 2006.

Mauricio Funes, Salvadorien. Président du Salvador depuis 2009.

Gabriel García Márques, Colombien. Écrivain. Prix Nobel de littérature 1982.

Amine Gemayel, Libanais. Président de la République du Liban de 1982 à 1988.

Rafael Sebastián Guillén Vincente, dit le « sous-commandant Marcos », Mexicain. Porte-parole de l'Armée zapatiste de libération nationale, mouvement civil lancé au Mexique en 2006.

Carter Ham, Américain. Général, commandant en chef de l'intervention militaire de 2011 en Libye.

Saad Hariri, Libanais. Premier ministre du Liban de 2009 à 2011.

Salma Hayek, Mexicaine. Actrice.

Martin Heidegger, Allemand. Philosophe.

Mary Higgins Clark, Américaine. Célébrissime écrivain de polars.

Alfred Hitchcock, Anglais. Le plus célèbre réalisateur de films policiers.

Wojciech Jaruzelski, Polonais. Général, chef d'État de la République polonaise de 1981 à 1990.

James Joyce, Irlandais. Écrivain.

John Kerry, Américain. Candidat aux élections présidentielles en 2004. Secrétaire d'État sous la présidence d'Obama.

Željko Komšić, Bosnien. Vingt-sixième Président du collège présidentiel de Bosnie-Herzégovine depuis juillet 2013.

René Lévesque, Québécois. Premier ministre du Québec de 1976 à 1985.

Gloria Macapagal-Arroyo, Philippine. Présidente des Philippines de 2001 à 2010.

Maurice Maeterlinck, Belge. Prix Nobel de littérature 1911.

Freddie Mercury, Anglais. Musicien, chanteur du groupe rock Queen.

Lakshmi Mittal, Indien. Industriel international. Patron d'ArcelorMittal.

Mario Monti, Italien. Président du Conseil italien de 2011 à 2013.

Robert Mugabe, Zimbabwéen. Président du Zimbabwe depuis 1987.

Joseph Murray, Américain. Prix Nobel de physiologie ou médecine 1990.

Park Geun-hye, Sud-Coréenne. Présidente de la Corée du Sud depuis 2012.

Galo Plaza, Équatorien. Président de l'Équateur de 1948 à 1952.

Hubert Reeves, Franco-canadien. Astrophysicien.

Edouard Saouma, Libanais. Directeur général de l'Organisation des Nations unies pour l'alimentation et l'agriculture (FAO) de 1976 à 1993.

Alejandro Toledo, Péruvien. Président de la République du Pérou de 2001 à 2006.

Spencer Tracy, Américain. Acteur de Hollywood.

Pierre Elliott Trudeau, Canadien. Premier ministre du Canada de 1968 à 1979, puis de 1980 à 1984.

Donald Trump, Américain. Financier, homme d'affaires.

Georgetown à Washington est l'Université de référence des têtes couronnées où sont passés ces dernières années **Paul de Grèce, Philippe de Grèce, Bernhard des Pays-Bas, Guillaume de Luxembourg, Philippe des Asturies, Turki Fayçal d'Arabie Saoudite, Ghida Talal de Jordanie...**

Le plus jeune lauréat récompensé en 2012 au Concours général avec un premier accessit en histoire est **Nicolas Thervet**, 15 ans et demi, élève à Saint-Louis de Gonzague à Paris. L'école a reçu six récompenses, dont deux prix.

Enfin, clin d'œil à l'Histoire récente, c'est **Monseigneur Roncalli**, à l'époque nonce apostolique à Paris et **futur Jean XXIII**, qui présida en 1947 au cinquantenaire de Saint-Louis de Gonzague, plus connu sous le nom de Franklin, le célèbre externat parisien. Onze années plus tard, il sera élu Pape !

Caroline Pigozzi.

REMERCIEMENTS

Les deux auteurs remercient leurs éditeurs, Muriel Beyer et Grégory Berthier-Gabrièle, qui leur ont laissé toute liberté pour rédiger ce livre.

Remerciements d'Henri Madelin

Mes remerciements vont d'abord à ma propre famille dont l'affection a été plus précieuse qu'elle ne le pense pour l'écriture de cet ouvrage.

Ma reconnaissance se tourne également vers mes compagnons jésuites de France et d'ailleurs. Durant la rédaction de ce livre, ils m'ont aidé de leurs questions et de leurs suggestions pour tenter de décrypter au mieux les effets de l'élection de ce pape jésuite inattendu, surprenant et porteur d'une « Espérance qui ne trompe pas ».

D'autres partenaires de la symphonie ecclésiale, par leurs écrits et leurs propos, m'ont mis en garde contre toute forme de gloriole dans la présentation de la Compagnie de Jésus aujourd'hui.

Ma gratitude va enfin à de nombreux amis que j'accompagne et qui m'entourent de leur affection depuis cette année 1957 où je suis entré au noviciat. En étant ce qu'ils sont, ils me permettent d'être ce que je suis.

Remerciements de Caroline Pigozzi

Au Vatican

Mes remerciements vont d'abord au Pape François, qui est le principal protagoniste de ce livre.

À mes filles Marina et Cosima qui par leur patience et leur sérénité m'ont soutenue tout au long de l'écriture de ce livre.

À *Paris Match*

Mes remerciements vont d'abord à Olivier Royant, directeur de la rédaction, qui m'a permis de donner du temps au temps.

Et aussi à Chantal Blatter, Jean-Pierre Bouyxou, Juliette Chevalier, Guillaume Clavières, Gilles Martin-Chauffier, Sylvain Maupu, Marc Sich, Alain Tournaille.

À Muriel Lanceleur-Simottel, une mention particulière pour son formidable et si précieux travail.

À Paris

À Clara Auberson, Jean-Pierre de Beaumarchais, Pierre de Bizemont, Bertrand Dubois, Jean-René

Fourtou, Thierry de Ganay, Eric de Langsdorff, Hugues de Longeaux, Son Excellence Frédéric du Laurens, Roland de l'Espée, France-Aimée Nguyen, Malcy Ozannat, Didier Rapaud, Olivier de Rohan, Clément Vogt, Silvia de Waldner.

Et aussi à Keira Alabouch, Cyrille Brenot, Patrice Dambrosio, Madeleine Delvaque, Jean-Pierre Guillemin, Christine Loiacono, Nadia Radovan, Christian Potier, Andrée Socquet-Clerc.

À Rome

À Bruno Bartoloni, Son Excellence Bruno Joubert, padre Federico Lombardi Sophie Pigozzi, Marco Politi, Son Éminence le Cardinal Paul Poupard, Monseigneur Sánchez Sorondo, Son Éminence le Cardinal Roberto Tucci et à d'éminentes autres personnalités qui au Vatican ont choisi de garder le silence.

À Buenos Aires

À Justita Aguirre, padre Cervantes, Son Excellence Jorge Hugo Herrera Vegas et à Béatrice son épouse, Carmelita Herrera Vegas, padre Juan Isasmendi, Son Excellence Roberto Jorge Laperche, padre Lorenzo, monsieur le maire Mauricio Macri, padre José Maria di Paola, padre Ignacio Perez del Viso, Son Excellence Roger Pfirter, Leticia Poniatowski, padre Juan Carlos Scannone, au rabbin Abraham Skorka, à Jorge Telerman et aux autres prêtres du diocèse de Buenos Aires qui m'ont guidée.

Et avec une mention spéciale pour ma nouvelle amie Adriana Triacá.

Crédits photographiques du cahier hors-texte

pp. 1 © Éric Vandeville, 2-3 © Collection particulière/droits réservés, 4-5 © Collection particulière/droits réservés, 4 bas Mario Tama/Getty Images/AFP, 5 haut © Collection particulière/droits réservés, 6-7 © Cristian Gennari/1ST Views, 8 haut © Marcelo Tasso/AFP, 8 bas © Éric Vandeville, 9 milieu © Reuters, 9 bas © *Osservatore Romano*/Eidon/Max PPP, 10-11 © Éric Vandeville, 12 gauche © Collection particulière/droits réservés, 12 bas © Alessandra Tarantino/AP/Sipa, 13 © Collection particulière/droits réservés, 13 bas © Collection particulière/droits réservés, 14-15 © Collection particulière/droits réservés, 16 haut © Éric Vandeville, 16-17 © Grzegorg Galazka/Sipa, 17 haut gauche © Stefano Rellandini/Reuters, 17 haut droite © Maurizio Brambatti/ANSA/Abacapress.com, 18 haut et bas © Collection particulière/droits réservés, 19 haut © *Osservatore Romano*/ANSA/Abacapress.com, 19 bas © Collection particulière/droits réservés, 20 haut © Éric Vandeville, 20 bas © Collection particulière/droits réservés, 21 © Alan Holdren et

Paul Haring, 22 © Collection particulière/droits réservés, 23 © Pool/OR/CPP/CIRIC, 24 haut © Collection particulière/droits réservés, 24 milieu gauche (première rangée) © Grzegorg Galazka, 24 milieu droite (première rangée) © Collection particulière/droits réservés, 24 milieu gauche (deuxième rangée) © *Osservatore Romano*, 24 bas gauche © Éric Vandeville, 24 bas droite © Collection particulière/droits réservés.

Table

11044

Composition
NORD COMPO

Achevé d'imprimer en Slovaquie
par NOVOPRINT SLK
le 9 mars 2015

Dépôt légal mars 2015
EAN 9782290098301
L21EPLN001685N001

ÉDITIONS J'AI LU
87, quai Panhard-et-Levassor, 75013 Paris

Diffusion France et étranger : Flammarion